法大能源法论丛

能源法治：
理念更新与制度优化

于文轩◎主　编

朱炳成◎副主编

中国社会科学出版社

图书在版编目（CIP）数据

能源法治：理念更新与制度优化／于文轩主编．—北京：中国社会科学
出版社，2021.8
（法大能源法论丛）
ISBN 978-7-5203-8773-6

Ⅰ.①能… Ⅱ.①于… Ⅲ.①能源法—研究—中国 Ⅳ.①D922.674

中国版本图书馆 CIP 数据核字（2021）第 147167 号

出 版 人	赵剑英
责任编辑	梁剑琴
责任校对	李 剑
责任印制	郝美娜

出　　版	中国社会科学出版社
社　　址	北京鼓楼西大街甲 158 号
邮　　编	100720
网　　址	http：//www.csspw.cn
发 行 部	010-84083685
门 市 部	010-84029450
经　　销	新华书店及其他书店

印刷装订	北京市十月印刷有限公司
版　　次	2021 年 8 月第 1 版
印　　次	2021 年 8 月第 1 次印刷

开　　本	710×1000　1/16
印　　张	14.25
插　　页	2
字　　数	227 千字
定　　价	88.00 元

序

　　能源的开发和利用是影响人类历史发展进程和文明形态演进的重要因素之一，能源法是中国特色社会主义法律体系的重要组成部分。能源法治的理念更新以及以此为基础的制度优化，对于能源法治的健全和能源法学科的完善具有重要意义。特别是在国家大力推进能源革命和努力实现碳达峰、碳中和目标的战略背景之下，能源法理念更新和制度优化备受关注。

　　十年以来，中国政法大学环境资源法研究所积极致力于能源法的教学和科研工作，不仅面向研究生开设专门的能源法课程，还开设了博士生和硕士生的能源法研究方向。近些年来，环境资源法研究所不仅积极支持国家能源立法工作，而且还配合有关部门来开展能源法治的相关研究。研究所教师主持国家社科基金、司法部、教育部委托的能源法相关课题研究，在能源法治理念优化与制度完善方面形成了一系列系统而深入的研究成果。

　　为了推动能源法研究的发展，环境资源法研究所推出"法大能源法论丛"，目前已出版两辑。本书是论丛的第三辑。本辑适应国家能源法治建设的需要和最新发展，以"理念更新与制度优化"为主题，旨在回应这样一个现实，即随着我国能源法治建设的深入推进，理念更新和制度优化越来越成为影响甚至决定能源法制进一步健康发展的重要因素。无论是在能源基本法的研究过程中，还是在各能源品种法和领域法的立法过程及其实施过程中，这一点体现得都尤为明显。在此背景下，本辑主要以能源法的基本制度、重要法律机制以及重点领域的问题为线索，选取十二篇论文，为各位读者呈现这两年来在能源法领域的优秀研究成果。

　　在本辑的诸位作者中，既包括在能源法领域卓有成就的青年学者，也包括从事能源管理、环境管理的专家，还包括年轻的研究生。入选的研究成果不仅有针对具体问题的探讨，而且还有对能源法学基本理论问题的深入研究。正是学术共同体的这些跨领域、跨"世代"的不懈努力，为正在成长中的我国能源法学的发展注入了源源不断的"能量"与生命力，这令我们非常欣喜。

"法大能源法论丛"系列著述得到了能源法学界和环境法学界的大力支持，已成为展示能源法学研究成果的重要平台。我们感恩于自己的努力获得学界的认可，并期待"法大能源法论丛"今后能够为我国能源法教学和研究作出更大的贡献。

感谢朱炳成博士在本书编写过程中的辛苦付出，感谢张滢雪同学在书稿勘校过程中的大力支持，并特别感谢梁剑琴博士在本书出版过程中给予的支持和帮助。期待读者批评指正。

是为序。

于文轩

2021 年 8 月 22 日

于中国政法大学海淀校区

目　　录

节能标准制度的体系化构造*

刘长兴**

摘　要：节能标准在节能管理中具有重要意义，倚重标准是法律适应科技时代社会管理实际需要的体现。节能标准制度的构建需要以强制性节能制度为重心，合理设计节能标准的类型，形成以能效标准、能耗限额标准、建筑节能标准和项目综合节能标准为主体的节能标准体系。进而，应当在法律上合理确定不同标准的强制执行力、规范其执行过程并合理配置法律责任，再辅以推荐性节能标准制度，建立节能标准法律制度体系。

关键词：能源管制；节能标准；强制性标准；制度体系

环境问题源于人类对资源的过度开发利用，而能源是资源利用最重要的方面，因此，对能源开发利用的管制是应对环境问题的重要举措。然而，到目前为止，各国似乎并未找到有效的能源管制方案，世界能源消费仍在持续增长，有预测显示，到 2050 年能源消费将比 2018 年增加50%，[①] 我国近期内能源消费快速增长的趋势也难以改变。

能源的开发利用不仅受到物理储量、技术条件等制约，还必须考虑环境保护目标，因此必须控制能源开发利用行为和能源消费总量。但是，基于现代消费观念和社会经济发展模式，颠覆性地节制消费、牺牲经济发展

---

*本文为广州市哲学社会科学发展"十三五"规划 2020 年度共建课题"绿色建筑推行与管理机制研究"（课题编号：2020GZGJ137）的阶段性成果。

**华南理工大学法学院教授、法治经济与法治社会研究中心研究员，主要研究领域：环境资源法。

① 参见杨永明《全球主要能源展望报告研究成果分析与启示》，《新能源经贸观察》2018年第 3 期。

并不现实，提高能源利用效率、节能是实现能源消费总量控制目标的基本途径。② 在此背景下，节能就不能仅依赖政府的政策鼓励以及人们的自觉行动，强制性的节能措施应当及时跟进。我国《节约能源法》以"推动全社会节约能源，提高能源利用效率，保护和改善环境"为目标，已经规定了一系列的强制性和引导性制度，其中包括节能标准制度、③ 节能评估和审查制度等。

节能标准是目前推进节能工作的重要依据，是"国家节能制度的基础"④，对于能源消费总量控制目标的实现具有决定性意义。但是，《节约能源法》以及相关法律法规对于节能标准制度的规定仍不能充分支持节能工作的开展，"节能标准体系还不健全，实施基础仍显薄弱，管理机制还不完善，一些重要的节能标准缺失，部分标准技术水平落实、更新不及时"⑤。虽然不能将问题都归结为立法缺陷，但是，法律规则的完善仍不失为节能标准体系建设的基本支撑。在此，以《节约能源法》等法律法规中的节能标准规定为分析起点，结合节能标准建设现状和节能管理工作的实际需要，探讨节能标准制度的法律基础、类型化以及效力等问题，并尝试提出节能法律制度进一步完善的设想和建议。

一　标准在节能管理中的意义及其制度化

法律规范是行为规范，直接约束或者引导人的行为，不管其目标是调

---

② 参见戴彦德、吕斌、冯超《"十三五"中国能源消费总量控制与节能》，《北京理工大学学报》（社会科学版）2015 年第 1 期。

③ 《节约能源法》（1997 年制定，2018 年最后修正）第 13 条是关于节能标准的规定，明确："国务院标准化主管部门和国务院有关部门依法组织制定并适时修订有关节能的国家标准、行业标准，建立健全节能标准体系。国务院标准化主管部门会同国务院管理节能工作的部门和国务院有关部门制定强制性的用能产品、设备能源效率标准和生产过程中耗能高的产品的单位产品能耗限额标准。国家鼓励企业制定严于国家标准、行业标准的企业节能标准。省、自治区、直辖市制定严于强制性国家标准、行业标准的地方节能标准，由省、自治区、直辖市人民政府报经国务院批准；本法另有规定的除外。"

④ 《节能标准体系建设方案》（发改环资〔2017〕83 号文印发）。该方案由国家发展改革委、国家标准委联合发布，对节能标准体系建设提出了比较明确的目标和推进机制。

⑤ 《节能标准体系建设方案》（发改环资〔2017〕83 号文印发）。

整社会关系、重新配置利益还是调整人与自然的关系。法律对行为的规范通过设定权利义务来实现。在前科技时代，法律上的权利义务可以通过法律语言直接表达，尽管基于其自然语言的本质而可能存在某种模糊性，⑥ 但仍可以为行为人提供相对明确的指引，建立具有相当确定性的行为规范。科技时代的到来改变着来这一状况，仅靠法律规范本身已经不足以建立完善的行为规范，法律必须借助技术语言来完成自身使命。

（一）标准是科技时代设定行为规范的基本要素

传统法律所使用的自然语言根植于社会生活之中，是普通人或者至少受过教育的人都能够理解的，因此，其规范的建立本质上基于社会常识，法律专家的专业性体现在对法律概念的把握更深入、更精准，但主要也是程度的不同而鲜有实质的差别。科技时代的到来无疑极大地改变了这种状况，工业革命和科技革命是人类发展史上的重大事件，改变的不仅是生产、生活条件，更包括人类认识世界的方式。改变体现在技术语言与自然语言的分离，科技领域的事实和观念无法再用自然语言来表述，也无法为非专业人士所理解。由此导致的一个结果是法律语言解释力的下降，即通过法律规范本身已经难以提供明确的行为指引，借助于技术语言来实现法律的明晰化势在必行。

标准是法律借力技术语言来适应科技时代的社会关系调整需要、完成自身超越的基本途径。在科技时代，人的行为意义经常需要借助科技来实现和判断，对其规范也需要技术上的量化为基本依据，这就决定了法律语言必然具有局限性，即不可能完成对行为的技术指引和技术判断，必须借助于技术语言，其重要的表现形式就是各种技术标准。尽管对于标准的法律属性仍存在诸多争议，但是不容否认的是，标准支撑着法律，决定着法律的实际效用，例如环境保护法需要以环境标准为支撑，其实际效用的发挥取决于环境标准特别是污染物排放标准的宽严。⑦ 标准对法律的支撑是通过补充法律的规范效力来实现的，即在法律无法对行为提供明确的规范

---

⑥　参见史红梅《法律语言的模糊性及功能辨析》，《社会科学家》2011 年第 8 期。

⑦　参见柳经纬《评标准法律属性论——兼谈区分标准与法律的意义》，《现代法学》2018 年第 5 期。

边界时，可以借助于标准来提升其确定性、使其规范具有可操作性。在此意义上，标准是科技时代补充法律规范之不足、建立完整行为规范体系的关键要素。

（二）节能标准是节能管理的基础性制度

节能管理就是给用能行为设定行为规范，达到减少能源消费、提高能源使用效率的目标。其基本思路是：评价各类用能行为的合理性，限制乃至禁止不合理的用能行为，其中的关键问题是如何区分不同的用能行为，并建立不同规范以实现允许、限制或者禁止。由于能源消费涉及复杂的技术问题，包括用能效率、能源利用的环境后果等都需要技术评价，因此，对于用能行为和理性的评价也不是法律条文所能够全面描述和区分的，借助技术标准是必然选择。以能源的节约利用为目标，设定技术指标来评价和约束能源利用行为，是为节能标准。

节能标准是节能管理的基础性制度，节能管理在很大程度上要通过节能标准的制定和执行来完成，这是一个借助技术标准来实现对人的行为的约束和调整的过程。节能管理的关键是能源的"节约"利用，而节约是一个程度评价、相对合理性评价，既非完全的禁止又非完全不加限制，对限制程度的把握至关重要，而这个程度需要反映为节能标准。也就是说，节能管理中对特定用能行为赋予何种法律后果，其基本依据是节能标准；以节能标准为基本依据，可以进而采取禁止、限制或者鼓励措施来规范用能行为，实现节能管理的目标。在技术标准的运用已经成为现代行政法的基本精神[8]的背景下，节能标准必将在节能法律制度中发挥越来越大的作用。

（三）节能标准制度建构的基本逻辑

节能标准制度是将技术指标上升为行为规范的过程，即基于节能标准的技术属性来量化和规范能源利用行为，从而使作为技术指标的标准具有

---

[8]　参见关保英《论行政法中技术标准的运用》，《中国法学》2017 年第 3 期。

规范行为的效力。科学技术在现代社会中对法律制度的影响和重要性都日益扩大，二者之间的关系有多重维度，[⑨] 技术指标的规范意义是二者关系的一个侧面，而节能标准制度是具体体现。因此，构建节能标准制度需要准确把握技术与法律的关系，并在尊重技术逻辑的基础上体现法律制度的基本逻辑。

首先，节能标准制度需要基于对技术指标的客观评价。技术中立虽然被大力宣扬，但是不仅其含义本身难以界定，其中的所谓价值中立更是存在诸多争议。技术指标的事实状态仍具有相对独立的意义，并且是进一步开展价值判断的基础。在此意义上，节能标准制度构建的前提是对技术指标本身的客观描述和评价，描述意味着运用纯粹的技术工具来显现某种客观情况。例如，为完成同样的任务，一种技术比另一种技术节能 10%；评价则是对某种客观情况的进一步认识，例如，可以带来何种社会效果等。不管是描述还是评价，尽管都无法完全避免主观因素的影响，但是，本质上体现的是技术指标的客观性。节能技术指标体现出的客观状态或者效果是在法律上建构标准制度、赋予不同标准以不同法律效果的基础。

其次，节能标准制度需要基于社会价值判断来确定标准的范围、类型和效力。法律的实证面向无法否定其价值面向，"法律总是具有道德维度，是技术无法完全取代的"[⑩]。在对技术指标进行客观评价的基础上，节能标准制度的构建需要运用法律制度的基本逻辑对技术指标进行处理，包括对于指标的选择、指标的类型以及赋予何种效力。不同技术指标的社会意义是不同的，制度的构建需要筛选和使用对社会关系和人的行为有重大影响、具有重要意义并且便于测量和使用的指标，界定标准的基本内容和指标值，反映在标准制度中即标准的范围。进而，不同情形需要不同的技术指标及其体系进行不同的评价，技术指标在不同领域的意义也是不同的，这需要在标准制度中明确不同的标准类型，以标准的类型化来实现制度的体系化。

最后，技术指标需要体现为对相关行为的约束力，才能成为法律意义上的规范，因此，标准的法律效力是标准制度的关键要素。

节能标准制度需要将技术指标和法律的规范效力结合起来，其基本形

---

⑨ 参见苏力《法律与科技问题的法理学重构》，《中国社会科学》1999 年第 5 期。

⑩ 参见苏力《法律与科技问题的法理学重构》，《中国社会科学》1999 年第 5 期。

式是强制性标准制度和推荐性标准制度。标准的规范效力集中体现在强制性标准，即在一个国家或一定区域范围内，以维护社会经济秩序、保障公共利益为目标，基于一定的科学、技术知识或客观经验所制定的，由法律法规保证其实施效力，主要在安全、健康、卫生、环境保护等领域发挥重要规制作用的标准，[⑪] 其法律特征主要体现在强制执行力。推荐性标准是具有引导作用、不由国家强制实施的标准，主要发挥对某些行为的指引作用，不具有强制执行力。法律的规范性主要体现在其强制性，因此，从法律角度观察节能标准制度，其中的强制性标准应是主导方面、发挥主要作用的，在此分析强制性节能标准的法理基础，进而提出其类型化构造并分析其实践效力。推荐性节能标准也可以发挥一定效用，在此主要从制度衔接的角度加以探讨。

二　强制性节能标准的法理基础

强制性节能标准最终改变了能源利用者的权利和义务，实际上，主要是增加了其改变行为以节约能源的义务。先不论这一过程是如何实现的，对当事人课以义务本身需要正当性基础；但是，对其进行法理上的论证需要观察强制性标准发挥作用的基本过程。

（一）强制性节能标准的作用机理与法律审视

能源利用是一个复杂的过程，通常不仅仅是用能产品的使用，还可能涉及复杂的技术工艺，特别是在工业用能中不同工艺的能耗可能存在比较大的差别。从节约能源的角度，用能行为本身的适当性、相关技术工艺的能耗水平以及用能产品的能耗水平都可能影响节能效果，因此，可以从不同的角度对用能过程加以限制以达到节能目标。例如，规范用能行为的室内温度控制措施，制约技术工艺选择的单位产品能耗限制，以及决定用能效率的用能产品能耗等级限制等。强制性节能标准就是从不同角度规范用

---

⑪　参见刘三江、梁正、刘辉《强制性标准的性质：文献与展望》，《学术界》2016 年第 2 期。

能相关行为，以技术指标为参照禁止或者限制部分行为。

不管采用何种规范途径，从法律角度看，强制性节能标准最终都表现为对用能主体行为的约束，从本质上是要求用能主体承担一定的法律义务，包括选择符合标准的用能产品、控制单位产品的能耗以及对直接的用能行为调整等。

（二）环境义务是强制性节能标准的法理依据

通过强制性标准设定法律义务需要法理上的论证，特别是在事关公民和企业基本生活和生产的领域。强制性节能标准在生产领域涉及企业的经营权，在生活领域涉及公民的财产使用权，能否限制以及如何限制都需要法律上正当性论证，而不能仅凭立法确认。

环境义务是通过强制性节能标准对用能主体行为进行约束的理论依据。环境义务是环境问题背景下公民和企业应当承担的保护环境的义务，在法律上反映为环境法律义务，在主观上代表"应当"的价值判断，在客观上意味着主体必须按照特定的行为模式行动。[12] 能源的使用至少在两个方面与环境保护相关，一是能源需从自然界获取，不可再生能源的大量取出不可避免地导致环境破坏，而可再生能源的过度利用也可能破坏生态环境；[13] 二是能源的使用不可避免地产生废弃物，特别是燃煤发电、燃油汽车等直接产生大量的空气污染物，而电能的使用也伴随着电磁辐射等问题，可能导致或者加重环境污染。因此可以说，用能行为在很大程度上直接关乎环境保护，在当前环境保护压力越来越大的背景下，用能主体在用能过程中应当承担一定的环境义务，在法律上的反映之一即为遵守节能标准特别是强制性节能标准的要求。

更进一步地，对于强制性节能标准的运用还需符合比例原则、法律授权规则等方面的要求。强制性节能标准是行政机关根据法律规定制定的，因其对相对人权利的根本性影响，事实上具有立法属性，因此必须符合所

---

⑫　参见曹炜《环境法律义务探析》，《法学》2016 年第 2 期。

⑬　例如，水能的利用会导致河流生态系统的改变，进而可能导致环境破坏。长江流域的开发即带来了比较突出的生态环境问题，参见周建军、张曼《当前长江生态环境主要问题与修复重点》，《环境保护》2017 年第 15 期。

依据法律的基本精神和原则。同时，比例原则要求行政机关施加于个人的负担不得超越所拟实现的目标，其审查标准涉及方式于目标的适当性、必要性以及所涉利益的均衡性等。⑭ 强制性节能标准的制定和施行也须遵循比例原则。

总之，强制性节能标准本身的技术性特征不能成为其逃逸于法律框架之外的理由，相反，强制性节能标准本质上具有行为规范特征，这决定了其制定和实施必须遵循基本的法理和法律原则。

三　强制性节能标准的类型化构造

虽然技术已经越来越深入地介入人们的生活，也越来越多地与法律联系在一起，其表现之一是标准进入法律已经成为一个普遍的法律现象。⑮ 但是，现实中仍然存在明显的法律与技术的隔阂，技术在某种意义上成为又一种"黑箱"，法律不仅与技术而且与技术伦理都缺少相互的沟通和协同。⑯ 法律在人类社会沟通中所发挥的日常功能，就是要去不断"维护"并适时"打开"此类黑箱，⑰ 从而建立适当的社会协调机制、应对相关领域的问题。节能标准制度的建构也需要建立在对技术标准进行适当把握和准确定位的基础之上，以合适的制度框架完成节能标准的体系构造，这需要标准本身的类型化。

（一）节能标准类型化的必要性

《节约能源法》对节能标准制度的规定是比较笼统的，主要在第 13 条规定了节能标准体系，第 14 条规定了建筑节能标准制度，第 15 条规定了固定资产投资项目节能评估制度，第 16 条规定了产品能耗限额标准制

---

⑭　参见高秦伟《论欧盟行政法上的比例原则》，《政法论丛》2012 年第 2 期。

⑮　参见柳经纬《评标准法律属性论——兼谈区分标准与法律的意义》，《现代法学》2018 年第 5 期。

⑯　参见苏建、陈凡《论法律与技术政策、技术伦理的协同对策——以技术法律控制边界为视角》，《科技进步与对策》2009 年第 5 期。

⑰　参见余成峰《从马的法律到黑箱之法》，《读书》2019 年第 3 期。

度，第 17 条规定了能源效率标准制度。虽然其中包括国家标准、行业标准、地方标准等的表述，形式上形成了体系化的节能标准制度，而且实践中也已经发布实施能效强制性标准 73 项、能耗限额强制性标准 104 项、节能推荐性国家标准 150 余项，[⑱] 但是，总体上节能标准仍存在比较多的问题，节能标准体系还不健全，一些重要的节能标准缺失，部分标准技术水平落后、更新不及时，节能标准体系需要进一步完善。

当前节能标准的实践运行情况显示出与管理目标不匹配、覆盖范围不周延以及标准设计不科学等问题，与节能标准的内容复杂、形式多样有关。解决这一问题，需要科学的节能标准类型化方案，并对应于适当的体系化管理制度。环境标准与环境管理制度不匹配是当前环境标准实施中的主要问题之一，不合理的环境标准可能带来环境管理"一刀切"等问题，[⑲] 节能标准体系与节能管理制度之间也需要进一步的协调和衔接。本质上，法律上对技术方案的化约处理无法适应能源使用和节约的复杂过程，针对能源使用的客观过程，需要设计针对性的技术指标对其中的特定行为加以限制和约束，也就是说，节能指标必须是丰富多样的。但是，节能指标的目标一致性和体系协调性又要求维持其统一性，处理统一性与多样性的矛盾需要适当的类型化方案。

具体来说，节能标准体系应当包括针对能源使用行为进行规范的多类指标，分别从不同的环节或者侧面来规范能源使用行为，共同达到节约能源的目标。环境标准的基本分类包括强制性标准与推荐性标准、国家标准与地方标准等，[⑳] 节能标准也可以照此划分为不同的类型，这也是建立节能标准体系的关键。更进一步地，根据具体内容的不同，节能标准可以划分为能效标准、能耗限额标准、建筑节能标准等具体的类型。在此针对强制性节能标准讨论其具体类型，这些类型还可以从不同的角度划分为不同的类型，从而形成节能标准体系，但以内容为基点的具体节能标准类型是建立节能标准体系的基础。

---

⑱ 截至 2017 年的数据，参见《节能标准体系建设方案》（发改环资〔2017〕83 号文印发）。

⑲ 参见裴晓菲《我国环境标准体系的现状、问题与对策》，《环境保护》2016 年第 14 期。

⑳ 参见吕忠梅主编《环境法》（第二版），高等教育出版社 2017 年版，第 91 页。

（二）强制性节能标准的基本类型

由于法律上并未明确节能标准的具体类型，仅在相关制度中有节能标准的表述，所以，对节能标准类型的把握需要基于已有节能标准以及节能管理的实际需要，并结合相关法律规定进行综合分析。综合这些因素，强制性节能标准大致可以分为以下基本类型。

第一是能效强制性标准，即产品节能标准，是对用能产品的能源效率进行控制的技术标准。我国已经颁布实施的能效标准主要涉及家用耗能器具、照明器具、工业设备、商用设备、电子信息产品和乘用车六类产品和设备。能效强制性标准对相应产品和设备的能源利用效率规定控制指标，不符合标准的产品和设备不得上市销售或者应用于特定领域。在同样的使用条件下，终端用能产品的能效对于能源用量具有决定性作用，鼓励利用能效高的产品、禁止或者限制使用能效低的产品能够获得直观的能源节约效果。在对国家强制性标准进行整合精简的背景下，仍应当保留终端用能产品能效标准。[21] 能效强制性标准并不对能源使用行为的范围和规模进行直接控制，而是在允许用能的前提下，对用能过程中涉及的用能产品加以控制。要取得良好的节能效果，能效强制性标准需要合理确定所适用的产品类别，并且确定合理的用能效率指标值。

第二是能耗限额强制性标准，即生产单位产品的能耗控制标准，针对生产耗能较高的产品进行能耗控制。我国已经颁布了100多项能耗限额强制性标准，涉及电力、钢铁、有色、石油和化工、建材、煤炭、港口、轻工等高耗能行业的火力发电机组、粗钢、电解铝、烧碱、水泥等高耗能产品。依照《节约能源法》的规定，对这些产品的单位产量设定能耗限额，要求生产企业必须将能耗控制在限额之下，"对超过单位产品能耗限额标准用能的生产单位，由管理节能工作的部门按照国务院规定的权限责令限期治理"。能耗限额强制性标准是通过对高耗能产品的用能限制达到节能目标的，其推行需要科学划定能耗限额控制的产品范围，并确定合理的

㉑　参见陈海红、林翎《强制性能效和能耗限额标准整合精简思路》，《标准科学》2016 年第 S1 期。

单位产品能耗限额。

第三是建筑节能标准,规定各类建筑的能耗指标以实现降低建筑能耗的目标。建筑的能耗在整体能耗中所占的比例越来越高,部分国家建筑能耗占总能耗的30%以上,我国也占到20%以上。[22] 我国已经制定了民用建筑等建筑节能标准,但是,目前存在强制性不足、建筑分类管理不配套等问题。根据建筑用途、地域等设定单位建筑面积的能耗指标、建筑材料性能指标等控制指标,可以有效降低建筑能耗,从而显著降低社会总能耗、减轻环境保护压力,应当区别不同建筑类型明确建筑节能标准。

第四是综合性节能标准。对于特定工业项目等建设项目的节能控制需要综合性的标准,目前我国并未制定综合性的强制性节能标准,仅在《节约能源法》第15条规定,"不符合强制性节能标准的项目,建设单位不得开工建设",对固定资产投资项目进行节能控制,这在实践中存在一定混乱。如果该条所指标准是能耗限额标准等单项标准,则可能失之过严;但是,在没有项目节能综合标准的背景下,其操作性又受到质疑。因此,可以在必要时考虑将能效标准、能耗限额标准以及专门的节能技术标准等综合起来制定综合性的节能标准,对大型建设项目特别是高耗能工业项目进行节能控制。

(三) 强制性节能标准的体系化

节能标准体系化是节能标准建设的重要目标,其关键是强制性节能标准体系化。从国家标准整合精简的角度,节能标准保留终端用能产品能效标准和单位产品能耗限额标准两大系列强制性标准似已足够,[23] 因为这两类标准是根本性的控制用能效率的标准。但是,也应当注意到,即使能效标准和能耗限额标准能够控制大多数的用能行为,综合性标准仍可发挥重要的节能管理作用。上述建筑节能标准也具有综合性标准的性质,与建设项目的综合性节能标准一起,可以在能效标准和能耗限额标准无法覆盖的

---

[22]　参见《中国建筑能耗研究报告 (2019)》, https://www.cabee.org/site/content/23565.html, 最后访问日期: 2020年12月13日。

[23]　参见陈海红、林翎《强制性能效和能耗限额标准整合精简思路》,《标准科学》2016年第S1期。

领域发挥节能管理效用。因此，强制性节能标准应当以能效标准和能耗限额标准为基本立足点，同时确立建筑节能标准和建设项目综合性节能标准的作用，形成相互配合的节能标准体系。

四　强制性节能标准的效力分析

强制性标准具有强制执行效力，国家在强制性标准的治理中承担不可推卸的责任并发挥不可替代的作用。[24] 强制性节能标准的强制力体现在强制执行力上，即相关用能主体必须遵守，否则须承担不利的法律后果，例如接受罚款等责任。[25]

（一）强制性节能标准的强制力来源

强制性节能标准的效力来源于相关的法律规范，即只有经过法律确认的强制性标准才具有强制执行力，或者说只有依据法律制定的强制性标准才有强制执行力。对于标准的性质有不同的理解，一个视角是将标准理解为作品，其规范性和规范效力来自法律，与法律本身的规范性不同；[26] 另外的视角将标准理解为规范性文件，即行政机关根据法律制定的具有普遍约束力的文件，"依据《标准化法》和相关规定，技术标准在形式上是一种特殊的行政规范性文件"[27]。不管何种理解，都认为标准的规范性来源于法律的规定，即使有某种程度的独立性，也不能否定其效力是来源于法律规定。

---

[24]　参见刘三江、梁正、刘辉《强制性标准的性质：文献与展望》，《学术界》2016 年第2 期。

[25]　例如《节约能源法》第 79 条规定："建设单位违反建筑节能标准的，由建设主管部门责令改正，处二十万元以上五十万元以下罚款。设计单位、施工单位、监理单位违反建筑节能标准的，由建设主管部门责令改正，处十万元以上五十万元以下罚款；情节严重的，由颁发资质证书的部门降低资质等级或者吊销资质证书；造成损失的，依法承担赔偿责任。"

[26]　参见柳经纬《标准的规范性和规范效力——基于标准著作权保护问题的视角》，《法学》2014 年第 8 期。

[27]　张圆：《论技术标准的法律效力——以〈立法法〉的法规范体系为参照》，《中国科技论坛》2018 年第 12 期。

由于法律上将"标准"作为一个外在事物简化对待，很容易导致标准的效力规定相对单一，仅仅体现为"不得开工建设"、"不得投入生产、使用"以及"禁止生产、进口、销售"等，结果导致标准强制力的刚性过强，损害制度的合理性并给标准的实施带来困难。因此，在节能标准类型化的基础上，法律对于强制性节能标准的强制力也应当有更加细致的区分、合理确定不同标准的强制效果。

（二）强制性节能标准的执行

强制性节能标准的效力体现在所谓的强制执行力，即当事人在从事相关行为时必须遵守强制性节能标准，否则将导致行为的否定性法律效果，包括不予许可、责令停止违法乃至一定的行政处罚。从现实运行状况来看，强制性节能标准的执行主要体现在行政执法过程中，以行政命令等方式强制当事人遵守。也就是说，强制性节能标准的强制力主要体现在行政执行过程中，违反标准的效果也主要是行政法律后果。

强制性节能标准的执行机关是执行该标准相关法律的政府部门，通常在节能管理过程中实施，或者说标准的执行是节能管理的基本方面。这导致执行行为和执行标准行为的混同，事实上可能使标准取代法律、行政法规等上位法决定法律关系。[28] 在强制性节能标准制度规则设计合理、标准本身的类型和内容与具体规则相匹配的前提下，强制性节能标准发挥直接的行为规范功能并无不当。但是，节能标准是一个复杂的体系，在具体实施过程中，需要区分情况合理确定其执行力，特别是在相关法律规定相对简单、标准的类型和内容并不完备的背景下。

（三）违反强制性节能标准的法律责任

强制性节能标准的效力主要体现在行政管理过程中，违反强制性节能标准的法律责任也是行政法律责任。除了行政管理过程中通过不予许可、

---

[28] 参见张圆《论技术标准的法律效力——以〈立法法〉的法规范体系为参照》，《中国科技论坛》2018年第12期。

行政命令直接对违反标准行为的否定性处理之外，行政处罚是违反强制性节能标准所应承担的主要法律责任，包括罚款、没收违法相关产品、设备和违法所得以及吊销营业执照等。㉙

一般认为，环境标准不作为认定环境污染责任的依据，但是不同类型的环境标准仍可能在环境污染责任中具有效力。㉚ 但是，对于用能主体来说，违反强制性节能标准会带来能源使用量的增加，直接后果一般限于增加经济成本，通常不会导致其他后果，因此，违反强制性节能标准并不导致侵权等民事责任。

五　推荐性节能标准及其制度衔接

强制性节能标准虽然重要，但也存在过于刚性、灵活性不足等问题，这需要通过强制性节能标准本身的类型化来解决，也需要寻找其他的法律协作途径。在环境规制从传统的命令控制向经济激励、市场手段、信息披露等多元方式转变的大趋势㉛中，柔性的推荐性节能标准制度应当发挥更大的作用，与强制性节能标准相互配合共同服务于节能管理的需要。

（一）推荐性节能标准及其意义

《节约能源法》并未规定推荐性节能标准的规则，但并不能否认与强制性节能标准对应的推荐性节能标准的实践价值。尽管没有强制执行的效力，但是，推荐性节能标准通常高于强制性节能标准的要求，或者填补某些领域的节能标准空白，对于引导用能主体特别是企业节能仍具有重要意

㉙　例如，《节约能源法》第 70 条规定："生产、进口、销售不符合强制性能源效率标准的用能产品、设备的，由市场监督管理部门责令停止生产、进口、销售，没收违法生产、进口、销售的用能产品、设备和违法所得，并处违法所得一倍以上五倍以下罚款；情节严重的，吊销营业执照。"

㉚　参见周骁然《环境标准在环境污染责任中的效力重塑——基于环境物理学定律的类型化分析》，《中国地质大学学报》（社会科学版）2017 年第 1 期。

㉛　参见马允《美国环境规制中的命令、激励与重构》，《中国行政管理》2017 年第 4 期。

义。一方面，推荐性节能标准代表节能标准的发展方向，可以为企业的未来工作提供指引；另一方面，推荐性节能标准也具有一定的规范意义，可以促进节能共识的达成并为采用该标准的企业带来社会声誉、政府补贴等其他收益。

推行能源节约使用的过程中，市场机制应当在节能法制中发挥更重要的作用，[32] 推荐性节能标准的非强制性可以为本身具有自由决定的市场色彩，同时可以为其他市场机制的采用提供一定的准据，例如作为政府补贴节能先进企业的依据等，可以引领节能事业发展的方向。

（二）推荐性节能标准与强制性节能标准的制度衔接

推荐性节能标准首先可以发挥填补标准空白的作用，从而与强制性节能标准共同推动节能目标的实现。强制性节能标准因其强制执行力需要慎重出台，并且可能遭遇社会阻力，在其不能覆盖的领域出台推荐性节能标准可以发挥一定节能管理效果，辅助强制性节能标准等其他制度共同实现节能目标。

推荐性节能标准可以实现节能标准的层级化安排，与强制性节能标准一起推动节能水平的不断提升。标准设定的技术指标的层级化和丰富化有助于实施针对性的精细化节能管理，但是，强制性节能标准的强制执行特性需要考虑其执行成本，不能过于复杂；而推荐性节能标准的引导特性适用于设计多层级的指标体系，对于节能水平进行不同的要求和评价，引领节能发展的方向、推动节能水平的不断提升。

推荐性节能标准具备转化为强制性节能标准的可能，可以推动强制性节能标准的不断发展。强制性节能标准代表着对节能的基本要求，而推荐性节能标准代表着节能要求的未来方向。在具备相应社会经济条件时，推荐性节能标准可以转化为强制性节能标准，从而实现节能标准的逐步发展，避免突然出现的强制性规定带来过大的社会成本和社会阻力。

---

[32] 参见于文轩《面向低碳经济的能源法制研究》，中国社会科学出版社 2018 年版，第 209 页。

六　结语

标准在节能管理中的重要地位不容忽视，在能源供应压力越来越大的背景下，节能法制的科学化发展离不开节能标准制度的发展。在适当区分法律与标准的基础上，应当承认科技不能也不应当独立于社会之外，无论科技自身发展、科技应用还是对其后果的处置都根植于社会关系之中，因此，标准包括节能标准也须置于社会体系、法律制度之下进行考察，找到其适当位置、发挥其应有的社会功能。尽管如此，也不能无限拔高标准的社会和法律意义，"我们还无法全盘依赖科学技术来解决现代社会的问题，甚至无法乐观地看到这种前景"③。因此，必须在法律和科技相协调的总体思路下设计节能标准制度，以强制性节能标准为重点，辅以推荐性节能标准共同构建节能标准法律制度体系。

---

③　参见苏力《法律与科技问题的法理学重构》，《中国社会科学》1999 年第 5 期。

能源法视角下产能指标权法律性质研究*

庞玥坤**

摘　要： 产能置换、产能指标交易是化解能源行业产能过剩、淘汰落后能源项目的重要手段，明确产能指标权的法律性质，有利于推动能源市场调节机制的完善，排除指标流转过程中存在的障碍。产能指标权具备成为法定权利的条件，属于公私复合型的财产性权利，根据霍菲尔德法律概念分析方法进行解析，其元形式为特权，产能指标权具有可转让性，应当在《能源法》法律框架中明晰产能指标权的权属性质、产能置换制度、产能指标权交易制度、违反制度规定所需承担的法律责任，并实现产能指标权制度与总量目标制度、战略规划制度、抵押制度、强制执行制度的法律衔接。

关键词： 能源法视角；产能指标权；法律性质

引　言

我国传统能源行业在更新发展的过程中，常常面临产能过剩问题的挑战。根据《能源法（征求意见稿）》体现的基本理念，及熊彼特的"创造性破坏"理论，促进行业、企业创新，实现现代化的能源供给侧改革，需要不断革新和淘汰落后产能，引导过剩产能退出。2013 年至今，我国颁行了《关于印发部分产能严重过剩行业产能置

　＊感谢陈传法副教授在本文撰写过程中给予的指导。

　＊＊中国政法大学环境与资源保护法专业 2020 级研究生。

换实施办法的通知》等多部文件，初步构建了产能置换方案及产能置换指标交易平台，通过市场化方式，有序引导落后产能、过剩产能的退出，为高效能能源项目、新能源项目的进入提供空间。但是，这一方案尚不具备常态化的基础，指标流转过程中出现的问题难以通过法律方式解决，故需将产能指标附着的利益上升为一项法律权利，并落实于法律条款中。当下，学者对于产能指标的法律性质研究着墨较少，因此，有必要研究产能指标权证成的逻辑基础及权属性质，并确定权利的法律制度实践进路。

一　法定权利的产生：产能指标权证成的逻辑基础

产能指标具备成为权利客体的基础，是产能指标得以被赋权，形成产能指标权的必要前提。产能指标权具有权利化的正当性和合理性，是产能指标权由应有权利升格成为法定权利，获得法律确认和保障的逻辑条件。因此，证实产能指标权可以成为一项法定权利，需证实产能指标作为权利客体的逻辑基础、产能指标权成立的正当性及合理性。

（一）产能指标作为权利客体的逻辑基础

产能指标也即产能置换指标，是指特定能源行业内的企业，[①] 在完成国务院、工信部要求的产能压减任务（即淘汰落后产能目录上的产能）后，[②] 主动退出的产能，折算形成的指标。企业获得产能指标有几项特定条件，第一，该企业已获得许可，拥有生产钢铁、煤炭等相关类型工业产品的资质。第二，只有落后产能名录之外的项目，才可以在退出市场时，将剩余产能折算为指标。落后产能目录不断更新，因此，企业需在特

---

① 主要是钢铁（炼钢、炼铁）、煤炭、电解铝、水泥（熟料）、平板玻璃行业的企业。

② 参见《国务院关于化解产能严重过剩矛盾的指导意见》（国发〔2013〕41号）；《国务院关于印发大气污染防治行动计划的通知》（国发〔2013〕37号）；《部分产能严重过剩行业产能置换实施办法》。

定时限内，主动退出一定量的产能，③ 如果相关项目被确认为落后产能，则只能被强制淘汰，无法折算为产能指标。第三，企业主动退出的产能，需经省级工业主管部门审批、省级行业协会鉴定，只有经鉴定合格的产能，才可以按比例折算为指标。④

产能指标具备独立性、可控性、稀缺性，故符合成为权利客体的必要条件。⑤ 产能指标具有独立性，这是因为产能指标是产量的具象表达，每个指标都独立标示着定量的产能，指标与指标间不存在混同的可能。产能指标具有可控性，当企业获得产能指标后，可以基于自由意思，占有、支配、处分所获得的产能指标，并且由此获得相应的对价。产能指标具有稀缺性，根据边际效益理论，在科学技术、生产能力等其他因素相对稳定的前提下，产量在达到一定界值时，将会发生回落，为了防止边际效益递减现象的发生，实现全民可得总利润最大化，就需要将总的边际成本控制在与边际效益相等的区间内。因此，全国的能源生产总量受到限制，可以被置换为指标的产能有限，则置换可得的指标较为稀缺。据此，产能指标存在成为权利客体的理论基础，可以对产能指标赋权，形成产能指标权。

(二) 产能指标权之正当性证成

产能指标权具备设定为法律权利的正当性。如果一项权利有由法律赋予和保障其利益、主张或资格的价值，则该项权利具备成为法律权利的正当性。以法律权利的外观，对能源生产总量进行合理限制，鼓励落后能源项目主动退出市场，新能源项目进入市场，保护能源行业生产者从事合理生产行为、主动配合能源供给侧改革的利益，保护能源产业项目的拥有者退出市场后获得对应补偿的利益，是产能指标权设定为法律权利的正当性

---

③ 自 2013 年后，每个五年规划纲要都会说明，对应五年间需要化解的过剩产能，国务院会将五年规划制定的目标，细化列入每年的年度计划中，并鼓励企业主动退出产能，提前完成化解产能的任务。例如，国务院就曾制订计划，在 2015 年年底前淘汰炼铁 1500 万吨、炼钢 1500 万吨。

④ 参见《部分产能严重过剩行业产能置换实施办法》第 2 章。

⑤ 参见方新军《权利客体论》，中国政法大学出版社 2012 年版，第 42 页。

基础。

设定产能指标权，可以平衡不同能源企业间的利益关系。在能源市场中，传统能源企业处于相对稳定强势的地位，但是囿于过去时期生产技术的限制，传统能源行业内，存在只能生产低能效、低质量工业成品的过时技术和设备，同时也累积了一定量过剩的产能。这种现象导致能源供需的不匹配，市场价格无法正常反映市场需求，如果没有政策扶持，传统能源产品价格相对偏低，可能挤占新能源产品参与市场竞争的空间。另外，低能效能源项目运行过程中，产生的负外部效应更加明显；高能效、新能源企业在研发过程中，投入较高成本，导致产品价格较高，竞争难度增加，短期之内，收益难以增加，而其对环境的正外部效益却时刻存在，且由全民共享，这导致其产生的效益与实际收益不相匹配，在实际中遭受不公对待。产能指标权利化，意在于改善这一状态，通过指标的市场调节，引导生产空间聚集至高效能、新能源的行业，并控制能源生产总量，达到供需关系的最优状态。

设定产能指标权，可以推进个体利益与社会公共利益之间的衡平。产能指标是企业的核心资产，企业的生产效益与企业产量有直接的关联性，且在多数情况下为正相关关系。但是由于能源的有限性和部分能源的不可再生性，以煤炭、石油、矿石等能源为主要原料，使用落后设备和落后技术生产加工工业产品，是对公共资源的损耗和浪费；生产加工过程中产生废气、废水等污染物质，是对公共环境利益的损害。设定产能指标权后，低效益、低转换率、高污染的能源项目可以主动退出市场，项目所有人通过流转产能指标权获得收益，或者关停效益较低的项目，将置换所得的指标投入其他项目，实现企业的革新和重组，使个体利益与企业利益同步实现。

产能指标权所保护的利益，属于法律上的利益，而非反射性利益。产能指标权在保护公共利益的同时，也重视保护私主体的利益，赋予法人自由处分产能指标，自动调配产能项目产量的权利，提升企业效益。因此，如果行政单位的不当行为影响了权利主体的权益，权利主体享有的请求权，可以成为法直接救济的对象。

（三）产能指标权之合理性证成

目前，与产能指标相关的政策和司法实践，为产能指标权的构建提供了一定的现实基础。⑥ 产能指标的折算、产能指标的获得与转让，都在政策的支撑下，进行过一段时间的实践。在司法实践中，已多次出现司法拍卖债务人产能指标的尝试，这种执行方式为保障债权人利益提供了新的方案。政策的保障、实践经验的累积，为产能指标权的构建、法律制度的成型提供了长期推行的法律规范基础。

另外，产能指标权利化，有助于解决产能置换、产能指标转让过程中出现的非技术性障碍。以近年江苏省首例产能指标司法拍卖案为例，南京中院裁定拍卖被执行人炼铁及炼钢产能指标，用以偿还债务。但省经信委提出，"所有搬迁转移、产能并购或置换等钢铁冶炼项目，原则上只允许在沿海地区规划实施"。据此，被执行人向南京中院提出书面异议，请求停止拍卖。南京中院受理后，裁定驳回铜山县某钢铁公司的异议请求。被执行人申请复议，省高院终审裁定维持判决。⑦ 该案焦点在于涉案产能指标是否可以强制执行，如果可以强制执行是否存在地区、范围等限制性条件，更为核心的问题在于产能指标权的法律性质尚未得以明晰，无法通过法律推理的方式，确定产能指标权的权利运转形式与运转范围。以法律规范的方式，确认产能指标权的权利属性，有助于解决上述实践中存在的障碍。

二　产能指标权的法律属性

解析产能指标权的法律属性，是确认产能置换制度、产能指标权流转制度具有合理性的前提。对产能指标权法律属性的研究，不应囿于传统公法、私法的视角，或将之类型化为一项民法或行政法上的权利。以能源法

---

⑥　参见《关于印发淘汰落后产能工作考核实施方案的通知》《关于实施减量置换严控煤炭新增产能有关事项的通知》《工信部关于印发部分产能严重过剩行业产能置换实施办法的通知》《十六部门关于利用综合标准依法依规推动落后产能退出的指导意见》《工信部办公厅关于企业集团内部电解铝产能跨省置换工作的通知》《工信部关于电解铝企业通过兼并重组等方式实施产能置换有关事项的通知》《2017 年钢铁行业运行情况及 2018 年工作考虑》《2017 年有色金属行业运行情况及 2018 年工作考虑》《关于推进供给侧结构性改革防范化解煤电产能过剩风险的意见》《关于做好 2017 年钢铁煤炭行业化解过剩产能实现脱困发展工作的意见》《关于做好 2018 年重点领域化解过剩产能工作的通知》等。

⑦　《评估价超 13 亿的企业产能指标能否执行？南京中院：可以拍卖》，http：//www.njdaily.cn/2019/0713/1782767.shtml，最后访问日期：2020 年 12 月 15 日。

为研究视角，运用及霍费尔德的法律概念分析法及 "新财产权" 理论对产能指标权进行分析，有利于推进产能指标权权利制度化进程。

（一）霍菲尔德式的法律概念：元形式为特权的权利

运用霍菲尔德的法律概念分析方法进行分析[8]，产能指标权的元形式应为特权。产能指标权的产生，基于这样的背景：在产能置换方案出台前，能源企业只要通过生产能力、产品质量等验证，[9] 取得生产许可在内的一系列行政许可，即可解除不得从事生产的义务，获得可以生产的特权。在产能置换方案出台之后，能源行业进行供给侧改革，缩小了产能供给的口径，国务院运用权力，下达削减产能的行政命令，这项权力改变了许多企业的法律状态——所有产能均在压减产能名录上的能源企业，由可以生产的特权状态，转变为承担不得生产的义务状态；需要压减部分产能的能源企业，负担压减产能的义务，在完成优化产能的义务后，仍然保持可以生产的特权状态；[10] 国务院这项权力也为各地行政机关创设了权利（请求权），各地行政机关可以据此监督并请求当地能源企业履行义务。

钢铁、煤炭等能源企业在未获得生产所需要的各类行政许可前，承担着不进行生产的义务（duty），政府为该企业颁发相关许可证，就是使用权力（power）为企业创设可以进行生产的特权（privilege）的过程。政府许可企业进行生产、经营活动的过程如图 1 所示。

产能置换相关政策相继出台，标志着行政机关为拥有生产许可的能源企业增加了减量置换的义务（duty），能源企业的生产需要符合减产要求，

---

⑧　参见［美］霍菲尔德《基本法律概念》，张书友译，中国法制出版社 2009 年版，第 33—52 页；沈宗灵《对霍菲尔德法律概念学说的比较研究》，《中国社会科学》1990 年第 1 期；王涌《寻找法律概念的 "最小公分母" ——霍菲尔德法律概念分析思想研究》，《比较法研究》1998 年第 2 期；陈锐《对霍菲尔德法律概念论的逻辑分析》，《西南政法大学学报》2003 年第 5 期；熊静波《司法推理中应用的基本概念之证成》，《暨南学报》（哲学社会科学版）2019 年第 7 期。

⑨　产能置换方案只适用以下几个行业：钢铁（炼钢、炼铁）、电解铝、水泥（熟料）、平板玻璃行业。企业进入这些行业前，都需要获得生产经营许可等一系列行政许可。

⑩　政府明文批示，经核实必要新建的产业，必须要等待同行业退出相应产能，双方达成产能指标交易，方案确认真实后才能开始生产。

能源企业（duty）————————→ 能源企业（privilege+）

法律关系变化原因：行政许可（power）

图 1

与之相关联的请求权，由行政机关享有。这一过程如图 2 所示。

能源企业（privilege+）————————→ 能源企业（privilege+、duty+）

行政机关出台能源管理政策（power）

图 2

如果能源企业主动削减的产量，多于行政机关对其减产的要求，可以将一定量的产能报批行政机关，申请置换产能指标，行政机关行使权力，核实并公示产能指标置换方案后，能源企业就可以获得折算的产能指标，由此可见，创设产能指标权的是企业减少产量的事实行为。

产能指标权的元形式是特权（privilege），其关联方是不拥有产能指标权的主体（no-claim）。产能指标权的权能束不包括请求权（claim），拥有产能指标权的主体可以占有、使用这项特权（privilege），但是没有直接请求其他主体作为或不作为的权利；产能指标权的权能束也不包括权力（power），因为权力（power）必须由法律行为创设。能源企业获得产能指标权如图 3 所示。

能源企业：

（privilege+$_{行业准入权}$、duty+$_{退出部分产能}$）————————→（privilege+$_{行业准入特权}$、privilege+$_{产能指标权}$、duty+$_{定量生产}$）

企业减少产量的事实行为

图 3

但是，此时企业并不享有请求权（right/claim），当发现未获得产能指标权的企业从事生产工作时，拥有产能指标权的能源企业需向行政机关举报，行政机关请求无产能指标权的能源企业停止生产行为，或购买产能指标权（claim）。如果无产能指标权的主体拒绝做出调整，则需要接受制裁。拥有产能指标权的能源企业维护自身权利的过程如图 4 所示。

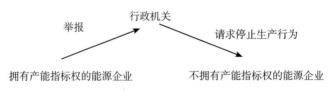

图 4

（二）功能性权利：公私复合型的财产性权利

对产能指标权的界定，可以借鉴"新财产权"理论。传统定义上的财产权属于私权利的范畴，但随着社会形态的变化，国家公权力介入的一系列权利，也被包括在财产权的范围之内。财产权的概念外延是广阔的，其概念应涵盖无形财产权，涵盖分散隐蔽于各法律、法规、规章、单行条例与自治条例间的财产权，涵盖由公法创制的财产。⑪ 根据"新财产权理论"，可以作如下理解：能够产生经济价值；具有排他性（或称对世性）的权利束即为财产权。⑫

产能指标权具有经济价值。一项事物有无经济价值，一方面取决于

---

⑪　参见王涌《财产权谱系、财产权法定主义与民法典财产法总则》，《政法论坛》2016 年第 1 期；马俊驹《国家所有权的基本理论和立法结构探讨》，《中国法学》2011 年第 4 期；肖泽晟《论国家所有权与行政权的关系》，《中国法学》2016 年第 6 期。

⑫　托马斯·格雷将财产定义为一组法律关系，财产权定义为具有经济价值的权利束的组合，参见［美］托马斯·格雷《论财产权的解体》，《社会经济体制比较》1995 年第 2 期。肯尼斯·万德威尔德提出，新的财产是非物质的，不是由支配物的权利所组成的，而是由有价值的权利所组成，参见［美］肯尼斯·万德威尔德《十九世纪的新财产：现代财产权概念的发展》，《社会经济体制比较》1995 年第 1 期。罗伯特·考特和托马斯·尤伦给财产权的定义是，财产权是所有者可以自由支配使用的，与资源相关，而且他人不得干涉的权力，参见［美］罗伯特·考特、托马斯·尤伦等《法和经济学》，张军等译，上海三联书店 1996 年版，第 135—137 页。波斯纳也认为可以将财产权，看作是一组由不同性质权利组合而成的，具有独立性的权利束，参见［美］波斯纳《法律的经济分析》，蒋兆康译，中国大百科全书出版社 1996 年版，第 43 页。奥布里和劳（Aubry et Rau）提出广义财产的概念。"广义财产"指为民事主体拥有的财产和债务的总和，即民事主体所享有的具有经济价值的权利的综合。马洛和艾勒斯也表达了对这一观点的赞成。参见梅夏英《物权法·所有权》，中国法制出版社 2005 年版，第 28 页。赖希则认为财产权的实质，是一种私权，这种私权能够创造和保护所有种类的财产，参见［美］查尔斯·A. 赖希《新财产权》，翟小波译，http：//www. gongfa. com/caichanquanlaixi. htm。

社会主体对该事物的需求——无需求即意味着对任何主体均无价值；另一方面取决于该事物的稀缺性，亦即供给上的不足——取之不尽、用之不竭的事物即便对人们有用，也不会产生任何经济价值。产能指标权的稀缺性，源于产能指标的稀缺性，在总量控制制度下，政府根据一定区域的产能需求、能源行业的生产能力及技术水平，确定能源规划，并最终确定一个企业退出产能项目后，可以取得的产能指标，政府该行为的理论基础，源于《能源法（征求意见稿）》第25—27条。

产能指标权亦具有排他性。产能指标权的元形式为特权，不具备直接向无特权者请求停止生产行为的权利，但是获得产能指标权的企业，可以向政府主管部门举报，由政府主管部门请求无产能指标权项目停止运行，退出竞争市场，通过这一方式，排除无产能指标权者与自己争夺利益。所以，在广义上，产能指标权具有对世性，也即排他性。

产能指标权可以自由转让。在市场交易成本不为零的情况下，唯有一项财产权，在交易中增长的产值，多于它发生的成本时，法律才会允诺这项财产权自由转让。[13] 由此，衍生出两条判断财产权可转让的基础性准则：[14] 第一，权利的转让不会触犯人身伦理问题。[15] 第二，交易不会给交易之外的第三方，如个体或公共利益，造成无法弥补的损害。[16] 产能指标权属于法人所有的权利，转让不会直接侵犯到自然人伦理，关键在于，这种转让是否会间接影响到一般消费者利益与社会利益。[17] 有学者认为，产

---

[13] R. H. Coase, "The Problem of Social Cost", *Journal of Law & Econ*, 1960 (1).

[14] 李启航：《从不可转让性到不可转让规则：基于法经济学的视角》，《理论与现代化》2012年第3期。

[15] 黑格尔在《法哲学原理》中的论述提示我们，作为主体的人，人的具体属性，以及与"人"紧密相关的"物"，会带有某些人格化的特征，当这种人格化的特征较为明显的情况下，这种交易客体在本质上是不可转让的。

[16] 李启航提到，许多不可转让性是复杂的。它们可能是程度上的差异，比如有的对象可以赠与，但不许出售，最典型的例子为婴儿只能收养；而另一些可以销售，但却不能赠与他人，如破产企业的资产，有的可以销售，但是价格受到限制，如火车票。

[17] 从法经济学的角度分析，哪些权益可以被认可为财产权，受到法律保护，哪些财产权可以转让，无须受法律限制，本质上，都是一种对社会成本的判断。如果一项财产权的转让，会给社会带来高昂成本，比如如果允许古建筑转让，容易给历史文物、文化遗产带来损害，而这种损害又很难后期恢复，所以古建筑虽然本身与人身权利无关，且物理上具有可转让性，但是应当受到不可转让规则的保护。

能指标本质是一项行政许可，因此不具有可转让性。这种认知观点值得商榷，虽然产能指标权产生于行政命令，但产能指标权本身，却有别于传统定义下的行政许可，[18] 行政许可是经法人申请，行政机关审核法人生产能力、产品质量等条件后，对法人做出的授益性赋权，[19] 法律之所以禁止转让行政许可，是因为行政许可，是国家公信力给企业生产安全及最终产品质量的背书，如果企业自行转让获得的行政许可，就会干扰消费者判断，将消费者生命健康与财产安全，置于未知的巨大风险中，不允许自由转让行政许可，是为防止不具备生产能力、安全保障条件的法人，规避行政审查，通过交易取得生产资格，侵害工作人员或使用者的人身及财产利益。但进入产能指标交易市场的企业法人，必定先期获得了生产许可在内的一系列行政许可，产能指标权只可以在取得生产准入资格；或符合取得准入资格条件的法人之间交易，[20] 其自由转让不会危及第三方利益，只会给交易双方带来利好：通过出让产能指标，可以取得更多利益的企业，会主动置换出更多指标，通过售卖获得相应价款；需要增加规模效益的企业，则可以购入指标，扩大生产容量。按照王涌教授财产权谱系分类方式，产能指标权当属第六类财产权——有法律垄断，可以许可，可以转让。[21]

---

⑱　此处提及这种区别，是为回应新钢产能指标拍卖案中，部分专家意见。一份法律界人士中国政法大学教授江平、李曙光，中国人民大学教授刘俊海等人做出的专家论证意见书认为，产能指标本质上是宏观调控政策下政府所授予的一项行政许可，其虽然具有经济价值，但并不具有财产属性。"政府引导、企业自愿、市场化运作是产能置换指标交易的三个前提，而衡水中院的司法拍卖过程既排除了政府的行政意志、又排除了企业自身的意思表示，使得司法拍卖下的产能指标置换游离于行政监管与企业自治之外，与国务院文件的规定相违背，还有可能造成司法权对行政权的不当干预。"

⑲　如罗豪才、张树义、张正钊、杨海坤、伯纳德·施瓦茨都赞成行政许可是基于管理相对人申请，行政机关做出的赋权行为。参见 ［美］伯纳德·施瓦茨《行政法》，徐炳译，群众出版社 1986 年版，第 7 页；张树义主编《行政法学新论》，时事出版社 1991 年版，第 133 页；张正钊主编《中外许可证制度的理论与实务》，中国人民大学出版社 1994 年版，第 2 页；罗豪才主编《行政法学》，北京大学出版社 1996 年版，第 175 页；杨海坤《中国行政法基本理论》，南京大学出版社 1997 年版，第 332 页。

⑳　根据现行规定，需要行政许可才可以生产经营的项目，如果已做好新建的准备，但还未取得生产许可等行政许可的批复，也可以参与交易，但必须保证具备申请行政许可要求的条件。笔者认为，这一条在之后的法律规定中应当予以保留。

㉑　财产权谱系包含六种类型：（一）公物；（二）有物理垄断，无法律垄断；（三）有物理垄断，法律保护，无法律垄断；（四）法律垄断，但无法许可，无法转让；（五）有法律垄断，可以许可，无法转让；（六）有法律垄断，可以许可，可以转让。

产能指标权应当属于财产权中"非基础性权利"的"功能性权利"，可视作公法权利和私法权利的结合，产能指标权具有激励功能和引导功能，其首先源于行政命令，是对已授予生产经营许可的企业的另一重限制，其前提是总量控制，具体通过权利界定、分配以及交易，弥补行政管制方式应对能源行业产能过剩与新能源替代旧能源缓慢问题的不足，降低完全使用行政管理手段带来的高额成本。因此产能指标权属于直接产生于政府的由公法创制的权利。

在产能指标权进入交易市场后，交易双方在符合法律规定的条件下，基于意思自治对产能指标进行交易，则是一种私法上的行为。其本质是通过市场机制，寻求削减过剩产能、优化能源供给结构的最低成本，降低旧能源退出，新能源参与市场竞争的社会整体成本，寻找能源的最优利用方案。

三　基于产能指标权形成的法律关系

根据产能指标权的法律属性，研究基于产能指标权形成的法律关系，可以确定主体在取得、转让产能指标权的过程中，以及失去产能指标权后法律状态的变化，判断与产能指标权相关联主体应当拥有的权利及义务边界，为应然权利及义务的实然化提供条件。

（一）产能指标权的取得

在产能指标权生成、流转过程中，行政机关拥有三项权力：第一，为符合生产标准的企业颁发各类许可证，使得企业获得批准进入能源行业，生产相关产品的资格——行政许可的权力；第二，为获得能源行业准入资格的企业创设减产义务、确定产能指标折算方式的权力；第三，核实出让产能指标企业所出让指标真实性、合规性；审核新建、扩建能源企业减产置换及购入指标真实性等情况的权力。

行政机关第一项权力取得的合理及合法基础在于，重要工业产品的产品质量、能源消耗、环境保护、资源综合利用等企业生产经营的基本方面都会产生外部经济效应，政府作为市场经济的管理者，有义务对可能给公共利益造成重要影响的部分进行调控。而根据《生产许可法》㉒《能源法（征求意见稿）》㉓，直接涉及生态环境保护等的特定活动；有限自然资源的开发利用、公共资源配置以及直接关系公共利益的特定行业的市场准入等需要赋予特定权利的事项；直接关系公共安全、人身健康、生命财产安全的产品、物品等需要确定主体资格的事项皆可设立行政许可。因此，行政机关检验工业产品是否合格，生产流程是否安全，各类能源可否加工、转换管理等都存在合法及合理基础。

行政机关第二项权力取得的合理及合法基础在于，最优产能总量创设的利益应当由全民所有，也就是国家所有。㉔ 因此，一方面，政府为保障公共利益，进而对产能总量进行调控，确定减产总任务及产能指标折算方式；另一方面，政府为保障私主体的利益，进而根据各企业实际情况等差异化地确定各主体的减产义务，是在履行宪法、能源相关法律所赋予的义务。

"全民所有""国家所有"，内含着公权的属性，㉕ 是一种体现平等主义的公共所有权㉖。这种所有权并非国家的基本权利，㉗ 而是基于保护公民享有合理利用国有财产的权利，为公民基本权利实现提供物质保障，维护社会公平的目的，形成的公共信托关系。因此行政机关不能独占使用产能指标权产生的利益，不能禁止私人拥有产能指标权，不能为获益而出卖产能指标权。

具体而言，首先，产能总量本身的性质决定其具有公共性，不可能为私主体所有，也就不能成为民法意义上所有权的客体，而行政机关则有义务代表国家将生产总量限制在符合公共利益的合理范围内。其次，行政机关对生产总量拥有最高控制权，并不产生禁止私人使用的法律效果。最高控制权主要是对财产的保护以及对使用权的合理配置。而非国家以民事主

㉒　参见《行政许可法》第 12 条。

㉓　参见《能源法（征求意见稿）》第 33、34 条。

㉔　参见《宪法》第 7、14 条。

㉕　参见尹田《民法思维之展开》，北京大学出版社 2008 年版，第 296 页。

㉖　参见肖泽晟《宪法意义上的国家所有权》，《法学》2014 年第 5 期 。

㉗　参见李忠夏《宪法上的"国家所有权"：一场美丽的误会》，《清华法学》2015 年第 5 期。

体的身份将财产纳为自己所有获得相应利益。最后，全民所有或称国家所有的利益，只有经过立法机关制定法律、行政机关具体执行，才能够现实地服务于公共利益。因此，行政机关拥有为进入产能企业创设减产义务、确定产能指标折算方式的权力，合乎法律规定。

行政机关第三项权力取得的合理及合法基础在于，只有企业在完成减量义务的前提下，主动削减更多产能，才可折算获取产能指标权。相较于要求购买产能指标的企业自行审查出让产能指标的企业承担的减产任务、实际削减产量、指标折算比例，报送数据是否真实，消耗成本必定高于省级工业和信息化主管部门与中央企业核实所消耗成本。因此，从法经济学的角度考虑，赋予省级工业和信息化主管部门与中央企业核实的权力，是合理而高效的。基于宪法及能源相关法律规定，㉘ 产能指标权的转让与一地的经济建设情况密切相关，因此政府拥有该项权力具有合法性。

能源企业取得产能指标权的方式有两种：第一种是在完成减量义务的前提下，主动削减更多产能，如果该企业不接受财政补贴或奖励，削减的产能量可折算为产能指标；第二种是通过购买其他能源企业出让的产能指标获得产能指标权。

能源企业取得产能指标权的合理及合法性基础在于，企业主动削减更多产能的行为，在能源行业内产能过剩且其他缩减产能企业对产能指标仍有需求的社会背景下，有利于创造更多的经济效益。增加的效益减去政府审批、市场交易中所消耗的必要成本后，部分应当私化为企业个体的利益，以奖赏和鼓励企业的这一行为。因此，如果企业放弃财政补贴或奖励，即应当获得出让产能指标的权利。相应地，购买产能指标权的企业为保留或扩大自己的规模效益，增加个体收益，理应在前期补偿主动削减产量的企业，具体就表现为承担给付价款的义务。这也符合责、权、利、效相统一的原则。㉙㉚

㉘　参见《宪法》第 107 条。

㉙　参见邹瑜《法学大辞典》，中国政法大学出版社 1991 年版，第 1126 页。

㉚　参见中国人民大学法律系经济法教研室《中国经济法教程》，中国人民大学出版社 1985 年版，第 35 页。

（二）产能指标权的转让

在产能指标出让的过程中，省级工业和信息化主管部门与中央企业核实的行为接近于许可准则制，省级工业和信息化主管部门与中央企业享有权力（power），这项权力的行使决定着企业能否出让产能指标，形成新的法律关系。省级工业和信息化主管部门与中央企业也承担着义务，只要申请企业符合条件就必须批准其申请。

对出让产能指标进行公示，并将相关信息发布在交易平台上，使取得能源行业准入资格的企业获得权力（power），这一过程如图 5 所示。

行政机关公示行为（power）━━━━━━━➤ 取得能源行业准入资格的企业（power）

图 5

在产能置换实施办法等政策出台后，能够购买产能指标的主体可以分为两类，第一类是此前未取得能源行业准入资格的新企业，这类企业必须至少具备获得质检总局和质量技术监督局行政许可的资格，才能购买其他企业出让的产能指标权。新企业在获得其他行政许可、产能指标权两项特权的同时，也将承担生产量必须与产能指标相吻合的义务（duty+）。在此过程中，产能指标权出让方原本即有基于许可获得的行业准入特权（privilege+$_{行业准入特权}$）、产能指标权（privilege+$_{产能指标权}$）、产量必须与产能指标相吻合的义务（duty+）。新企业与产能指标权出让企业，因缔结合同，又互相产生请求权（right/claim+）与义务（duty+）这一过程如图 6 所示。

尚未取得能源行业准入资格的新企业：

（duty−）━━━━➤（privilege+$_{行业准入特权}$、duty+$_{定量生产}$、privilege+$_{产能指标权}$、claim+、duty+）

出让产能指标权的企业：

（privilege+$_{行业准入特权}$、duty+$_{定量生产}$、privilege+$_{产能指标权}$）━━━━━━━➤

（privilege+$_{行业准入特权}$、duty+$_{定量生产}$、privilege+$_{产能指标权}$、claim+、duty+）

图 6

第二类是此前已经取得生产许可的企业，需要购买更多的产能指标扩大生产。产能指标交易成功后，交易双方皆获得请求权（right/claim）与义务（duty）这一过程如图 7 所示。

受让产能指标权的企业：

$$(\text{privilege+}_{行业准入特权}、\text{duty+}_{定量生产}、\text{privilege+}_{产能指标权}) \longrightarrow$$

$$(\text{privilege+}_{行业准入特权}、\text{duty+}_{定量生产}、\text{privilege+}_{产能指标权}、\text{claim+duty+})$$

出让产能指标权的企业：

$$(\text{privilege+}_{行业准入特权}、\text{duty+}_{定量生产}、\text{privilege+}_{产能指标权}) \longrightarrow$$

$$(\text{privilege+}_{行业准入特权}、\text{duty+}_{定量生产}、\text{privilege+}_{产能指标权}、\text{claim+duty+})$$

图 7

（三）产能指标权的消灭

引发产能指标权消灭的事由主要有三种：第一，该能源企业出让了所有产能指标权；第二，该能源企业使用了购入的所有产能指标；第三，该能源企业产能指标权被强制执行完毕。

当以上三种情况出现后，企业法人失去产能指标权（privilege+$_{产能指标}$），回归到不得从事能源加工转换工作、不得生产重工业产品的状态，这一变化如图 8 所示。

$$(\text{privilege+}_{行业准入特权}、\text{duty+}_{定量生产}、\text{privilege+}_{产能指标权}) \longrightarrow (\text{privilege+}_{行业准入特权}、\text{duty+}_{不得生产})$$

图 8

四 产能指标权的制度实践进路

为保障产能指标权作为公私复合型财产性权利的法利益与法目的的实

现，建议在《能源法》中增加条款，确认产能指标权及与之相匹配的具体制度，同时处理产能指标权相关制度与能源法规规定的其他制度、其他法律规定之间的衔接问题。

（一）两种立法模式及文本结构展开方式

产能指标权及与之相关的各项制度，可以加入《能源法》的章节中，也可以暂时采用单行条例的方式进行规定。

在《能源法》中增加有关产能指标权的规定，具备一定合理基础：以《能源法（征求意见稿）》为例，征求意见稿总则部分，对于能源法立法目的、适用范围做出规定，产能指标权的权利化目的，主要为"优化能源结构，提高能源效率"，符合征求意见稿中所述立法目的，产能指标权及其制度的适用范围也与征求意见稿的现行规定相一致。

在征求意见稿总则第 4 条中，着重写明了"结构优化"，结构优化的重要意旨之一，即是要对能源产业结构进行优化。从整体的立法结构来看，征求意见稿总则中的条款具有偏原则性的指导意义，因此，除第1、2 条指向整部法律外，其余条款均在后续章节匹配了具体制度规定，部分规定对应一章，如总则第 3 条总体对应第 2 章，总则第 5 条总体对应第 7 章，总则第 6、7 条对应第 6 章等；部分规定体现在后文多个章节中的多项制度设计中，如第 21 条对应第 56、105、113 等条款。"结构优化"目前属于第二类，第 32、39、41、42 条体现原则性指向，这是由于目前以实现"结构优化"为目的的制度较为分散，因此相关制度被归纳在不同章节，未来也可考虑将"结构优化"提炼作为一章主题，将产能指标权及与之相关的主要制度规定，增加为该章下设的重点内容。

主要制度规定之外的其他内容，可以并入征求意见稿的其他章节，如将产能指标转让的相关规定列入"能源市场"；将行政机关的职责列入"监督管理"；将法律救济方式列入"法律责任"。将产能指标权及相关制度嵌入征求意见稿现有的框架下，有利于保持能源法制度的体系性和统一性，并与其余已有规定进行衔接。不便之处在于文本结构需与征求意见稿保持一致，会对文本结构的展开产生一定制约。

设立单行条例做出规定，有利于根据产能指标权的制度需求进行文本设计，但在制度的衔接问题上，需要后期做出更多处理。如设立单行条例，建议设计"总则""产能指标的置换""产能指标权的流转""监督检查""法律责任"五个章节，总则中重点规定立法目的、适用范围、重要原则，建议强调总量控制原则、适度削减原则，产能指标的置换、产能指标权的流转服务于能源结构调整，是需要且应当长期执行的制度，但是，产能置换的具体比例指数，会随能源类型的变化、不同行业内累积过剩产能的情况进行变化，因此，对产能的削减需要在总量控制和适度的前提下进行，避免持续性、大幅度地减少产能，引发产量或新能源品质不足以满足能源需求，能源储备不足，能源安全遭受风险等问题。

相较之下，将产能指标权及制度融入《能源法》，文本结构基本能够满足制度需要，关于原则的特别规定，也可加入总则部分，或者在"结构优化"部分进行体现。如果未来能源类型或能源状态发生巨大改变，基本能源制度做出调整，产能置换及指标权交易制度可以即时做出回应，从顺应法典化趋势角度，将产能指标权相关制度融合在《能源法》中，似乎是一种更优的选择。

（二）产能指标权及核心制度设计

将产能指标权制度化，应当至少明确产能置换制度、产能指标权交易制度、违反制度规定后所需承担的法律责任。产能置换制度规定产能指标权的取得方式，其中应当包括产能指标申请条件、不同行业产能指标的折算评价标准、负责产能置换相关工作的行政主管机关、主管机关的权利义务；产能指标权交易制度规定应当包括产能指标权交易机构、产能指标权交易方式和程序、产能指标权交易合同、交易中止和终止的法定情形、有权参与市场交易的主体、交易市场的监督和管理；法律责任部分应当对变相干预指标权流转行为、隐瞒真实情况从事置换或交易活动的行为、超出产能指标标定量进行生产的行为做出规制。产能置换制度可以参照现行政策文件进行设定，但是目前相关规定多数比较分散，需要进行整合，产能指标权流转制度、法律责任等部分尚且缺乏规定，需要进行补充。

在产能置换制度部分，建议规定产能指标申请条件为：其一，申请折算为产能指标的退出项目属于钢铁（炼钢、炼铁）、煤炭、电解铝、水泥（熟料）、平板玻璃项目；其二，申请折算为产能指标的退出项目不属于强制退出的落后产能项目，项目运行符合现行政策规定；其三，此前未因申请折算产能指标的项目或项目部分取得财政补贴或其他经济优惠政策。产能置换指标的折算标准，可以借鉴产能退出名录的确定方式，结合各行业业已颁行的折算办法，从能耗、环保、质量、安全、技术等方面进行评估，由国家发展改革主管部门、环境保护主管部门、质量技术监督主管部门、安全生产监管主管部门、工业和信息化相关部门共同合作，商议确立具体的评估标准。企业申请产能指标折算后，经过项目鉴定，报由省级工业主管部门审批和公示。

在产能指标权交易部分，建议规定产能指标权交易机构经省人民政府批准设立，不以营利为目的，主要为产能指标权交易提供平台和信息服务，全国产能指标权交易信息形成统一的信息库，各省产能指标出让与受让情况均应在平台进行公示。有权参与产能指标权市场流转活动的主体，应当是已获得相关能源行业准入资格的企业，或具备行业准入资格并提交许可申请的企业。通过购买方式获得产能指标权的企业，有占有、使用、出让产能指标的权利，并可借此获得收益，但不应该在未使用所购产能指标权或使用率极低的前提下，就将购买所得的产能指标转卖给其他企业，防止出现产能指标价格被哄抬，中小型或新能源产业无力购买的可能性。产能指标权的交易程序应当包括：权利出让方报送出让信息至企业所在地省级工业主管机关、受理机关审查出让方与受让方资质及项目情况、签订合同、产能指标权转让结果报送省级工业主管部门进行备案。产能指标权交易应该在全国范围内开展，鼓励跨地区交易，如果出现所在地与出让方同省和异省的两企业竞价，同等条件下建议可优先由同省企业取得产能指标权，以鼓励当地经济发展需求。但除存在相同条件竞价者的情况外，地方政府不应限制产能指标权的跨省交易，应在核实、备案等方面，为产能指标权的跨省转让提供合理且必要的辅助条件。在产能指标交易过程中，如果发现出让产权存在纠纷，应当中止交易。出让方或受让方向流转机构提出交易申请并经流转机构确认的，应当终止交易。对产能指标权市场秩序的监督和管理，可以与

《能源法（征求意见稿）》中的规定保持一致，主要由县级以上人民政府及能源主管部门负责调整。

对违反产能指标权相关规定的行为人，应当以行政处罚为主，加强行政处罚的力度，减少刑法处罚手段的运用。如果工作人员干预或变相干预指标权流转，由其上级行政机关或者监察机关责令改正，情况严重时，对其给予行政处分，刑法处罚手段应仅限于行政主管部门人员触犯收受贿赂、渎职等刑法规定时应用。企业如果出现隐瞒真实情况从事置换或交易活动的行为、超出产能指标标定量进行生产的行为，应由县级以上能源主管部门责令停止，并处以罚款。

（三）产能指标权与其他制度的法律衔接

在《能源法》中，产能指标权相关制度应与总量目标制度、战略规划制度进行衔接，强制退出的落后项目之外需化解的产能，由国务院能源主管部门、国务院发展改革部门组织编订总量计划及战略规划，省级人民政府能源主管部门可根据全国编制划定相关区域、省级地方的产能置换任务与指标折算方案。

有关产能指标权抵押、强制执行的规定，应与《民法典》《民事诉讼法》相关内容进行衔接。产能指标权作为财产性权利的一种，具备作为责任财产的合理基础。建议在《能源法》或《民事诉讼法》中，明确产能指标权可以作为抵押标的，成为权利人融资手段，或被强制执行，补偿债权人利益。

抵押的产能指标权到期后，如果抵押人无法归还债务，对产能指标权的处置方式可以有三种：第一，可由抵押权人依据抵押人委托，向产能指标权流转机构和中介机构提起申请，由流转和中介机构有偿回购。第二，抵押人经由抵押权人同意，向产能指标权流转机构和中介机构提起申请，向符合要求的产能指标权需求方，以公开竞价、协议转让等方式转让。第三，抵押人向产能指标权流转机构申请政府回购储备，回购价格由流转机构根据国家相关政策和储备需要按市场机制制定。三种处置方式中，前两种借助市场机制，但如果开放政府回购方式，需要将政府回购的产能指标权控制在一个区间内，避免过量产能指标被政府回购，制约企业的产能效益与地方经济利益的发展。

产能指标权是一项独立的财产权，应当单独作为抵押标的与强制执行标的，无须与生产设备相绑定。有学者认为产能指标应当作为生产设备的附属品，与生产设备一并进行抵押。[31] 但是，产能指标权所设抵押权与生产设备抵押权，权利属性上并无互相依附的特性，从实际角度考虑，分别计算权利与设备的价值，分别抵押或司法拍卖，比捆绑方式更符合当事人利益需求。抵押人同时抵押生产设备和产能指标，可以从银行获得更多融资。而对于参与司法拍卖的主体，在全国颁行减量置换的政策后，生产设备与产能指标数量已经不相匹配，许多企业生产设备数量并未减少，如果想要保证规模不变，只需要购进产能指标权。即使捆绑抵押、司法拍卖产能指标权与生产设备，拍定人获得的生产设备在很大可能上也依旧被闲置，生产设备不会因拍卖转换所有人而产生额外的效益。而这种绑定抵押或拍卖，对于中介人和拍定人是一种限制，实际上也并不利于抵押或拍卖进行，不利于抵押权人或债权人利益的实现。对于新设立的尚未取得行业准入资格的企业和需要扩大生产规模的企业，可以选择单独拍卖生产设备，而不会因为不具备行业准入资格，出现拍定人不符合竞拍资格，被判定为强制执行无效的情形。[32]

由于产能指标权属于能源企业的核心资产，执行企业的核心资产容易对企业造成严重伤害，导致丧失破产重组的机会，直接进入破产清算。因此，在实践过程中应当注意，如果该能源企业还有其他可执行财产，应当将产能指标权放在劣后顺序进行强制执行，以最大可能地保全该企业的生产能力。另外，应当严格遵循《最高人民法院关于人民法院民事执行中拍卖、变卖财产的规定》，仅拍卖负债相抵的产能指标权，或者是拍卖后返还企业剩余指标，防止损害债务人的正当利益。

在司法强制执行过程中，应当由项目所在地省级工业和信息化主管部门协助完成对产能指标相关内容真实性、合规性的审查。但是要注意规避地方政府干涉跨省交易、跨省司法拍卖产能指标权的行为。产能指

---

[31] 在为新钢拍卖一案出具的专家意见书中，汤维建指出："设备已经抵押给银行，生产钢铁的设备和产能指标捆绑，一个是载体，一个是灵魂。没有产能指标，这些设备就是一堆废铁。"

[32] 参见卢正敏《论法院强制拍卖无效的事由》，《法学家》2019 年第 1 期。

标权的产生、转让目的在于优化能源结构、削减能源行业累积的过剩产能，只有各区域共同配合完成产能削减任务，全国的能源市场才能得到优化，最终推动能源行业的改革与更新。产能指标权的市场化极大程度上中和了仅由政府管控的滞后性和僵硬性，产能指标权相关法律、政策都应当最大限度地尊重产能指标权独立流通的可能性，使其具备财产权的完整功能。

结　　论

产能指标具备合法性、独立性、可控性、稀缺性，具备成为权利客体的合法基础，以法律权利的外观，对能源生产总量进行合理限制，鼓励落后能源项目主动退出市场，新能源项目进入市场，保护能源行业生产者从事合理生产行为、主动配合能源供给侧改革的利益，保护能源产业项目的拥有者退出市场后获得对应补偿的利益，是产能指标权成为法律权利的正当性基础；产能指标权利化，有助于解决产能置换、产能指标转让过程中出现的非技术性障碍，政策的保障、实践经验的累积，为产能指标权成为法律权利夯实了合理性基础。产能指标权的元形式为特权，是具有经济价值及排他性（或称对世性）的权利束，属于公私复合型的财产性权利，产能指标权具有可转让性，其取得、转让、消灭均可以用霍菲尔德法律概念分析方法进行解析与表示，因此可以为产能指标权的流转提供法律保障，通过法律条款固定行政机关拥有的三项权力，调整和规制产能指标权交易市场。建议在《能源法》中，单独设立"结构优化"一章，将产能指标权主要制度规定设置于该章之中，并加入总量控制原则、适度削减原则，明确产能置换制度、产能指标权交易制度、违反制度规定后所需承担的法律责任。产能置换制度可以参照现行政策文件进行设定，产能指标权交易制度中对交易机构、交易方式和程序、交易合同、交易中止和终止的法定情形、有权参与市场交易的主体、交易市场的监督和管理做出规定，以行政处罚方式为主，对违反规定，变相干预指标权流转、隐瞒真实情况从事置换或交易活动、超出产能指标标定量进行生产等行为做出规制。产能指标权相关制度应与《能源法》中的总量目标制度、战略规划制度进行衔接，与《民法典》《民事诉讼法》中规定的抵押、强制执行制度相衔接，保障产能指标权单独作为抵押标的与强制执行标的的法律性质，在有多个强制执行标的时，应将产能指标权放在强制执行的劣后顺位，保护债务人的生产能力，同时，赋予地方主管部门以合理权限，对产能指标权利的真实性、合规性进行审查。

核电许可制度的功能定位及其规范完善

——基于美国经验的启示

胡帮达 *

摘　要：核电许可制度的理想设计是在保护公众安全的基础上避免给核电发展造成不必要的规制负担。美国核电许可模式的转变及其相关争议带来的启示是，应同时注重实体规范和程序规范的设计来发挥许可制度的利益协调功能。对中国现行核电许可制度而言，实体规范要求和《核安全法》确立的在安全基础上发展核能的制度理念相吻合，但需严格贯彻独立监管原则作为其实施保障；程序规范中缺乏公众参与决策过程的要求，且《核安全法》的相关规定存在功能定位偏差，未来立法应对此予以完善。

关键词：核能；核电许可；核安全法；公众参与

通过对核电的开发利用行为实施许可来防控风险已成为各核电国家的通行做法和国际公约（如《核安全公约》）的要求。[①] 实践中，大部分国家都采用了阶段化的行政程序，对核电厂的选址、设计、建造、运行、退役等各环节分别实施许可。毋庸置疑，这种分阶段的许可模式是为了对核能利用进行全过程控制以确保公众安全。然而，必须注意到，安全虽是核法（nuclear law）中最为重要的目的却并非唯一的目的。换言之，不能仅从安全的角度来定位核电许可制度。

核电许可亦具有一般行政许可的授益行为特性，[②] 许可证持有人享有

---

*华中科技大学讲师，法学博士。

① Carlton Stoiber, Alec Baer, et al., *Handbook on Nuclear Law*, IAEA, 2010, p. 7.

② 参见应松年、杨解军《行政许可法的理论与制度解读》，北京大学出版社 2004 年版，第 48 页。

开发核电的合法权利。核电许可的条件越苛刻、程序越复杂（即安全要求越高）意味着核电市场准入门槛和成本就越高，即会起到限制核电产业发展的效果。在理性认识核能利用风险和收益并存的基本特性的基础上以及在国家鼓励核能发展的政策下，核电许可制度的功能定位应当是在能确保给公众提供充分安全保障的基础上避免给核电发展造成不必要的规制负担。③核电许可制度的这种理想功能定位在中国《核安全法》（2017年）已确立的、蕴含"安全和发展并重，在安全基础上发展核能"理念的中国核安全观中可以得到印证。④然而，制度功能的有效发挥有赖于具体规范的合理设计。中国《核安全法》规定的许可制度能否实现上述功能预设以及从哪些角度来评价是值得思考的问题。

美国是和平利用核能之首倡国和核电机组数最多的国家，其核电许可制度模式是后来发展核能国家的主要借鉴样本。数十年来，美国核电许可制度亦发生了重大变革，其要解决的核心问题就是该如何实现上述核电许可制度的理想功能。因此，考察其核电制度改革经验可为分析中国《核安全法》的许可制度规范提供参考视角。

一　美国核电许可制度之演进

第二次世界大战结束后，人们开始展望核能技术如何被用于提高人类的生活水平。然而，由于当时的复杂国际形势和政治军事敏感性，民用核能利用尚不属于"法不禁止即为自由"的行为，而是法律所全面禁止民间涉足的领域。为了在核武器上保持绝对的垄断地位，美国国会于1946年通过的核领域第一部法律——《1946年原子能法》授予美国联邦政府开发和利用原子能的排他性权力。在该法规定下，所有裂变材料和生产与使用这些裂变材料的设施由国家垄断所有，有关原子能事项的信息和资料的传播亦被严格限制。

1949年，苏联核爆试验的成功打破了美国的核武器垄断，美国转而

---

③　参见胡帮达《安全和发展之间：核能法律规制的美国经验及其启示》，《中外法学》2018年第1期。

④　参见《核安全法》第3条；习近平：《在荷兰海牙核安全峰会上的讲话》，http://news.xinhuanet.com/world/2014-03/25/c_126310117.htm，最后访问日期：2019年5月2日。

呼吁"原子用于和平"⑤，同时着手调整国内政策以在民用核能领域占领先机和树立国际威望。为此，1954 年美国国会对《1946 年原子能法》进行了重大修改，通过了新的原子能法——《1954 年原子能法》。新法取消了政府对核能技术与材料的垄断，鼓励民营企业发展商用核能。然而，考虑到安全因素，新法并没有完全解禁民用核能利用行为，而是采取附条件允许的立场即企业只有获得政府核能监管部门原子能委员会（Atomic Energy Committee，AEC）的许可后方能从事核能相关活动。在具体实施过程中，AEC 采用了"两步许可"的模式，即企业应当先申请获得 AEC 颁发的核电厂建造许可，待反应堆建造完成后再向 AEC 申请核电厂运行许可。

在《1954 年原子能法》的制度鼓励下，美国核能产业发展迅猛，20 世纪 60 年代中期出现了核电"浪潮市场"。⑥ 然而，进入 70 年代后，随着环保运动的兴起和公众安全意识的提高，核电许可的周期越来越长，⑦ 加上 1979 年三里岛核事故等因素的影响，美国核电发展陷入低谷，AEC 未收到新的核电厂建造申请许可。⑧ 80 年代末，核电技术有了新的突破，新型核电设计能够大大降低严重核事故的发生概率，出于对传统化石能源发电引发严重大气污染的担忧和应对气候变化的需要，使得核电又成为具有吸引力的能源选项。⑨ 为了减少核电厂许可过程中的不确定性和提高许可效率，给核电发展提供一个稳定的制度预期，1989 年美国核监管委员会（Nuclear Regulatory Commission，NRC）⑩ 进行了核电许可制度

---

⑤ Dwight D. Eisenhower, *Atoms for Peace*, Delivered 8 December 1953, United Nations General Assembly, New York, http://www.americanrhetoric.com/speeches/PDFFiles/Dwight%20D%20Eisenhower%20-%20Atoms%20for%20Peace.pdf, 最后访问日期：2019 年 5 月 3 日。

⑥ J. Samuel Walker, *Containing the Atom: Nuclear Regulation in a Changing Environment: 1963-1971*, University of California Press, 1992, p. 34.

⑦ James William Bain, "Informal Rulemaking: In Quest of Nuclear Licensing Reform", *Denver Law Journal*, Vol. 55, No. 1, 1978, pp. 177-222.

⑧ Joseph F. Hennessey, "The Nuclear Power Plant Licensing Process—Licensing of Nuclear Power Plants by the Atomic Energy Commission", *William and Mary Law Review*, Vol. 15. No. 3, 1971, pp. 486-501.

⑨ J. Samuel Walker and Thomas R. Wellock, *A Short History of Nuclear Regulation: 1946-2009*, U. S. Nuclear Regulatory Commission, 2010, p. 62.

⑩ 美国核监管委员会为 1974 年美国 AEC 被撤销后新成立的美国独立核安全规制机构。

改革，将原先的两步许可改为"建造与运行合并许可"（Combined Licenses），同时创设了早期场址准许（Early Site Permits）⑪ 和标准设计认证（Standard Design Certifications）⑫ 作为配套许可措施。新许可模式对企业投资核能起到了激励作用，NRC 已受理多个新核电项目的申请并审批颁发了数个新许可。

上述两种模式下的许可制度都在特定阶段发挥了促进美国核能发展的功能，但是，在安全规制功能方面却存在争议，其焦点是批评者认为这两种许可模式分别在实体规范和程序规范的设计方面存在瑕疵而不利于充分保障公众安全权益。

二　美国两步许可模式及其争议

《1954 年原子能法》对核电许可做出了原则性规定并授权 AEC 制定具体的许可实施规则。AEC 采取的两步许可法旨在推动核能产业快速起步，但批评者认为，其建造许可中的安全要求不能给公众提供充分的安全保障。

（一）许可的法定要求与 AEC 的许可实施规则

美国国会制定《1954 年原子能法》的首要目的是发展民用核能，但考虑到原子弹爆炸在人们心中留下的恐惧阴影尚未消除，如何处理发展和安全的关系成为立法不可回避的议题，社会公众和观望中的私营企业对此问题都极为关注。对此，美国国会在《1954 年原子能法》的立法目的中给出的答案是："提供一个最大程度和共同防御与国家安全以及公众健康

---

⑪　早期场址准许，是指企业在申请建造准许或者合并许可之前可先向 NRC 申请批准一个核电场址以备将来建造核电厂，持有早期场址准许的企业后续申请建造核电厂时可向 NRC 申请不再审查此内容。

⑫　标准设计认证，是指核电厂设计者可以向 NRC 提交其研制的核电厂设计方案，NRC 认为，该设计符合安全标准而向设计者颁发设计证书，采用该标准设计的企业在申请建造核电厂时可向 NRC 申请不再审查核电厂设计的安全性。

与安全目标相一致的鼓励广泛参与原子能和平利用的计划。"⑬ 换而言之，立法机关采取了一种在安全基础上兼顾核能发展的立场。然而，由于该法并没有规定原子能技术应达到多安全的程度，也没有直接考虑原子能技术可能给公众带来的危害，⑭ 上述立场仍然具有含糊性。这种立法立场的含糊性也体现在关于许可制度的具体规定方面。

《1954 年原子能法》关于核电许可的规定主要是其第 16 章 "司法审查和行政程序" 中的第 185 条和第 182 条，其具体内容如下。

"第 185 条 '建造准许（Construction Permit）和运行许可（Operating Licenses）' 所有申请生产（核材料）或者利用（核材料）设施的建造或者修改许可者，应当在委员会接受其申请的情况下先获得由其授予的建造准许。该建造准许应当阐明设施建造或者修改完成的最早和最晚日期，如果建造或者修改未如期完成，建造准许将过期，除非有正当理由获得 AEC 的延期批准。在完成设施的建造或修改、提交原始申请更新所需的任何其他信息，并发现授权的设施已经建成且将按照经修订的申请以及本章的规定和委员会制定的法规要求进行运行，如果没有任何良好的理由向 AEC 证明授予运行许可证（license）不符合本章的规定，委员会应向申请人发放许可证。为了本章的其他目的，建造准许被视为 '许可证'。"

"第 182 条 '许可申请（License Applications）' 关于经营生产或使用设施许可证的申请，申请人应说明技术规格，包括特殊核材料的数量、种类和来源的信息所需材料、使用地点、设施的具体特点，以及委员会根据法规可能认为有必要的其他信息，以使其能够发现使用或生产特殊核材料将符合共同的防卫和安全，并将为公众的健康和安全提供充分的保护。"

从文义来看，上述第 185 条要求申请者应当先申请获得一个建造准许后建造核电厂，再向 AEC 申请许可证来运行核电厂；第 182 条要求在颁发运行许可的时候，AEC 应当有确凿发现（Definitive Findings）证明运行核电厂 "将会给公众健康和安全提供充分的保护"。然而，关于在颁发建造准许时是否也要求 AEC 需要有上述确凿发现，法律并没有做出明确的

---

⑬　42 USC 2013，Sec. 3. d.

⑭　William C. Wood, *Nuclear Safety Risks and Regulation*，American Enterprise Institute for Public Policy Research，1983，p. 6.

规定。此外，法律也没有明确规定什么情况下才算"给公众健康和安全
提供充分的保护"，而是交由实施机关 AEC 来决定。

AEC 根据《1954 年原子能法》的授权，同时履行开展原子能军事项
目、促进民用原子能的发展和保护公众健康与安全三项职能。由于法律只
对许可的要求进行了一般性的规定，AEC 在法律生效后首先面临的任务
是起草既能够保障公众安全又不影响核能快速发展的许可法规。AEC 采
用了先颁发建造准许和后颁发运行许可的两步许可法，但是在审批建造准
许时，并不要求申请人提交最终的所有安全证明，而是要求申请人提供在
建造过程中解决申请建造准许时未决安全问题的合理保证。其具体规定
如下。

"如果由于拟议项目的性质，申请者无法最初提供完成申请所需的所
有技术资料，该申请者则应当说明理由，提供所缺省的资料的名目或者类
别以及补齐这些资料的大致时间。如果 AEC 信纳该申请者有足够的资料
为拟议设施的建造与运行不对公众的健康和安全带来不适当的风险以及该
缺省的资料能如期补齐提供合理保证，AEC 可以在没有上述缺省资料的
情况下审查该申请并颁发一个临时的建造准许。"⑮

AEC 认为，根据其组织实施的各种实验的经验表明，安全问题可以
在发展中解决，遵守其制定的监管法规足以防御核设施危害的发生，而
且不能因为过于重视保护公众健康和安全而将核能带来的巨大收益的潜
能扼杀于萌芽之中，太严格或者不灵活的规制不利于鼓励私有企业参与
投资核能技术。⑯ 可以说，在《1954 年原子能法》将鼓励发展原子能作
为国家目标，而私有企业不愿意承担发展的成本和风险时，AEC 为说服
和引导私有企业投资核能的一个重要措施就是在制定保护公众安全的法规
时不给企业造成过大的负担。此时，发展并非比安全更重要，而是更为
迫切。⑰

---

⑮　10 CFR § 50. 35.

⑯　J. Samuel Walker, *Containing the Atom*: *Nuclear Regulation in a Changing Environment*:
1963-1971, University of California Press, 1992, p. 41.

⑰　J. Samuel Walker and Thomas R. Wellock, *A Short History of Nuclear Regulation*: *1946-2009*,
U. S. Nuclear Regulatory Commission, 2010, p. 17.

（二）两步许可的争议：申请建造准许是否要有确凿的安全证明

《1954 年原子能法》关于建造许可申请安全要求的含糊规定以及 AEC 的两步许可法在实施过程中引发了争议。批评者认为，AEC 在没有足够安全证明的情况下颁发建造准许将实际上导致后面否决运行许可变得不可能，因为已经建成的核电厂投入了巨大成本并已构成既成事实。[⑱] 换言之，这种允许"生米煮成熟饭"的做法将会损害公众的安全利益。这一争议集中体现在电力堆开发公司诉电子、无线与机器工人国际联合会一案[⑲]中。

此案中，AEC 于 1956 年给电力堆开发公司颁发了建造准许，允许其在伊利湖边缘兴建一座用于发电的快中子增殖反应堆，并要求该公司在运行反应堆前提供报告说明最终设计能够合理保证其运行不会危害公众健康和安全。电子、无线与机器工人国际联合会等三个劳工联合会（以下简称联合会）于 1960 年将 AEC 诉至哥伦比亚特区联邦巡回上诉法院，请求撤销 AEC 的决定。上诉法院支持了原告的诉求，但电力堆开发公司不满此判决并于 1961 年向美国联邦最高法院提起上诉。

联邦最高法院认为：本案中各方的共识是，AEC 在颁发运行许可时须有《1954 年原子能法》第 182 条明确要求的能充分保护公众安全的确凿证明；分歧或争议焦点是，法律是否要求颁发建造准许的安全证明程度和颁发运行许可的安全证明程度一致，即颁发建造许可是否要基于确凿的安全证明。对此问题，联邦最高法院认为，AEC 负有通过制定法规来实现法律保障公众健康和安全的法定职责，根据《1954 年原子能法》第 185 条和第 182 条的规定，其在颁发建造许可时需要一定程度的安全发现，但这种安全发现是否要和颁发运行许可时一致则需要查阅立法史和综合分析来确定。

然而，调查和分析后，联邦最高法院的大法官们的意见发生了分歧，

---

⑱ Dean Hansell, "Nuclear Regulatory Commission Proceedings: A Guide for Intervenors", *UCLA Journal of Environmental Law & Policy*, Vol. 3. No. 1, 1982, pp. 23–73.

⑲ Power Reactor Co. v. Electricians, 367 U. S. 396 (1961).

多数意见认为，AEC 颁发建造准许时不需要有确凿的安全证明，理由主要包括四个方面：第一，核反应堆的发展和变化快，今天的先进技术在明天或许就不是，今天的问题在明天可能就不是问题，或许在建造中能够解决，没有理由不尊重作为实施机关的 AEC 对含义不明的法律条款的行政解释。第二，AEC 的法规和法律关于许可的规定的要求是相符的，AEC 不仅关注建造的安全问题，更深切地关注拟议设施的运行安全问题，虽然它在颁发建造准许时不能给出确凿的安全发现，但要求申请者在申请建造准许时提供充分的资料来合理保证核电厂运行不会给公众带来不合理风险。第三，《1954 年原子能法》第 185 条实际上规定 AEC 在颁发运行许可时要有三方面的发现（Findings），即申请人提交了原始申请更新所需的任何其他信息、反应堆的运行将符合法律法规的要求以及没有其他合理理由说明颁发运行许可不符合法律规定，这并不意味着建造完成了就自动获得运行许可。第四，AEC 在给电力堆开发公司颁发准许时附有条件（即要求其在申请运行许可时提供确凿的安全证明）已说明电力堆开发公司愿意自担风险，故对 AEC 会因避免该公司出现巨额投资损失而"放水"的观点站不住脚，即完全存在不颁发运行许可的情况，因而也不会出现在未给公众提供充分安全保护的情况下运行核电厂的情形。

持反对意见的两位大法官则认为，AEC 的做法违反《1954 年原子能法》的规定，其理由包括两方面：其一，《1954 年原子能法》第 182 条规定的许可申请的条件适用于所有的许可，法律并没有对建造和运行许可的安全证明程度做出区分，AEC 颁发建造准许时应当和颁发运行许可时一样要有确凿的安全证明。其二，待到反应堆建造完毕后，话语权将在电力堆公司而不在公众这边，任何一个行政机关都不愿意将这一耗费巨资的建筑变成摆设，而且如果建造完成后颁发建造准许时保证的问题仍未完全解决，那么 AEC 将会有相当大的压力，其有理由会推动继续颁发运行许可，如此一来，法律规定的运行许可安全要求将不能得到充分保障。

在少数服从多数的原则下，美国联邦最高法院最终推翻了上诉法院的裁决，认为 AEC 关于颁发建造准许不需要提供确凿的安全证明的许可法规符合《1954 年原子能法》第 185 条和第 182 条的规定。美国联邦最高法院的判决保障了 AEC 两步许可法的顺利实施，对推动美国核电产业发展具有积极意义。[20]

三　美国合并许可模式及其争议

从 20 世纪 70 年代开始，美国国会对《1954 年原子能法》进行了多次修订，旧许可模式虽然在总体结构上保持稳定，但是细节要求变得越来越复杂。新规制机关 NRC 多次向国会请求修订《1954 年原子能法》来改革旧许可模式未获成功，[21] 遂于 1989 年通过制定法规建立新的许可制度模式，其改革的核心思路是优化许可程序以提高许可效率，但也引发了关于安全方面的争议。

（一）NRC 的许可新规则：合并许可

NRC 对旧许可模式的改革包括设置早期场址准许、实施标准设计认证和颁发建造与运行合并许可。其中，建造和运行合并许可是这次许可改革中最为突出的举措。具体而言，在建造与运行合并许可模式下，企业可以把旧许可模式中的两步并作一步向 NRC 申请建造和运行"一体化"许可证。这里的合并许可实质上是一个建造准许加一个附条件的运行许可，即当核电厂建造完成后，如果 NRC 发现该建造符合合并许可证书中载明的接受标准（相当于验收），则授权企业运行核电厂。[22] 合并许可不同于旧许可模式的地方在于两方面：一是在建造前企业申请合并许可时需要提交更为完备的关于核电厂最终设计与安全方面的资料（包括旧许可模式中颁发运行许可需要审查的资料），NRC 应当审查这些资料是否符合法律及其法规的要求并举行听证；二是在企业完成核电厂建造后，NRC 只在形式上审查合并许可中载明的接受标准是否都得到满足，并依申请就部分接受标准未得到满足的异议或问题举行听证（即改变了原两步许可模式

---

[20]　Sheldon L, Trubatch, "How, Why, and When the U. S. Supreme Court Supports Nuclear Power", *Arizona Journal of Environmental Law & Policy*, Vol. 3, No. 1, 2012-2013, pp. 1-26.

[21]　Nuclear Licensing Reform: Hearing Before the House Subcommittee on Energy and Commerce, 100th Cong., 2d Sess., 1988.

[22]　10 CFR Part 52, Subpart C.

中的运行授权前的听证方式和听证内容㉓）。NRC 试图通过这两方面的改变以在许可过程中尽早并且通过一次听证程序考虑和决定所有的安全事项。㉔

（二）合并许可的争议：限制听证是否违法并损害公众权益

NRC 的上述改革措施能够在程序上缩短核电许可的周期从而激励企业发展核电，但该改革的合法性以及其是否有利于保护公众安全与健康却饱受质疑。然而，批评者认为，NRC 将两步许可改为合并许可违反了《1954 年原子能法》的分步骤许可的规定，而且合并许可中的听证程序设置及其内容限制损害了公众利益。NRC 则认为，《1954 年原子能法》并没有明确规定不能采取合并许可的方式，而在颁发合并许可前的听证已经充分讨论了所有的安全问题，只要完成的建造能够符合许可载明的条件就能给公众提供足够的安全保护。这些争议在核信息与资源服务组织诉NRC 一案㉕中表现得更为明显。

该案中，核信息与资源服务组织因不满 NRC 的合并许可改革措施于1990 年将 NRC 诉至哥伦比亚特区联邦巡回上诉法院，请求法院审查 NRC的新许可法规。案件中主要有两方面的争议：一是《1954 年原子能法》第 185 条是否禁止颁发合并许可，即该条是否强制要求 NRC 实施分步许可程序；二是 NRC 合并许可程序中的运行授权前的听证安排是否符合《1954 年原子能法》第 185 条和 189 条 a 款㉖的规定。

关于第一个争议，上诉法院的法官一致认为，NRC 合并许可的做法没有违反法律规定，理由是：首先，《1954 年原子能法》授予了 NRC 设

㉓　两步许可模式中，在颁发建造准许和运行许可前 NRC 都需主动举行听证，而且在颁发运行许可前的听证过程需要审查所有有关颁发运行许可是否符合法定要求的问题。

㉔　Early Site Permits；Standard Design Certifications；and Combined Licenses for Nuclear Power Reactors，54 Fed. Reg.，pp. 15373-15374.

㉕　Nuclear Information and Resource Service v. NRC，969 F. 2d 1169（D. C. Cir. 1992）.

㉖　《1954 年原子能法》第 189 条 a 款规定："在本法规定的任何程序中……对于授予、暂停、撤销或修改任何许可证或建造准许，委员会应根据任何利益受到颁发许可影响的人的请求举行听证。……在经听证会后颁发建造许可的情况下，如果无任何利益相关者请求，委员会可以不举行听证而颁发运行许可。"详见 42 USC 2239，Sec. 189a（1）（A）。

计许可程序的充分自由决定权；其次，NRC 新许可规定和联邦最高法院在上述电力堆开发公司诉电子、无线与机器工人国际联合会案中的决定并不相违背，因为该决定没有涉及许可是否应当分步进行，而只是肯定法律不要求在颁发建造准许前考虑所有的运行安全问题；最后，国会虽然暂时没有通过立法来采纳 NRC 的许可改革建议，但其"沉默"并不一定意味着强制要求 NRC 遵守原有的许可程序。

第二个争议实际上是许可听证程序问题，包括两个子问题：NRC 在运行授权前的听证是主动义务还是依申请进行，以及运行前听证的内容是否限于已颁发的合并许可上载明的问题。对于第一个子问题，上诉法院的法官一致认为，NRC 的做法也没有违反法律规定，其理由是：《1954 年原子能法》第 189 条明确规定了颁发运行许可前的听证是依申请举行的而非强制性的主动举行听证。

对于第二个子问题，上诉法院法官的意见出现了分歧。多数意见认为，NRC 关于听证内容的规定是合法和合理的，理由是：首先，《1954 年原子能法》第 185 条虽然规定了 NRC 在颁发运行许可时应当有说明核电厂运行将符合本法和 NRC 法规规定的确凿安全证明，但并没有规定 NRC 如何满足该要求，亦即法律没有规定 NRC 不能依照颁发合并许可前的安全证明来说明授权核电厂运行符合法律的规定；其次，NRC 以颁发合并许可时确定的安全要求得到满足来判断核电厂的运行符合法律的规定并非不合理，因为其在颁发合并许可前设定的安全要求不会对新情况反应迟钝，这在形式和实质上都和其他行政机关的行政许可规则没有区别；最后，即便颁发合并许可后在建造过程中发现了新的问题，利益相关者亦可以申请 NRC 修改其许可条件或接受标准，此时 NRC 将会决定是否需要举行正式听证，而在此过程中，若利益相关者认为 NRC 继续以颁发合并许可时的安全证明来做出授权运行核电厂的决定不合法律要求仍可以向法院申请司法审查来获得救济。

少数法官则认为，NRC 在运行授权时将依申请听证的内容限制于颁发许可时考虑过的问题没有体现对法律的合理解读。其理由是，《1954 年原子能法》第 185 条要求 NRC 在授权核电厂运行前要获得证明核电厂的运行能够满足法律规定的充分保护公众安全的确凿证明，并且依申请举行听证来解决与这一确凿证明相关的实质性的问题，尽管 NRC 有权制定标准和门槛来判断申请人提出的新信息是否为关乎核电厂运行合法性的实质问题，但是，一旦申请者提出了新信息，NRC 应当根据请求举行听证。换言之，《1954 年原子能法》规定运行核电厂应给公众的健康与安全提供充分的保护，而满足 NRC 颁发合并许可的法规要求却未必能够满足法律的实质要求，因此 NRC 在运行授权前应当就核电厂建造过程中或者建造完成后发现的新问题举行听证以确保核电厂的运行能够满足法律的要求。

需要指出的是，在上诉法院审理核信息与资源服务组织诉 NRC 案的同时，美国国会已经开始起草法案来改革核电许可程序。在上诉法院做出上述判决的 3 个月后，美国国会通过《1992 年能源政策法》[27] 认可了 NRC 的上述许可改革内容，并对《1954 年原子能法》的许可规定做出了相应修订。

四 美国核电许可制度对中国的启示

"核电许可是一个经由阶段化程序所获致之复杂行政决定。"[28] 美国核电许可制度的演进过程表明，无论是旧许可模式还是新许可模式，其本质上都是由若干部分许可构成的整体许可体系，[29] 区别在于许可步骤的设置方式和内容审查的程度。尽管中美法制存在差异，但美国核电许可制度实施过程中出现的关于实质要求和程序设置的争议为检视中国核电许可制度的功能定位及其规范设计提供了有意义的参考视角。

（一）核电许可制度的功能定位

核电许可作为一种受益性行政行为，申请者的目的是在政府授权的情况下最终运营核电厂而获得经济收益。由于核电厂往往需要几十亿甚至上百亿人民币的成本投入，申请者承担着巨大的投资风险，由法律创设、监

---

[27] 42 USC 13201 (2801—2807).

[28] 参见陈春生《核能利用与法之规制》，（台北）月旦出版社股份有限公司 1995 年版，第 34 页。

[29] 尽管合并许可形式上是一步许可，但由于其运行前需获得监管机关的授权，本质上仍属于分阶段许可。

管机关实施的许可制度的安定性、明确性和可预见性对核电产业的发展极为重要，这也是法治政府的基本要求。与此同时，核电许可还是一种拘束性行政行为，申请人应当满足各项许可条件并确保其最终运行核电厂的行为不至于给公众的健康和安全带来不适当风险，这也是政府的风险规制责任。由于发展核电通常具有国家政策或战略的色彩而并不是一个完全由市场主导的自发行为，法律追求的安全目标不是绝对安全而是一种可接受的风险，核电许可制度实际上发挥了核电发展与核安全的调节器之功能，而这种功能调适的过程本质上是对经济利益和安全利益的衡量过程，本当由立法过程来完成。

然而，对于复杂的核能风险规制来说，立法机关难以详细规定实现安全的手段，而是通常笼统地确定安全目标，具体则交由具备专业知识的行政机关来实现。美国《1954年原子能法》确立了促进民用核电发展和保护公众安全的双重目标，其对许可要求和程序的含糊规定给予了监管机关极大的自由裁量权。在核电发展之初，由于技术的不成熟和经验的有限性，AEC的具体许可规则设计选择了偏向有利于促进核电发展的一侧，采取了一种边发展边解决安全问题的立场；而在核电发展经历高潮陷入低谷、技术趋于稳定和经验相对丰富时，为了促进核电产业的复兴，NRC对旧许可模式进行了改革，其认为应当在充分保障安全的情况下提高许可的稳定性和可预期性而不至于阻碍产业发展。换言之，美国的核电许可制度是以监管机关为主导的，而监管机关在设计具体许可规则时对安全和发展的关系进行了积极考量。

中国现行的核电许可制度是1984年加入国际原子能机构后借鉴当时的国际经验建立起来的。1986年国务院制定的第一部核安全法规——《民用核设施安全监督管理条例》（1986年）规定，国家实行核设施安全许可制度，并由国家核安全局负责制定和批准颁发核设施建造许可证和核设施运行许可证。⑳ 这一类似美国旧许可模式的两步许可制度模式亦被2017年9月1日全国人大常委会通过的《核安全法》所确认。㉛《核安全法》确立了保障核安全和促进经济社会发展的双重立法目的，㉜ 规定了

---

⑳ 《民用核设施安全监督管理条例》（1986年）第8条。

㉛ 《核安全法》第25、27条。

㉜ 《核安全法》第1条。

"理性、协调、并进"的核安全观㉝和"确保安全"的基本方针与"安全第一"的基本原则㉞。这意味着《核安全法》中包括许可制度在内的制度规范设计应当体现在确保安全的基础上有利于核能发展的功能。

（二）核电许可实体规范实施的保障

核电许可的实体规范是指申请者为获得核电许可所应当满足的安全要求。这种安全要求由立法机关在法律中原则性确定并由监管机关通过制定法规和标准来具体明确。如美国《1954 年原子能法》第 182 条规定核电厂的运行要为公众的健康和安全提供充分的保护，而"充分的保护"则以满足监管机关 AEC 或 NRC 制定的许可法规的要求为判断标准。

对于阶段化的许可模式，需要考虑的问题是各部分许可的安全要求应当达到何种程度的问题。在美国的旧许可模式中，监管机关颁发建造准许并不要求申请人提交全部的设计安全证明而是要求其提供合理的安全保证，而在颁发运行许可时则要求申请人提交完全（确凿）的安全证明。这种"边建造边设计"（Design As You Go）与"边建造边监管"（Regulate As You Go）的许可方式有多项优点：对监管机关来说，可以分散审查的压力并根据最新的技术发展来更新最终的运行许可安全要求；对作为申请者的企业来说，可以保护其基于建造准许获得的信赖利益从而降低投资风险和加快项目进度；而对社会公众来说，其安全利益从最终结果（即核电厂运行许可的安全要求）来看亦得到了有效保障。其缺点是，企业申请建造准许时的合理安全保证只是一种"暂时积极整体判断"㉟，在颁发运行许可时需经重新审查，其最终结果具有不确定性，即如美国联邦最高法院所言，企业需自担风险。至于在电力堆开发公司诉电子、无线与

㉝　《核安全法》第 3 条规定的"核安全观"包括"发展和安全并重，以确保安全为前提发展核能事业"和"秉持发展求安全、以安全促发展的理念，让发展和安全两个目标有机融合"的内涵。参见习近平《坚持理性、协调、并进的核安全观》，http://cpc.people.com.cn/xuexi/n/2015/0721/c397563-27337514.html，最后访问日期：2019 年 5 月 8 日。

㉞　《核安全法》第 4 条。

㉟　参见陈春生《核能利用与法之规制》，（台北）月旦出版社股份有限公司 1995 年版，第113 页。

机器工人国际联合会案中持反对意见的法官所担忧的"既成事实"问题，其实际上并不是许可安全要求本身的问题，而是美国的核安全规制机关 AEC 之独立性问题。[36] 为了发扬旧许可模式的优点并克服其缺点，NRC 在新许可模式中，一方面设立早期场址准许和标准设计认证作为原先建造准许之部分许可，另一方面将旧许可模式中颁发运行许可前的最终安全审查要求（即确凿的安全证明）前置于建造前的合并许可申请阶段。这种许可模式固然能够提高许可制度的稳定性和效率，但也存在核信息与资源服务组织诉美国 NRC 案中所争议的问题，即监管机关在颁发合并许可时的安全要求在若干年后能否符合最新的科学认知和技术水平从而达到法律规定的充分保护公众安全的目标，而如果监管机关在授权运行前设定新的安全审查要求，企业的信赖利益将又会受到损害。因此，在分阶段核电许可中无论何种模式的安全审查要求设置都难免遭遇兼顾发展和安全利益的难题，换言之，许可中的实体安全规范的设计都需考虑衡平安全和发展关系的问题。

　　中国现行核电许可制度在实体规范设计方面采用了类似于美国旧许可模式中的安全要求设置方式。具体而言，根据《核安全法》第 24 条和第 26 条的规定，申请者在核设施建造前须向国务院核安全监督管理部门提交初步的安全分析报告，在核设施运行前必须向国务院核安全监督管理部门提交最终的安全分析报告。[37] 这一对不同许可阶段采用不同的安全要求的规范设计实际上体现了兼顾安全和发展的制度功能。具体而言，在安全功能方面，监管部门可以实施初步安全审查和最终安全审查，进行两次把关，并保留在审批运行许可时根据安全形势或要求变化而提高最终安全审查的严格程度的权力，从而审慎决策以充分保护公众安全；在发展功能方面，企业可以根据在初步安全证明的情况下现行开展核电厂建设工程，并

---

　　[36] AEC 身兼推动核能发展和核安全监管的双重职能，批评者将其形容为"狐狸看守鸡窝"，担心这种职能上的冲突影响其做出有利于保护公众安全的监管决策。这种担忧和批评的结果是，美国国会于 1974 年通过《能源重组法》撤销了 AEC，建立了独立规制机关 NRC。J. Samuel Walker and Thomas R. Wellock, *A Short History of Nuclear Regulation: 1946 - 2009*, U. S. Nuclear Regulatory Commission, 2010, p. 49.

　　[37] 《核安全法》的规定是对现行许可制度的提炼，具体要求详见《民用核设施安全监督管理条例》第 9、10 条，以及国家核安全局制定的《民用核设施安全监督管理条例实施细则——核电厂安全许可证件的申请和颁发》（HAF001/01—1993）第 5 章。

在几年的建造过程中通过实践探索和采用新出现的技术或设备来达到最终的安全目标，这也为中国的核电技术自主创新"预留了"时间。需要指出的是，为了实现在安全基础上发展核电的许可制度功能，中国现行许可规范的有效实施仍需克服美国旧许可制度中争议的"既成事实"问题，即需要在组织地位和权力配置方面保障核安全监管部门在审查运行许可申请时不为核能发展部门、企业等利益主体所"俘获"，[38] 严格贯彻《核安全法》中第4条规定的"独立监管"原则。

（三）核电许可程序规范的完善

核电许可过程为重大技术风险决策的行政过程，立法机关难以通过法律"传送带"给予监管机关风险规制行为以充分的正当性（legitimacy）依据，[39] 享有宽泛自由裁量权的监管机关通常采取诉诸科学理性和采取协商民主的方式来证成其决策过程的正当性。[40] 换言之，在核电许可审批过程中，虽然由熟知核能技术的专家组成的监管机关可以自己或者在借助外部专家判断的基础上对拟议核电厂的安全性做出技术判断，但由于存在风险认知的分歧，该技术判断并不一定为外行公众所接受，故仍需吸纳受拟议核电厂影响的公众来参与决策过程。

公众参与监管决策过程有多种方式，举行听证是有效保障公众安全利益诉求的正式途径之一，也是核电许可程序设置中的重要内容。从美国的经验来看，关于听证权保护的规范设计要重点考虑听证时机、听证发起方式以及听证事项范围等内容。美国《1954年原子能法》规定在颁发建造准许和运行许可前利益相关者都可以申请监管机关举行听证，但是对听证内容没有进行限定。具体实施过程中，旧许可模式下的许可法规规定监管机关在颁发建造准许和运行许可时都应当主动举行听证，新许可模式下的法规规定监管机关在颁发合并许可时应当主动举行听证，而在运行授权前

---

⑯　参见胡帮达《核安全独立监管的路径选择》，《科技与法律》2014年第2期。

⑰　参见王锡锌《行政正当性需求的回归——中国新行政法概念的提出、逻辑与制度框架》，《清华法学》2009年第2期。

⑱　Elizabeth C. Fisher, *Risk Regulation and Administrative Constitutionalism*, Bloomsbury Publishing, 2007, pp. 26-28.

依申请举行听证。前者对听证事项方面没有设置限制，而后者将运行授权前的听证事项限定于合并许可中载明的事项。新旧模式中听证规定的变化体现了监管机关对听证的复杂态度：一方面，需要举行听证体现对公众利益的保护和增强决策的可接受性；另一方面，又担心听证会冲击已颁发的许可的效力和影响最终许可（授权）的效率。

中国现行核电许可规范没有关于核安全听证的具体规定，[41] 尽管根据《行政许可法》（2003 年）关于听证的一般性规定，[42] 核安全监管机关有权力决定是否举行听证，利害关系人亦有权利请求核安全监管机关举行听证，但是由于缺乏明确可操作的规范的指引，实践中核安全监管机关在颁发建造或运行许可时并未主动或依申请举行听证。而听证的缺乏可能会导致多方面的问题：对公众而言，决策过程缺乏民主性，他们关注的核安全问题缺乏充分的讨论，难以相信自身安全利益得到充分保护；对监管机关而言，无规范的对话与风险交流机制将引发非理性的对抗行为从而有损其信誉；对企业而言，在其建造完成后申请运行许可前若遭遇公众抵制则会承担相当大的投资风险。这些问题在近年来发生的反核事件[43]中逐渐暴露出来，必须从规范层面予以积极应对。中国《核安全法》已做出了一些回应，其第 66 条规定核设施营运单位和核设施所在地省、自治区、直辖市人民政府应当就涉及公众利益的重大核安全问题举行听证会、论证会、座谈会，或者采取其他形式征求利益相关方的意见。然而，对于审批核电许可这一涉及公众利益的重大核安全问题，该条将举行听证会（论证会、座谈会等）的义务主体限于核设施营运单位和核设施所在地省、自治区、直辖市人民政府，实际上，在一定程度上已偏离了公众参与决策过程之功

---

⑪　中国核电建设项目需要进行环境影响评价，根据《环境保护法》（2014 年）和《环境影响评价法》（2016 年）等法律法规的规定，建设单位应当采取调查公众意见、咨询专家意见、座谈会、论证会、听证会等形式，公开征求公众意见，环境保护行政主管部门对公众意见较大的建设项目，可以采取调查公众意见、咨询专家意见、座谈会、论证会、听证会等形式再次公开征求公众意见。然而，这里的环境影响不能等同于核电厂安全，环境影响评价过程不能等同于核电许可审批过程。

⑫　《行政许可法》（2003 年）第 46 条和第 47 条。

⑬　例如：2011 年江西彭泽核电项目因争议而搁置；2013 年广东江门近 400 亿元规模核燃料项目因当地公众的反对而被取消；2016 年 8 月连云港市中法千亿级核循环项目由于市民的强烈抗议而被迫宣布暂停，等等。

能定位，因为核电许可的审批机关不是核设施营运单位和核设施所在地省级人民政府，而是国务院核安全监督管理部门。换言之，《核安全法》实际上并没有规定包含听证方式在内的公众参与核电许可过程的程序。在此情况下，为了充分保障公众的安全利益和增强许可制度的可预期性，可以借鉴美国的经验，由国务院核安全监督管理部门制定有关核电许可的规章[44]来明确建造许可和运行许可审批环节中的主动举行听证或依申请举行听证的时间、事项范围等内容，兼顾公众程序性权利的保护和提高核电许可效率。

五　结语

　　法律制度之创设必然会涉及不同利益的权衡。核电许可制度是风险防控的重要手段，也是对开发利用核能的合法授权。由于不存在零风险的安全，在国家发展核能的前提下，核电许可制度成为协调核能安全和核能发展关系的重要规范措施。美国的经验表明，分阶段核电许可制度应从安全审查标准和听证程序设置上进行调适以吻合其预设功能。对中国而言，在大力发展核能的国家能源政策背景下出台的《核安全法》已在宏观层面确立了在安全基础上发展核能的制度构建理念，其在核电许可的实体规范设计上与这一制度构建方向大体吻合，但在程序性规范设计上，关于公众参与的设计出现了功能错位。《核安全法》的实施以及未来的立法（包括法规、规章的制定）应当认真对待这一问题。

---

　　[44]　中国生态环境部（国家核安全局），于 2018 年 7 月 30 日发布《核设施安全许可管理办法（征求意见稿）》，参见生态环境部网，http：//www.zhb.gov.cn/gkml/sthjbgw/stbgth/201807/t20180711_446451.htm，最后访问日期：2019 年 5 月 5 日。但遗憾的是，该征求意见稿仍未涉及许可听证事项。

碳排放交易制度与节约能源制度的协调之道及其体系思考*

张忠利**

摘 要：中国政府已于 2017 年底正式启动了全国碳排放交易市场。为增强碳排放交易立法的实效性，必须考虑其与现行相关法律制度的协调问题。碳排放交易制度与能源消费总量控制与用能权交易制度、节能目标责任制和考核评价制度等节能法制并存时会导致"重叠规制"和"规制抵牾"的体系化问题。从短期来看，对重叠规制的部分可考虑进行制度融合处理，对规制抵牾的部分可采取将纳入碳排放交易制度监管的对象从目标责任制度中剥离的做法，从长期来看应考虑对《节约能源法》进行修改。同时，应对相关法律法规的体系协调性进行立法过程管控。从宏观角度看，它表明制定环境法典不足以解决环境立法体系化的所有问题，建立更高的行政立法监督机制，践行为监管对象服务的整体性政府理念乃是势所必然。

关键词：碳排放交易；节约能源法；目标责任制；用能权交易；行政立法监督

引言：控制碳排放制度与节约能源制度如何共处？

全球变暖是当今世界各国共同面临的最大环境问题。为积极应对气候变化，促进经济社会低碳发展，推动生态文明建设，共建人类命运共同

---

* 本文是中国博士后科学基金第 60 批面上资助项目"中国实施《巴黎协定》的相关法律问题研究"（2016M600174）的阶段性研究成果。

** 中国社会科学院法学研究所助理研究员，法学博士。

体，中国政府在 2017 年底正式启动了全国碳排放权交易市场。建立全国碳排放权交易市场，必须坚持立法先行。在从 2011 年开始国家发展改革委在北京、上海、天津等七个省市进行碳排放交易试点的基础上，2014 年 11 月国家发展改革委颁布了《碳排放权交易市场管理暂行办法》（以下简称《暂行办法》）。为强化碳排放交易市场的法律保障，从 2015 年开始国家有关部门持续推动制定行政法规性质的《碳排放权交易市场管理条例》。① 2015 年，中共中央发布的《生态文明体制改革总体方案》提出，"深化碳排放权交易试点，逐步建立全国碳排放权交易市场"。

　　为推动在我国建立碳排放交易市场，国内学者围绕碳排放交易制度（或者该制度的主要要素如排放许可制）的建立和运行进行了广泛和深入的研究，并产生大量研究成果。这些研究成果关注的焦点主要集中在碳排放交易的基本理论、碳排放交易的发展演变过程、国内外碳排放交易的实践、问题和经验借鉴、碳排放交易制度在中国的本土化、碳排放权的法律属性等内容或问题展开。② 在研究方法上，主要是围绕碳排放交易制度的建构进行规范主义研究。在研究视域上，主要是集中在环境部门法的框架下进行研究。在研究面向上，学者们开始关注碳排放交易制度与相关法律制度的配套关系。③ 但是，总体来说，目前对碳排放交易制度与相关法律制度的相互关系问题仍然缺乏较为深入的研究。这其中以碳排放交易制度与节约能源法律的相互关系最为明显。

---

　　① 参见李彪《碳排放权交易管理暂行条例公开征求意见：操纵交易且拒不改正将处违法金额 5—10 倍罚款》，《每日经济新闻》2019 年 4 月 8 日第 3 版。除特别说明外，本文中"碳排放交易制度"是指采取总量控制与交易型模式的碳排放交易制度。

　　② 代表性成果包括：曹明德等：《中国碳排放交易制度研究》，中国政法大学出版社 2016 年版；王燕等：《碳排放交易法律保障机制的本土化研究》，法律出版社 2016 年版；王燕等：《碳排放交易市场化法律保障机制的探索》，复旦大学出版社 2015 年版；郑爽等：《全国七省市碳交易试点调查与研究》，中国经济出版社 2014 年版；戴彦德等：《碳交易制度研究》，中国发展出版社 2014 年版；何晶晶：《国际气候变化法律框架下的中国低碳发展立法初探》，中国社会科学出版社 2014 年版。

　　③ 代表性成果包括：操小娟：《气候政策中激励政策工具的组合应用：欧盟的实践与启示》，《中国地质大学学报》（社会科学版）2014 年第 4 期；邓海峰：《碳税实施的法律保障机制研究》，《环球法律评论》2014 年第 4 期；夏梓耀：《温室气体减排法律制度关系论——兼评〈气候变化应对法（征求意见稿）〉的相关规定》，《北京理工大学学报》（社会科学版）2014 年第 6 期。

　　在我国，节约能源立法起步较早，制度体系相对较为成熟。《节约能源法》自1998年生效后实施效果不尽如人意。特别是"十五"期间，全国能耗和能源强度出现了同步上升局面，到2005年，全国能耗强度上升到1999年的水平。为此，《国民经济和社会发展第十一个五年规划纲要》首次提出了约束性的节能指标即单位GDP能耗下降20%。为确保该目标实现，2007年5月23日国务院发布《关于印发节能减排综合工作方案的通知》，2007年10月修订的《节约能源法》第6条明确规定："国家实行节能目标责任制和节能考核评价制度，将节能目标完成情况作为地方人民政府及其负责人考核评价的内容。"2007年11月《国务院批转节能减排统计监测及考核实施方案和办法的通知》（国发〔2007〕36号）提出，"建立科学、完整、统一的节能减排统计、监测和考核体系，并将能耗降低和污染减完成情况纳入各地经济社会发展综合评价体系，作为政府领导干部综合考核评价和企业负责人业绩考核的重要内容"。至此，作为节约能源法的核心，节能目标责任制和考核评价制度得以确立。④

　　《节约能源法》自1998年生效实施后，国家在节约能源法律制度方面始终坚持的是基于单位国民生产总值的能源消耗强度控制制度。截至2014年，国务院办公厅发布的《能源发展战略行动计划》（国办发〔2014〕31号）首次明确提出要实施能源消费总量控制，即"到2020年，一次能源消费总量控制在48亿吨标准煤左右，煤炭消费总量控制在42亿吨左右"。2015年中共中央发布的《生态文明体制改革总体方案》提出，要"建立能源消费总量管理和节约制度"，"结合重点用能单位节能行动和新建项目能评审查，开展项目节能量交易，并逐步改为基于能源消费总量管理下的用能权交易"，这意味着，节约能源法律制度与碳排放交易制度的并存获得了最高决策层的认可。2016年3月，《国民经济和社会发展第十三个五年规划纲要》提出，要实行能源消耗总量和强度的双控行动。2016年7月《国家发展改革委关于开展用能权有偿使用和交易试点工作的函》提出，"建立用能权有偿使用和交易制度，是党中央、国务院的决策部署"，要"做好与碳排放权交易制度

_____

　　④　参见齐晔主编《中国低碳发展报告（2013）政策执行与制度创新》，社会科学文献出版社2013年版，第7—15页。

的协调"。至此，仅节约能源领域就有能源消耗强度控制、能源消费总量控制与用能权交易制度的并存。

简单地讲，碳排放交易制度与能源消费总量控制 + 用能权交易制度、节能目标责任制和考核评价制度并存的问题在于，实施节约能源法律制度，也能起到抑制化石能源消耗，提高能源效率，促进可再生能源发展，进而控制温室气体排放的实施效果，[5] 两者并存可能会造成重复规制。这种重复规制会导致什么问题，又是如何造成的，该如何对其予以处理，碳排放交易制度与节约能源法中的哪些制度能够配套使用，又与哪些制度不能共存等问题有待继续深入探析。本文将对这些问题进行研究，并提出相应建议。

一　本体论视角：碳排放交易制度与节约能源制度的静态对比分析

从节能法律制度到碳排放交易制度的发展，是环境规制工具的代际发展和环境法律制度不断更新的表现。一般认为，节能制度属于命令（与控制）型的第一代环境规制工具，而碳排放交易制度则属于激励型的第二代环境规制工具。但是，这种分类方法其价值或许更多地存在于教科书层面，已有诸多学者对其科学性提出质疑，[6] 且不同学者在使用市激励型环境规制与命令型环境规制时对两者的内涵和外延之把握并不一致。[7] 因此，对节能法律制度与碳排放交易制度的比较，必须回答该两者制度本身尤其是其构成要素及运行条件层面的差异。

---

⑤　参见肖国兴《再论能源革命与法律革命的维度》，《中州学刊》2016 年第 1 期。

⑥　David M. Driesen, "Is Emissios Trading an Economic Incentive Program?: Replacing the Command and Control/Economic Incentive Dichotomy", 55 *Wash. & Lee L.* Rev. 289, 1998. Jody Freeman & Charles D. Kolstad, "Prescriptive Environmental Regulations versus Market-Based Incentives", in Jody Freeman and Charles D. Kolstad eds., *Moving to Markets in Environmental Regulation: Lessons from Twenty Year of Experience*, Oxford University Press, 2007, pp. 3-18.

⑦　比如，一般认为碳排放监测、报告和核证（即 MRV）制度是排放交易制度本身的构成要素之一，陈若英教授在论及激励型环境规制与命令型环境规制时则似乎更倾向于将前者独立于后者。参见陈若英《感性与理性之间的选择——评〈气候变化正义〉和减排规制手段》，《政法论坛》2013 年第 2 期。

（一）碳排放交易制度的基本要素及其运行条件

所谓碳排放交易制度，是指在特定国家或地区，为将人为排放的温室气体控制在一定水平，通过综合考量经济发展预期、企业减排潜力、现有技术水平等因素，科学合理地设定一定时间内温室气体排放总量（即配额总量），按照一定标准将配额分配给管制对象，并且允许管制对象或者投资主体在市场上进行配额买卖交易，以确保管制对象在履约期间届满时可以通过自身努力或者通过购买配额来实现其减排义务的制度。

就主要构成要素而言，碳排放交易制度主要包括下列方面：确定履约期间（Compliance period）和履约流程（比如分配配额、提交年度排放报告和核证报告、缴纳配额的时间点），设定本履约期和各履约年度配额总量，选定本履约期覆盖范围（即设定监管门槛和标准，选择纳入监管的排放主体的范围、温室气体的种类、选择规制的行业节点），对配额进行初始分配（即纳入监管的排放主体的初始减排义务设定），温室气体排放的监测、报告和核证（Mornitoring，Reporting，and Verification，MRV），碳排放交易市场供求关系和竞争秩序的监管机制等。[⑧] 按照依法治国之依法行政原则，若采取行政法规的方式进行碳排放交易立法，那么该排放交易行政立法还应有其上位法律依据，以保持碳排放交易市场的安定性，增强被监管企业和碳排放交易市场投资主体投资预期的必要前提。同时，建立碳排放交易市场，还应建立完善的碳排放交易基础设施（如碳排放配额分配及其交易的注册登记系统）等。

总体而言，碳排放交易法律制度体系大致可以区分为关于一级市场的法律制度体系和关于二级市场的法律制度体系。关于一级市场的法律制度主要内容包括确定配额总量、确定覆盖范围、确定配额分配的方法以及为纳入该制度监管的企业设定具体的减排义务。从配额角度而言，它实际上是配额从"出生"（即确定配额总量并将之分配）到"死亡"（即纳入该制度监管的企业将之用于履行配额清缴的义务，之后被注销）的过程。

---

⑧　参见段茂盛《碳排放权交易体系的基本要素》，《中国人口·环境与资源》2013年第3期。

关于二级市场的法律制度体系主要内容是，如何通过配额交易的制度设计实现帮助纳入该制度监管的企业实现以最低成本减排的目的，这乃是碳排放交易制度相对于节能制度的独特之处。实质上，碳排放交易制度关于碳排放总量控制的一级市场法律制度，在设计原理上无异于重点污染物排放总量控制制度⑨、能源消费总量控制制度⑩，而关于交易制度的二级市场之制度设计乃是处于总量控制制度的延长线上。因此，准确地说，碳排放交易制度应属于混合型法律制度。

相对于传统的环境规制制度而言，碳排放交易制度的优势在于纳入监管的排放主体履行减排义务方式的灵活性，即排放主体可以自由决定是通过自身努力还是通过配额交易市场来选择最低成本的减排方式。但是，这其中包含下列理论假设：一是纳入碳排放交易制度监管的排放主体必须非常了解采取各种方式（比如采取通过技术改良、改善工艺等自身努力减排的方式或者通过市场购买配额的方式）控制温室气体排放的成本，包括既要非常了解自身的减排潜力，也要尽可能了解其他排放主体的减排成本。二是碳排放交易市场必须是一个法治、开放、透明、平等和自由流动的市场。唯此，被监管企业方可以降低排放主体获得其他排放单位减排成本方面的信息成本，增加排放主体捕捉以更低成本实现减排的机会；同时，碳排放交易市场越大，被监管企业就越可能以更低成本获得以最低成本减排的机会。但是，上述所谓的灵活性优势、最低减排成本优势与理论假设，更多的是一种教科书式的静态分析，且仅就碳排放交易制度本身而言，并没有充分考虑碳排放交易制度在运行过程中其所处的社会系统也处于动态发展之中，且该社会系统中已有的文化传统、法律制度等各种因素也可能对碳排放交易制度的建构与市场之运行产生影响。有学者就曾指出："将教科书中的猜测转化为现实将会遇到各种夸张的和不切实际的期待，而且忽视了各种复杂的相互作用。"⑪

---

⑨　参见赵绘宇、赵晶晶《污染物总量控制的法律演进及趋势》，《上海交通大学学报》（哲学社会科学版）2009 年第 1 期；王春磊《污染物总量控制制度实施中的若干问题研究》，《政治与法律》2016 年第 12 期。

⑩　参见莫神星《论建立能源消费总量控制制度》，《上海节能》2017 年第 3 期。

⑪　Clive L. Spash, "The Brave New World of Carbon Trading", *New Political Economy*, Vol. 15, No. 2, 2010, pp. 169–195.

（二）与节能目标责任制与考核评价制度的对比分析

在《节约能源法》中，"节约"概念应理解为包含控制能源消耗总量、提高能源消耗强度与提高单位能源产出三层意思。⑫ 其作用机理是，首先由中央政府确定能源消费总量控制目标或者能源消耗强度目标，经由各级政府层层分解，并最终分配给企业和其他经营主体、公共机构和非政府组织等，并由目标责任制与考核评价制度保障其实现。因此，节能目标责任制和考核评价制度实际上是节能法律制度体系中最为核心的法律制度。

碳排放交易制度与节能目标责任制的相同之处主要包括下列方面。第一，碳排放交易制度和节能法律制度两者都以节能减排为最终目标，最终目标的实现都需要落脚在减少化石能源使用、提高能源利用效率上，采用的都是"总行为控制"的制度模式。⑬ 第二，受监管机关监管"成本—收益"分析的考虑，在监管对象选择方面都采取"抓大放小"的方式；都需要存在进行排放配额（或者节能指标）分配的过程，都要面对实现排放配额（或者节能指标）在不同地区、行业、企业之间进行公平分配的问题即分配依据和标准问题。第三，都需要相应的 MRV［Monitoring，Reporting，and Verfication（MRV），即监测、报告、核查］制度要素⑭，都需要以扎实的数据基础作为决策基础和作为检验目标是否得以实现的标准，并且在该两个制度下相应数据至少在理论上存在通约的可能性。⑮ 第四，都要求监管机关必须采取各种措施避免排放主体（或者用能单位）数据造假，从而影响碳排放总量控制目标（或者节能目标）实现的真实性。

---

⑫　参见于文轩《典型国家能源节约法制及其借鉴意义——以应对气候变化为背景》，《中国政法大学学报》2015 年第 6 期。

⑬　参见徐祥民《论我国环境法中的总行为控制制度》，《法学》2015 年第 12 期。

⑭　尽管在目标责任制和考核评价制度并不使用 MRV 的提法，但是实际上该制度下的统计（或者监测）、报告和考核（验收）制度与 MRV 具有相同的功能。

⑮　化石能源燃烧必然产生温室气体。因此，针对特定类型的化石能源，按照其碳排放系数，可以计算出消耗单位数量该种化石能源所产生的碳排放量。在碳排放交易制度和节约能源法律制度下，碳排放数据和能源消耗数据之间存在通约的可能性。

碳排放交易制度与节能目标责任制的不同之处包括下列方面。第一，在理论基础方面，节能目标责任制和考核评价制度系以科层制为理论基础，属垂直面向的制度；碳排放交易制度所体现的则是自由市场环境保护主义的理念，属水平面向的制度。第二，在央地关系方面，节能目标责任制和考核评价制度注重地方政府作用，地方政府有较大选择空间；碳排放交易制度则更强调中央政府作用，以促进碳排放交易市场的统一性和开放性。第三，在管制对象方面，节能目标责任制与考核评价制度重在治官，管治重心在国有企业和公共机构；碳排放交易制度重在治企，不区分管制对象所有制。第四，在管制对象履行义务方面，目标责任制与考核评价制度要求管制对象在规定时间内完成节能指标，碳排放交易制度要求管制对象在规定时间缴纳与其实际排放量相等的碳排放配额。第五，在保障机制方面，节能目标的实现以政治责任为保障机制，与政府官员人事晋升制度挂钩；碳减排目标的实现以法律责任为保障机制，与人事晋升制度无关。第六，在法制传统方面，目标责任制和考核评价制度是中国本土制度，是在社会控制各个领域普遍采用的目标责任制在节能领域的延伸；碳排放交易制度是舶来品，在我国缺乏深厚的制度根基。第七，在数据准确性方面，相较于目标责任制，碳排放交易制度对数据真实性的要求更高。

（三）与能源消费总量控制+用能权交易制度的对比分析

这意味着，在经济和社会不断向前发展的背景下，虽然单位能源消耗的效率可能在不断提高，但是，能源消耗的总量在总体上却始终不断增长，至少不受法律和政策上的约束。但是，来自大气污染防治的国内压力和控制温室气体排放的国际压力不断增加，由能源消耗强度控制向化石能源消费总量控制转变势在必然。

碳排放交易制度与基于能源消费总量管理下的用能权交易制度既有同，也有异。相同之处主要包括下列方面。第一，都采取绝对总量控制的方式，两者都以节能减排为最终目标，最终也都落脚到调整减少化石能源消耗，提供可再生能源消费，调整能源结构方面。之所以说能源消费总量制度所控制的能源只能是化石能源而不能是可再生能源，是因为《节约能源法》（2007 年）规定"国家鼓励、支持开发和利用新能源、可再生能源"。第二，基于监管"成本—收益"分析的考虑，在监管对象选择方面都采取"抓大放小"的方式，都以重点用能单位为监管对象。第三，都需要存在配额或者用能权分配过程中，都面临公平分配的问题，两者都存在交易环节的设置，都存在指标交易的可能性，都需要进行交易市场基础设施的建设即建立用户注册系统和交易平台，而且保障制度运行的前期投入都比较高。第四，两者都需要建立相应的碳排放或者能源消耗计量统计体系，即所谓的碳排放监测、报告和核证制度或者能源消耗报告、审核与核查的环节，并且都需要以扎实的数据基础作为检验规制目标实现的保证，而且为保证排放单位或者用能企业报告的排放数据或者用能数据是准确的，都可能会安排第三方核证机构对数据进行核查。

碳排放交易制度与用能权交易制度不同之处主要有下列方面：第一，实现的目标不同，碳排放交易制度的目标是实现碳排放权量的绝对总量控制，以能源消耗后的温室气体排放段为管制环节，用能权交易制度的目标是实现化石能源消费的绝对总量控制，以能源投入端为管制环节。第二，管制对象的范围不同，碳排放交易制度是以企业排放的温室气体排放为监管对象，用能权交易制度是以用能企业的用能量为规制对象。尽管温室气体排放数据和用能量数据在理论上存在通约的可能性，但事实上由于这些数据采集的边界和方法并不相同，实现两者之间通约的难度很大。第三，前期经验储备方面，碳排放交易制度在世界范围内能够找到成功的经验比如欧盟、美国加利福尼亚州等借鉴，制度体系的透明度较高。但是，用能权交易制度在世界范围几乎没有国家推行，部分国家或者地区有能源效率交易制度，但是并不普遍。用能权交易制度的前身是节能量交易制度，是为了配合能源消费总量控制目标的实现而展开。节能量交易制定仅在个别省份（比如山东省）推行，缺乏试点经验可供借鉴。⑯　总体而言，用能权交易制度体系的透明度较低。第四，监管机关可能不同，在中央层面，碳排放交易主要由国家发展改革委下的应对气候变化司推动，而用能权交易制度则是由国家发展改革委资源节约与环境保护司来推动。2018 年党和国家机构改革之后，碳排放交易制度的立法和监管工作转由新成立的生态

---

⑯　参见赵旭东等《山东省行业节能量交易机制研究报告》，http：//www.efchina.org/Attachments/ Report/reports-20120909-zh/reports-20120909-zh/view，最后访问日期：2019 年 10 月 6 日。

环境部负责。第五，监管数据的准确性程度不同。相对而言，碳排放交易制度的实施对能源统计制度的要求较低，尤其是在可再生能源方面。但是，能源消费总量控制与用能权交易制度则要求对化石能源和新能源与可再生能源进行分类统计，因为从促进可再生能源发展的角度看，能源消费总量控制不应及于可再生能源。

二　认识论视角：碳排放交易制度与节约能源制度的动态运行分析

规制法的生命在于实效性，即通过管制手段的实施，使被管制对象调整其行为模式，并最终实现相应的管制目标。为确保环境规制的实效性，制定任何环境规制措施都必须考虑现有法制状况及其对该规制措施实施效果的影响，以确保法律制度体系的融贯性，并在整体上符合效率与效能的要求。正如德国法学家施密特·阿斯曼所言，"所有法律均以其有效性为目标"，"个别性的机制必须在大型的制度框架下被设定，而且个别机制须相互配合，使得法律能够践行其秩序任务"。[17]

（一）欧盟法的前车之鉴：EU ETS 与其他能源制度的相互作用及其影响

碳排放交易制度虽然以控制或者减少温室气体排放为直接目的，但是就减缓气候变化而言，碳排放交易制度乃是实现目的的手段，而最终实现这一目的则需要依靠减少化石能源消耗，调整能源消费总体结构，改变能源生产和消费方式。[18] 由于环境法律制度的实施在客观上也能够起到控制温室气体排放的效果，而且这些法律制度和碳排放交易制度在监管范围（即被监管对象）方面又可能会存在重叠，因此，对该部门被监管对象而言，实际上，就存在"重叠规制"的问题。由于这些环境法律制度与碳

---

[17]　参见［德］施密特·阿斯曼《秩序理念下的行政法体系建构》，林明锵等译，北京大学出版社 2012 年版，第 20 页。

[18]　参见张忠利《论温室气体排放控制法律制度体系的建构》，《清华法治论衡》2015 年辑刊。

排放交易制度在立法初衷或者立法目的侧重点上不同，因此被监管对象对这种"重叠规制"应对其予以适当容忍。但是，也应从效率和效能的角度分析这种"重叠规制"的限度。因为"重叠规制"的存在，不仅可能会浪费有限的行政资源，也可能会增加被监管企业的守法成本，并可能会转嫁给终端消费者。

在欧盟立法中，欧盟碳排放交易指令、能源效率指令以及促进可再生能源发展的指令均是作为欧盟应对气候变化一揽子立法的组成部分而存在。早在2008年，欧盟就发布了应对气候变化一揽子立法决议，提出到2020年要实现将温室气体排放比1990年减少20%，可再生能源在能源消费中比重提高20%，之后又提出要将能源效率提高20%，并将碳排放交易制度（Eruopean Union Emissions Trading System，EU ETS）、可再生能源激励制度和能源效率制度确定为三大支柱。其中，EU ETS被认为是欧盟气候政策的基石，其监管的温室气体排放源所排放的温室气体约占欧盟温室气体排放总量的45%。值得注意的是，欧盟可再生能源制度和能源效率制度的实施，在客观上挤压了碳排放交易制度的作用空间的效果。有学者建议应当对此采取宽容态度，允许此种挤压效应适度存在。[19] 但是，即便给予适当容忍，也必须考虑碳排放交易制度在制度设计上是否应对此做出相应调整。

按照碳排放交易制度设计的基本原理，碳排放交易制度中的减排目标即总量控制目标（配额总量cap）是事先设定的，欧盟最初在设定过程中并未充分考虑包括欧盟可再生能源制度和能源效率制度对EU ETS运行的影响。[20] 在EU ETS启动后，欧盟可再生能源制度与能源效率制度的实施在客观上起到了促进被监管企业温室气体减排的效果，挤压了纳入EU ETS监管的企业对碳排放配额的需求，弱化甚至抵消了EU ETS在控制温室气体排

⑲　Marjan Peeters, "Instrument Mix or Instrument Mess? The Administrative Complexity of the EU Legislative Package for Climate Change", in Marjan Peeters and Rosa Uylenburg, *EU Environmental Legislation- Legal Perspectives or Regulatory Strategies*, Edward Elgar, 2014, pp. 173-192. Environment Directorate, *Interactions Between Emission Trading Systems and Other Overlapping Policy Instruments*, General Distribution Document, OECD, 2011, www.oecd.org/env/taxes.

⑳　Benjamin Gorlach, "Emissions Trading in the Climate Policy Mix: Understanding and Managing interactions with other Policy Instruments", Energy & Environment, Vol. 25, No. 3 & 4, p. 12.

放方面的作用，成为欧盟碳排放交易市场配额供应过剩的重要原因。㉑更重要的是，配额过剩会使得 EU ETS 下被监管企业实际上排放了比其在纳入 EU ETS 之前更多的温室气体，使得 EU ETS 在实质上丧失了控制温室气体排放方面的作用。㉒为此，在欧盟后来再次设定碳排放总量控制目标时，就充分考虑了欧盟可再生能源制度与能源效率制度的实施对 EU ETS 的影响。

（二）与节能目标责任制与考核评价制度在运行中的相互作用及其影响

碳排放交易制度和节能目标责任制与考核评价制度在运行过程中的相互作用关系可简单地概括为"规制抵牾"，即碳排放交易制度要求构建全国统一的、自由且开放的碳排放交易市场，而目标责任制和考核评价制度的实施则强化了地方政府在确保目标实现方面的作用。

第一，地方政府在两个制度运行中的裁量空间问题。该问题的本质是，全国碳排放交易市场之"集权化"监管模式与节能法律制度之"分权化"监管之间是否可能会发生冲突。㉓无须否认，无论是碳排放交易制度，还是节能法律制度，其监管目标的实现都需要中央和地方层面监管机关的相互配合才能完成。在节能目标责任制和考核评价制度实施过程中，

㉑　Sandbag, *The ETS in Context: Understanding and Managing EU ETS Poicy Interactions*, https：//sandbag. org. uk/wp-content/uploads/2016/10/ETS_ Position_ Report_ 240615_ 1_ 1. pdf, pp. 13-14.

㉒　Sandbag, *Slaying the Dragon: Vanquish the Surplus and Rescue the ETS*, p. 7, https：//sandbag.org.uk/project/slaying-the-dragon-vanquish-the-surplus-and-rescue-the-ets/, last visiting on 2017-02-05.

㉓　国家发展改革委负责全国碳排放交易市场建设的有关官员表示："全国碳市场采用两级分工的模式，也就是中央层面管方法、管标准，省一级层面管配额分配、管履约监管，两者之间互不干涉，但互为补充。"笔者认为，在碳排放交易监管方面，这种权限分配应当主要是基于监管资源、监管能力和监管效率的考虑，但是除非辅之以更加具体的配套制度，否则很可能会造成地方政府保护主义。这主要表现为不同地区监管力度不同，监管标准不统一等问题，所导致的后果就是地方政府为保护本地经济发展倾向于放宽对碳排放监测的管制，最终影响碳排放交易制度下碳减排结果的真正实现。

地方政府往往存在层层加码的现象，㉔ 导致越是基层政府节能责任越重，以及地方政府相应的层层掺水问题，㉕ 其背后的实质原因则是权力在科层制组织单向流动。㉖ 所导致的问题是，尽管在理论上可能与碳排放数据相互通约和对比的节约能源相关数据，可能对于分析碳排放交易制度的实效性没有太大参考价值。这种层层加码的现象，可能会构成对碳排放交易市场的侵蚀，其本质则是对法治精深的侵蚀。尽管节能法律制度和碳排放交易制度是平行的两条主线，但它们最终落脚点是在作为被监管对象的企业、公共机构和其他非政府组织之上。对被监管对象而言，虽然两者在实施效果方面具有同质性，却面临着不同指标、不同监管机关、不同守法义务等问题，使被监管企业无所适从，也可能导致企业虚报伪造相应数据。中国排污权交易制度的地方实践表明，如果不注意处理作为市场机制的排污权交易制度与污染物排放方面的目标责任制和考核评价制度之间的相互关系，就可能会使得排污权交易变得复杂化。㉗

　　第二，守法义务的灵活性问题。如果同一企业被同时纳入碳排放交易制度与节能目标责任制和考核评价制度监管，那么该企业将要面临的情形是：在碳排放交易制度下，排放单位的最终义务是在规定时间内向监管机关缴纳与其实际碳排放量相等的配额，即排放单位可以购买配额而排放相应的二氧化碳，企业所承担的减排义务量是浮动的，其所持有的减排额度是可以进入市场流通的；但是，在节能目标责任制与考核评价制度下，其所承担的减排义务量是事先设定的，其所持有的减排指标即便有所剩余，也不能进入市场流通。对于全国碳排放交易市场，地方政府的定位是配合中央层面监管机关进行碳排放交易市场监管和执法；但是，对节能目标责任制和考核评价制度则不同，节能工作则实行地方政府负责制。节能即意味着减少碳排放从而相应减少配额需求，所以，对地方政府而言，碳排放交易制度与节能目标责任制和考核评价制度之间也存在内在冲突。

　　㉔　参见唐任伍《形形色色的"层层加码"现象》，《人民论坛》2016 年第 21 期。

　　㉕　参见张鸣《与"层层加码"相伴而生的"层层掺水"》，《人民论坛》2016 年第 21 期。

　　㉖　参见胡芝仙《"层层加码"与"层层减码"的共同根源》，《人民论坛》2016 年第 21 期。

　　㉗　参见常杪、陈青《中国排污权交易制度设计与实践》，中国环境出版社 2014 年版，第 41 页。

　　第三，关于节能目标责任制对碳排放交易制度的挤压效应问题。在碳排放交易制度下，由于存在二级市场的制度设计，那么被监管企业的守法义务实际上是上下浮动的，即只要其能够最终缴纳与其配额相等的配额就可以。但是，节能目标责任制和考核评价制度则没有类似的制度设计。问题在于，化石能源之燃烧必然产生二氧化碳等温室气体和大气污染物，因此节约"化石能源"之使用即节能指标任务之实现，就意味着减少温室气体排放即减少对排放配额的需求。也就是说，碳排放配额与节能指标具有某种内在的关联性。这意味着，从总体而言，节能目标设定得越是严格，越是会减少温室气体排放并随之减少对碳排放配额的需求。那么，这就可能会增加全国碳排放交易制度下配额总量设定的难度，因为配额总量的设定关系到碳排放交易市场上配额的供求关系、碳排放交易市场的流动性以及碳价格的浮动等。如果因为节能减排工作的开展使得事先设定的配额总量过于宽松，那么可能会使得碳排放交易制度在很大程度上丧失了其作为减少温室气体排放制度存在的价值和意义。

　　第四，关于实效性和合法性之间的权衡取舍问题。对碳排放交易制度和节能目标责任制和考核评价制度的分析评价，可从其实效性和合法性两个方面展开。目标责任制和考核评价制度其本质上指标控制的治理形式，重结果而轻过程，也即重实效性而轻合法性。[28]"十一五"期间，地方政府为完成节能目标，普遍采取拉闸限电、停产限电等违反公民和企业合法权益的措施，就是非常有力的证明。[29] 相对而言，碳排放交易制度则更加注重依法行政，致力于通过构建一个开放、透明、法治的碳排放交易市场而实现温室气体排放控制目标，但是截至目前碳排放交易制度的实施效果普遍不够令人满意，欧盟碳排放交易市场的表现就是典型例证。[30] 也就是说，碳排放交易市场重合法性而轻实效性。两者并存时，偏重实效性而轻视合法性的目标责任制更有可能挤压偏重合法性而轻视实效性的碳排放交

---

　　[28]　参见万江《指标控制与依法行政——双重治理模式的实证研究》，《法学家》2017 年第 1 期。

　　[29]　参见李惠民、马丽、齐晔《中国"十一五"节能目标责任制的评价与分析》，《生态经济》2011 年第 9 期。

　　[30]　Wil Burns, "The European Union's Emissions Trading Scheme: Climate Policymaking Model or Muddle?"（Part I）, *Tulane Environmental Law Journal*, Vol. 30, No. 2, 2017, p. 192.

易制度。

从更深层次讲，碳排放交易制度与节能目标责任制两者之间的矛盾关系所体现的是规制文化（regulatory culture）的冲突。[31] 碳排放交易制度所代表的是由市场发挥主导作用的市场机制，而节能目标责任制和考核评价制度则属于由政府发挥主导作用的中国传统监管手段，在一定程度上带有"计划经济"色彩，并且与在中国施行已久的"五年规划"有着紧密的依存关系，在很大程度上体现的是"路径依赖"的结果。它所代表的是科层制在中国社会控制或者社会治理中仍然有着非常深厚的社会认知基础。当前，在中国环境规制领域正在迈向市场化的背景下，如果不从根本上考虑科层制与目标责任制和考核评价制度的深远影响，市场化的环境规制终将以失败告终。[32]

（三）与能源消费总量控制与用能权交易制度在运行中的互动及其影响

从总体来说，全国碳排放交易制度与能源消费总量控制+用能权交易制度之间的冲突主要表现为"重叠规制"，即规制效果的同质性，这将浪费行政资源，并且会增加企业守法的制度性交易成本。[33]

第一，纳入该两个制度监管的同一企业将面临两种作用效果相似的监管要求。除非用能权交易采取的基于项目的方式，即针对某一特定项目核定其产生节能量，否则基于监管机关"成本—收益"的考虑，将均以重点用能单位为监管对象，因此，两者在所监管企业的范围方面即便不完全一致也会出现重叠部分。这就会使同一被监管企业面临来自两个不同部门的守法要求，如果具体守法要求不一致，就会使得企业无所适从。

第二，对被监管企业而言，任何环境规制都会产生规制成本，全国碳排放交易制度与基于能源消费总量管理下的用能权交易制度的启动和运行

㉛ Errol Meidinger, "Regulatory Culture: A Theoretical Outline", *Law and Policy*, Vol. 9, No. 4, 1987, pp. 355-385.

㉜ 参见冉冉《"压力型体制"下的政治激励与地方环境治理》，《经济社会体制比较》2013年第3期。

㉝ 参见卢现祥《转变制度供给方式，降低制度性交易成本》，《学术界》2017年第10期。

都会产生相应的各种守法成本和前期投资。同时，被监管企业往往也都会选择转嫁其守法成本和前提投资，即可能会产生规制成本的传递效应。被监管企业会依据自身在其供应链条中的地位选择是通过自身努力消化该规制成本，还是将这种规制成本向其上游的原料供应商或者下游的中间商或者终端消费者转嫁。基于规制的传递效应，如果同时启动属于前端治理的用能权交易制度在规制效果上会产生与属于末端治理的碳排放交易制度相同的规制效果，就会不适当地增加企业的守法成本，并降低消费者的购买力。

第三，在监管机关方面，碳排放交易制度和用能权交易制度可能会使得地方政府有关部门进行"争权夺利"的"圈地运动"，并且从总体上造成行政资源的浪费。目前，碳排放交易制度的监管部门是地方政府发展改革委的生态环境部门，而能源消费总量控制和用能权交易则一般是地方政府发展改革部门下属的节能监管部门。由于碳排放交易制度和用能权交易制度都采取总量控制与交易的监管模式，其运行都需要建立注册系统和交易平台等交易基础设施，都需要较多的前期投入，因此，同时开展碳排放权交易和用能权交易两套注册系统和交易平台，将会导致行政资源浪费。与此同时，两个制度下的地方政府监管部门和被监管对象也都要进行相应的能力建设。在实际运作过程中，哪一个监管部门的监管更有力，那么其所负责实施的制度就会形成对另外一个制度的挤压。

（四）中国法的事理探析：碳排放交易制度与节能制度冲突的问题本质

上文已反复提及，任何环境规制都会产生某种规制传递效应，都以调整被监管对象的行为模式为目的，对监管机关和被监管企业而言都会产生相应的监管成本和守法成本，而这些成本可能最终都会转嫁给纳税人和终端消费者。

正如图1所显示的，目前对排污企业而言，针对其污染物（或者温室气体）排放端，已经存在碳排放权交易制度、重点污染物排放总量控制制度、排污权交易制度、环境保护税制度等。应当认识到，这些环境规制制度的实施本身就可能会带来某种外溢效应，即旨在控制污染排放的法

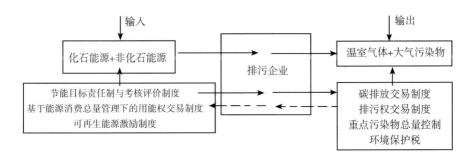

图 1

律制度也可能会产生减少温室气体排放的附随效应，而且基于环境规制的传递效应，这种规制也可能会产生促使企业降低能源消耗、调整其能源消耗结构的附随结果。反之亦然，即如果节能目标责任制和考核评价制度得到实施，那么也会相应地降低温室气体排放和大气污染物排放。在这种情况下，就可能会弱化重点污染物总量控制制度和环境保护税的制度。由于能源消费与温室气体排放的同源性，若非存在相应管控机制，在多元管制工具并存时"重叠规制"或者"规制冲突"极易发生。

从根本而言，"重叠规制"或者"规制抵牾"至少说明下列问题：一是相关部门实现中央既定目标具有主动性和创新性，对此应予以肯定，如果相关部门协调有力，那么会有效地形成监管合力；二是相关部门在相同领域争夺监管权，其效果类似于"圈地运动"，也是相应政府部门证明其存在价值的重要体现，还说明监管部门在监管过程中缺乏对被监管对象的充分重视；三是当前政府规制中，对监管部门的监管不够充分或者没有及时到位，在规制过程中缺乏为被管制对象的服务意识，缺乏整体性政府治理（whole‑of‑government approach）或者整体性治理（holistic governance）的制度设计。㉞ 在 2019 年国务院政府工作报告中，李克强总理就提出"对监管者也要强监管、立规矩"。㉟

从法治建设角度看，这种"重叠规制"或者"规制抵牾"反映出如下问题：一是管制疲劳问题，即管制法规越来越多，但管制目标并未取得

㉞　参见竺乾威《从新公共管理到整体性治理》，《中国行政管理》2008 年第 10 期。

㉟　参见李克强《政府工作报告》，《国务院公报》2019 年第 9 期。

实效；二是协调立法缺乏有效性问题，即行政机关在管制立法虽然不得不与其他相关部门进行协调，但是，并非总是能够达到理想效果，"协调僵局"现象经常发生，因此，可能引发的问题就是各部门自行其是，而放任规制立法在实施效果上可能出现的"重叠规制"或者"规制抵牾"问题；三是说明规制立法缺乏更高层的管控，法律制度的体系融贯性是科学立法和提高立法质量的必然要求，因此，必须在行政立法的部门之上设置一道审查环节，以确保行政立法之间的体系自洽性。

三　方法论视角：碳排放交易制度与节约能源制度的和谐共处之道

在从本体论和认识论层面搞清楚碳排放交易制度与节约能源制度并存而产生的问题之后，就需要考虑如何从实体和程序两个面向对所产生的问题予以化解。

（一）实体面向：碳排放交易制度与节能减排制度和谐共处的治本之道

综合上文分析，对碳排放交易制度与节约能源法律制度的关系，应将其区分为下列两组关系：一是碳排放交易制度与能源消费总量控制+用能权交易制度之间的关系，所反映的问题是"重叠规制"问题；二是碳排放交易制度与目标责任制和考核评价制度的关系，所反映的问题是"规制抵牾"问题。[36] 针对前者，问题的处理之道是如何实现两个法律制度的融合与衔接；针对后者，问题的处理之道是如何实现两个法律制度的此进彼退。

针对碳排放交易制度与能源消费总量控制+用能权交易制度并存所产生的问题，短期的解决方式是将碳排放交易制度与能源消费总量管理+用能权交易制度融合为一个法律制度。具体来说，第一，即将能源消费总量

---

[36]　参见文绪武、胡林梅《在压力型体制中嵌入市场化的节能减排机制》，《经济社会体制比较》2016 年第 5 期。

折算为碳排放总量，将能源消费总量控制融入碳排放总量控制当中。这就是实现了以碳排放总量控制和交易制度达到能源消费总量控制的目的。第二，在碳排放交易注册系统和交易平台中，在要求被监管企业报告其温室气体排放情况的同时，也报告其化石能源消费数量情况，即同时采集温室气体排放量和化石能源消耗量信息。该解决方式的局限性在于：这种制度融合的最终实现有赖于生态环境部下的应对气候变化司和国家发展改革委下的环境和资源节约司两者之间的充分沟通并达成共识，但是事实证明这种沟通和协调的难度很大且很可能以失败而告终。[37] 至少可以说，这种协调是缺乏效率的。事实上，即便是在 2018 年党和国家机构改革之前，应对气候变化司与环境与资源节约司同属国家发展改革委之时，这两个制度也未得到很好的融合和协调。另外，将各种类型的化石能源折算成碳排放总量虽然在理论上可行，但是在实际上不仅耗力而且费时。

针对碳排放交易制度与节能目标责任制和考核评价制度之间可能发生的潜在冲突，从短期来看，可以考虑将纳入全国碳排放交易制度监管的排放单位从《节约能源法》之节能目标责任制和考核评价制度的监管范围中剔除，即纳入碳排放交易监管的企业不再受节约目标责任制和考核评价制度监管，《节约能源法》及其配套政策只适用于被纳入全国碳排放交易制度监管之外的用能企业。该种问题解决方式的局限在于：实际上，纳入全国碳排放交易制度监管的企业或者公共机构相对而言都是大型排放源，而这些排放源同样也是节能目标制和考核评价制度的管制对象。[38] 这意味着，将纳入碳排放交易制度监管的企业或者公共机构从节能目标责任制和考核评价制度的监管对象范围中剥离，实际上就等于掏空了节能目标责任制和考核评价制度的存在基础和价值。

从长期来看，即便是制定行政法规性质的碳排放交易管理暂行条例，也必须要考虑该条例与《节约能源法》协调关系问题。自 2007 年修订之后，《节约能源法》已经运行十余年，当时修订该法的社会基础现在已经发生重大变化，因此有必要对《节约能源法》及其节能目标责任制和考

---

[37]　参见段茂盛等《中国碳排放权交易与其他碳减排政策的交互与协调研究》，载齐晔、张希良主编《中国低碳发展报告（2018）》，社会科学文献出版社 2018 年版，第 102—104 页。

[38]　国家发展改革委：《关于开展重点用能单位"百千万"行动有关事项的通知》（发改环资〔2017〕1909 号），2017 年 11 月 1 日发布。

核评价制度的实施效果进行综合评价。笔者认为，在全面推动依法治国时代，环境规制呈现出明显的代际发展特征，即从命令型规制向激励型规制、反身法规制迈进。㊴ 在这种情况下，首先，必须强化对（节能）指标控制的合法性审查，以避免指标控制可能存在侵害私人合法权益的情形发生。其次，可考虑将节能目标责任制和考核评价制度下以节能指标方式进行的监管转为法律义务+法律责任的监管模式，逐步减小节能目标责任制直接对被监管企业发生效力的范围直至取消。再次，建议以控制碳排放的方式实现节约能源的目标。㊵ 在全球变暖背景下，必须加快推动能源转型和能源替代步伐。但是，在实施能源消费总量控制的过程中，如果对能源的分类统计不够到位，则可能会因为控制能源消费总量措施的实施，而错将可再生能源发电纳入总量控制范围之内，从而与《可再生能源法》的基本精神相背离。㊶ 以控（制）碳（排放）方式来推进节能工作，能够倒逼能源供应链上各个环节的能源分类统计工作走向精细化。复次，必须调整目标责任制和考核评价制度的考核指标。也就是说，目标责任制和考核评价的指标要更为宏观。在碳排放量和能源消耗实现通约的情况下，将通过购买碳排放配额作为完成节能任务的重要方式，通过对先进者进行奖励以激励后进者，如此方能降低节能制度实施对碳排放交易制度实施的挤压效应，使得后者获得更大灵活空间。最后，必须从行政组织法的角度，明确国家发展改革委下设的环境与资源节约司负有应对气候变化和控制温室气体排放的职责，或者说在该气候变化领域负有协助相关部门的责任。这是因为，全球变暖已成为当今时代最大的环境问题，但是作为负责宏观领域环境与资源节约的专门机构其职能定位却完全没有体现。

另外，建议将诸如碳排放交易制度与其他制度的体系自洽作为生态环境立法的基本原则，以确保新制定的制度能够与现有环境治理法律制度相

㊴　参见谭冰霖《论第三代环境规制》，《现代法学》2018 年第 1 期。

㊵　参见张忠利《气候变化背景下〈节约能源法〉面临的挑战及其思考》，《河南财经政法大学学报》2018 年第 1 期。另参考吴志忠《论我国〈节约能源法〉的完善》，《学习与实践》2013 年第 10 期。

㊶　参见国家机关事务管理局《公共机构能源资源消费统计制度》，国家机关事务管理网站：http://ecpi.ggj.gov.cn/news/63549，最后访问日期：2019 年 10 月 7 日。另参考国家发展改革委《国家发展改革委关于开展重点用能单位"百千万"行动有关事项的通知》（发改环资〔2017〕1909 号）。

互契合。韩国 2010 年颁布实施的《低碳绿色增长基本法》第 36 条就规定："政府在制定控制温室气体和污染物排放的条例时，应当通过诱导排放温室气体和污染物的个人自愿减少排放，从而降低减排的社会成本和经济成本。并且，应将通过对规制的实际状况进行调查，建立完善的规制体系以避免重复规制，从而影响私人领域的自治和创造性并且影响韩国企业的竞争力。"⑫ 加拿大安大略省在就建立碳排放交易制度征求公众意见的文件中也明确提出，"安大略省拟建立的碳排放交易制度应当与联邦层面规制措施配合，以避免发生重复规制情形"，并且"应当考虑与安大略省其他环境规制政策的融合"。

（二）程序面向：实现碳排放交易制度与节能制度和谐共处的过程管控

按照依法治国的基本原理，任何政策都必须先经法律化方可以生效施行。正如上文所言，从立法方法论角度而言，上述所谓环境保护相关之"重叠规制"或者"规制抵牾"问题乃是立法质量问题的具象化，其本质是环境立法的体系化问题。那么，对"重叠规制"或者"规制抵牾"问题的解决，可以分为两个步骤：一是发现问题的存在；二是对所发现的问题提出解决方案。从立法实践来看，立法起草者或者立法机关在立法过程中未必对"重叠规制"或者"规制抵牾"问题全然无知，亦有可能是在发现这些问题之后，基于立法效率的考虑选择对该等问题保持沉默而任由其保留至所立之法正式生效实施之后。

就发现"重叠规制"或者"规制抵牾"等问题而言，可以通过进行立法前/后评价⑬或者撰写立法研究报告⑭，其实质是就拟制定之管制法开

---

⑫ 参见《韩国低碳绿色增长基本法（2013 年修订）》，郑彤彤译，《南京工业大学学报》（社会科学版）2013 年第 3 期，本文在引用时对相关表述有所调整。

⑬ Luzius Mader, "Evaluating the Effects: A Contribution to the Quality of Legislation", *Statute Law Review*, Vol. 22, No. 2, 2001, p. 124.

⑭ 参见安·塞德曼等《立法学理论与实践》，刘国福译，中国经济出版社 2008 年版，第105—106 页。

展规制影响评价⑤，以确保规制（立法）质量。有学者认为，为确保所立之法的有效性，立法当关注四个方面的内容，即立法之目的（purpose of legislation）、立法之实体内容（substantive content of legislation）、立法所处之外部整体结构（overarching stucture）以及立法之结果（the result of legislation）。⑥ 其中，所谓立法所处之外部整体结构，其实就是在立法过程中就应当找准所立之法在整体法律体系中的坐标，而这必然意味着要弄清楚所立之法与现行有关法律的关系，以避免重复立法或者立法冲突，进而确保法律体系的融贯性。因此，在立法前评价或撰写立法研究报告过程中，必须将所立之法的体系协调性问题作为不可或缺的因素加以考察。在这个过程中，考虑到立法起草者或者立法机关的有限理性（bounded rationality），因此，从立法立项之初就应确保立法过程的透明性，使尽可能大范围内的公众和专家学者参与到立法合理性论证之中。⑦

就解决"重叠规制"或者"规制抵牾"等问题而言，即假定"重叠规制"或者"规制抵牾"等问题已经被发现，可能存在的问题是立法起草者或者立法机关不愿或者不能解决该问题。所谓不愿解决该问题，是指为实现部门立法的法律化，在缺乏相应监督机制的情形下，立法机关所发现的"重叠规制"或"规制抵牾"问题采取漠视或模糊化处理方式加以应对，以确保所立之法能够尽快通过并生效实施。所谓不能解决该问题，是指虽然相关部门发现了"重叠规制"或"规制抵牾"等问题存在，也与相关政府部门进行沟通和协调，结果该沟通或协调非常耗时且可能协调无法取得共识，所立之法陷入"协调僵局"。此时，相关部门可能会选择降低立法位阶或将未经法律化的政策直接付诸实施。因此，更高决策层的介入、调解和监督就显得尤为必要。正是基于此，《行政法规制定程序条例》（2017 年修订）和《部门规章制定程序条例》（2017 年修订）对国

---

⑤　参见高秦伟《美国规制影响分析与行政法的发展》，《环球法律评论》2012 年第 6 期。

⑥　Maria Mousmouti, "Making Legislative Effectiveness as an Operational Concept: Unfolding the Effectiveness Test as a Conceptual Tool for Lawmaking", *European Journal of Risk Regulation*, Vol. 9, No. 3, 2018, pp. 452–460.

⑦　Zhu Xiao, Wu Kaijie, "Public Participation in China's Environmental Lawmaking: In Pursuit of Better Environmental Democracy", *Journal of Environmental Law*, Vol. 29, No. 3, 2017, pp. 389–416.

务院有关部门在行政法规制定或者部门规章制定过程中需要进行部门间协调以及协调不成时的解决办法做出了相应规定。⑱ 但是，该相关规定仍然过于粗疏，也缺乏相应的问责机制，其实施效果有待观察。这是因为"重叠规制"或"规制抵牾"等问题的复杂之处在于，它可能不仅发生在法规与法规之间、规章与规章之间，也可能发生在法规与规章之间、法规（或规章）与法律之间抑或是法规（法律/规章）与政策之间，对终端的被规制对象而言所有这些形式的"重叠规制"或者"规制抵牾"并无本质区别。

四　结语：环境法典的局限性和环境行政立法部际协调困境的破解

（一）制定环境法典推进环境法体系化的局限性

当前，生态环境法律制度体系日益健全，但环境立法的碎片化问题也在不断凸显，生态环境立法亟待体系化。因此，推动制定环境法典已成为当前环境法学界的研究热点和努力方向。⑲ 笔者并不反对制定环境法典。但是，应当清醒而且冷静地认识到，尽管制定环境法典能够实现环境立法的体系化，但是解决环境立法体系化的问题却不能完全寄希望于制定环境法典。研究和制定环境法典，其价值可能不仅在于通过法典实现环境立法的体系化，而且在于辨识和区分生态环境立法中有哪些体系化问题可以通过制定环境法典得到解决，又有哪些体系化问题无法通过此种方式得到解决。

做出上述判断，原因至少包括三个方面。首先，由全国人大常委会制定的环境法典，仅能实现法律层面环境立法的体系化，也即法律位阶的生

---

⑱　参见《行政法规制定程序》（2017年修订）第23条、《部门规章制定程序》（2017年修订）第24条。

⑲　代表性研究成果，如吕忠梅、窦海阳：《民法典"绿色化"与环境法典的调适》，《中外法学》2018年第4期；王灿发、陈世寅：《中国环境法典化的证成与构成》，《中国人民大学学报》2019年第2期。

态环境相关立法的整合与重塑；但是，法律位阶生态立法体系化的实现，并不必然意味着国务院及其有关部门制定的行政立法层面的环境立法和地方立法机关制定的地方性法规层面的环境立法的体系化。其次，环境法典绝非是生态环境部独有之环境法典而应是综合性立法，且应是能够协调环境法上不同主体、价值导向、治理工具的框架之法，⑤⁰ 这意味着即便制定了环境法典，也仍然面临对环境法典之法律原则和制度进行具体化，由诸多生态环境相关政府部门制定的环境行政立法的体系化问题。最后，即便是那些主张制定环境法典的学者，也普遍认为所制定的环境法典应是"适度化"的法典编纂，⑤¹ 而非制定包罗万象、穷尽万物的环境法，即选择"环境法典+单行环境法"的立法模式。即便是采用这种立法模式，其本身也面临具有不断"骨化"（ossification）倾向的环境法典化与不断适应社会需求的环境单行法之间产生的体系化问题。换言之，即便环境法典能够获得最高决策层支持，并最终纳入全国人大常委会的立法计划，生态环境立法的体系化问题仍将继续存在。可以说，环境法体系化议题的生命力远超环境法典议题。

（二）实现环境（行政）立法体系化的多元路径

于是，需要继续思考的问题是：如何处理那些不能通过环境法典来解决的体系化问题？或者说，在制定环境法典化之外还有哪些方法或路径能够用以解决环境立法体系化？该问题的回答对于生态环境行政立法颇为重要。值得注意的是：这里所谓的环境立法体系化，不仅要实现环境立法体系化的结果，而且要以符合效率和效能的方式实现该结果。⑤² 从国内外的行政法实践经验来看，实现环境行政立法的体系化大致包括下列三种

---

⑤⁰　参见杜辉《环境公共治理与环境法的更新》，中国社会科学出版社 2018 年版，第 190—191 页。

⑤¹　参见张梓太《论我国环境法法典化的基本路径与模式》，《现代法学》2008 年第 4 期；李艳芳、田时雨《比较法视野中的我国环境法法典化研究》，《中国人民大学学报》2019 年第 2 期；何江《为什么环境法需要法典化》，《法制与社会发展》2019 年第 5 期。

⑤²　参见詹镇荣《公私协力与行政合作法》（增订二版），新学林出版有限公司 2016 年版，第 70—81 页。

路径。

第一，组织法的路径。现代行政组织法所要致力的是：法律上如何去形塑、支撑乃至影响行政组织的内在规制结构，借此帮助其做出正确的行政决定。[53] 笔者认为，这里所谓的“正确的行政决定”不仅包括针对个案的行政行为，而且包括具有普遍适用价值的立法行为。以 2018 年党和国家机构改革为例，本次国家机构改革的原则之一就是“坚持优化协同高效”，“坚持问题导向，聚焦发展所需、基层所盼、民心所向，优化党和国家机构设置和职能配置，坚持一类事项原则上由一个部门统筹、一件事情原则上由一个部门负责，加强相关机构配合联动，避免政出多门、责任不明、推诿扯皮”。[54] 的确，国务院机构改革完成以后，环境行政相关立法呈现出明显的整合趋势。比如，在组织法层面，排污许可和环境影响评价的实施先前分别有两个部门负责监管，在 2018 年国家机构改革（以下简称“2018 年改革”）以后该两个部门合并，排污许可和环境影响评价两个制度也更加融合。再如，应对气候变化事务先前由国家发展改革委负责，2018 年改革后原来国家发展改革委下属的应对气候变化司转隶到生态环境部，这使得应对气候变化立法的推进更加自觉地在生态环境立法整体框架下推进，并考虑如何协调该法与《环境保护法》（2014 年修订）的关系。[55] 但是，国家机构改革牵涉面较大，其启动需要多方论证和调研才能实现，即不能将所有法律的体系化问题都交由国家机构改革来实现。[56] 比如，本文所讨论的碳排放交易制度与节能法律制度的协调问题，即便两者皆由国家发展改革委负责时，也没有得到很好的协调。

第二，行为法的路径。针对涉及多个部门的共同监管领域（shared regulatory space），建立部门之间的协调机制，是实现行政立法体系化的重要路径。按照行政法学理，部门之间的协调机制，应当属于内部行政的范

---

[53] 参见陈爱娥《行政法学作为调控科学——以行政组织与行政程序为观察重心》，载台湾行政法学会主编《行政法作为调控科学》，2018 年，第 14 页。

[54] 《中共中央关于深化党和国家机构改革的决定》，《人民日报》2018 年 3 月 5 日第 1 版。

[55] 参见田丹宇《应对气候变化法律制度体系研究》，载于文轩主编《能源法制前沿问题研究》，中国政法大学出版社 2019 年版，第 201—209 页。

[56] Jody Freeman and Jim Rossi, “Agency Coordination in Shared Regulatory Space”, *Harvard Law Review*, Vol. 125, No. 5, 2012, pp. 1151-1155.

畴，㊗ 同时也属于行政组织法的应有内容。但是，各国行政组织法普遍存在未就行政机关之间的横向关系规则作出规定的现象，而是选择创设在实现规制目标的同时承担其相应组织法功能的行政法机制。㊘ 总体来看，这些承担协调行政机关横向关系功能的行为法机制包括下列类型：进行部门之间磋商、缔结部门间协议、开展联合立法（joint lawmaking）等方式。㊙ 在我国，应该说，上述机制虽然能够在一定程度上发挥作用，但是并不能及时有效地解决"协调僵局"的情形。尽管《行政法规制定程序》和《部门规章制定程序》就行政立法过程中存在不同意见而无法协商一致的情形给出了解决办法，但是，应该说其实施效果并不令人满意。以环境行政立法为例，且不说本文所探讨的碳排放交易立法与节能立法的协调，多年来环境监测条例、排污许可条例、地下水管理条例、海洋石油勘探开发环境保护条例等都迟迟无法出台，其中相关部门就部分问题迟迟不能达成共识应该是主要原因。也就是说，跨部门协同失灵现象非常明显。㊿ 因为保护权力和地盘是任何政府部门的天然倾向，除非外力迫使，政府部门常常倾向于规避跨组织的关系。针对多部门共同监管的领域，相关部门之间进行水平面向的协调不足以及时有效地打破僵局并获得预期的结果。因此，由更高层面的决策层进行垂直面向的及时介入至关重要。

　　第三，高层介入的路径。解决环境行政立法"膨胀"问题，是环境法学者们支持制定环境法典的重要论据。但是，若将环境行政立法理解为生态环境相关部门实现部门利益法律化的过程，那么制定环境法典似乎并不足以有效地防范有关政府部门通过行政立法实现部门利益法律化现象，解决该问题似乎更需要在相关政府部门之上建立更高层的统筹决策和审查机制。基于此种考虑，从20世纪80年代开始，美国联邦层政府就开始推动建立集权式总统监管模式的努力，㉛ 主要内容包括：在美国联邦层面的

㊗　参见陈敏《行政法总论》（第九版），新学林出版有限公司2016年版，第31页。

㊘　参见叶必丰《行政组织法的行为法机制》，《中国社会科学》2017年第7期。

㊙　Jody Freeman and Jim Rossi, "Agency Coordination in Shared Regulatory Space", *Harvard Law Review*, Vol. 125, No. 5, 2012, pp. 1155–1180.

㊿　参见蒋敏娟《中国政府跨部门协同机制研究》，北京大学出版社2016年版，第112—127页。

㉛　参见席涛《美国管制：从命令—控制到成本—收益分析》，中国社会科学出版社2006年版，第46—67页。

管理与预算办公室（Office of Management and Budget，OMB）中增设新的信息与监管事务办公室（Office of Information and Regulatory Affairs，OIRA），由其专门负责对美国联邦政府行政机关所有的管制行为，包括对现有规章和拟制定的新规章进行集中审查，以推动行政规章之间的尽早协调，使本部门制定的规章与生效的法律、总统的优先安排等内容保持一致；由美国联邦政府颁布实施了《管制计划与审查》的行政命令，作为OIRA对美国联邦层面行政机关的所有管制行为开展审查的法律依据。[62]笔者认为，《管制计划与审查》行政命令最大的价值在于，它旨在构建一种为管制之受众服务的管制理念、体制和制度，即践行整体性治理的理念，从规制之受体（the recipent of regulation）面临的问题及其感受与期待出发制定规制法。也就是说，规制立法不仅要从规制部门角度采取自上而下的规制立法思维模式，也要同时采取从规制之受体的角度采取自上而上的规制立法思维模式。这就是李克强总理所强调的，"制定涉企法规政策必须听取企业和行业协会意见"[63]。也就是说，推进包括环境行政立法在内的行政立法体系化，应当以建立一种能为之服务而非与之对立的管制体制，降低公司企业的制度性交易成本，改善作为规制受众的公司企业的营商环境为根本目标。

　㉒　参见于立深《美国〈管制计划与审查〉行政命令》，《行政法学研究》2003 年第 4 期。
　㉓　参见《国务院办公厅关于在制定行政法规规章行政规范性文件过程中充分听取企业和行业协会商会意见的通知》（国办发〔2019〕9 号）。

论能源法制因应气候变化之路径[*]

田丹宇^{**}

摘　要：本文总结了我国应对气候变化立法取得的进展和面临的挑战。基于减缓气候变化与能源结构优化和能源消费总量控制之间的直接相关性，本文梳理了我国三部能源要素调整法和三部能源管理法的立法经验与成效，提出应加强应对气候变化领域与能源领域间的目标协同、管理制度协同和管理体制协同，借鉴能源领域法制建设经验，推进应对气候变化立法进程的建议。

关键词：能源法；气候变化；立法；路径

　　积极应对气候变化是生态文明建设的重要组成部分，是保障国家生态环境安全、推进高质量发展的内在要求，也是我国深度参与全球治理、打造人类命运共同体的责任担当。气候变化问题主要归因于化石能源的大量消耗导致大气中温室气体含量不断升高。因此，优化能源结构、发展可再生能源、控制化石能源消费总量、增加碳汇，是减缓气候变化的最主要途径。改革开放40多年来，我国能源领域取得了《可再生能源法》等一系列法制建设成果，出台了《能源发展战略行动计划（2014—2020年）》等一系列促进能源转型的政策文件，提出了"三去一降一补"的能源转型路径，能源转型效果初显。我国非化石能源在能源消费中占比从2005年的7.4%提高到2018年的14.3%。^① 2006—2015年单位GDP能耗累计

---

　　* 本文为欧洲环保协会2021年度"以控煤为核心的气候转型法律政策比较与借鉴研究"项目的部分研究成果。

　　** 国家应对气候变化战略研究和国际合作中心政策法规部副研究员。

　　① 数据引自《中国统计摘要2019》。

降低 34%，节约能源达 15.7 亿吨标准煤，相当于少排放二氧化碳 35.8 亿吨，[②] 为全球应对气候变化做出重要贡献。研究能源领域的法制建设经验，有助于推进应对气候变化管理制度的创新、协同、增效，加快气候法治进程。

一 我国应对气候变化立法现状

我国应对气候变化工作的法治化、制度化、国际化进程与国际气候治理进程紧密呼应。国内应对气候变化立法历经十年努力，气候法制建设的整体思路基本成熟，立法所涉重要问题已经过充分讨论和论证。新形势下，立法工作当继续深化研究，借鉴能源等相关领域立法经验，蓄力再出发。

（一）我国应对气候变化立法的进程呼应国际大势

2009 年年底哥本哈根气候大会前，国际上对各国开展应对气候变化国内立法的呼声很高，英国、苏格兰、菲律宾、韩国和欧盟纷纷以此为契机开展了应对气候变化相关立法。[③] 我国于 2009 年 8 月在全国人大常委会出台的《关于积极应对气候变化的决议》中提出，"要把加强应对气候变化的相关立法作为形成和完善中国特色社会主义法律体系的一项重要任务，纳入立法工作议程"，正式开启了国内应对气候变化立法工作。

2015 年《巴黎协定》出台前后，国际又掀起了一轮应对气候变化的高潮。法国、韩国和德国国内几个州均在此前后开展了能源转型或应对气候变化的专门立法。[④] 在我国，2015 年《中共中央国务院关于加快推进

---

② 数据引自 2016 年 10 月 13 日中国国家发展改革委副主任张勇在第七届中美能效论坛的发言。

③ 英国 2008 年出台了《英国气候变化法》；苏格兰 2009 年出台了《苏格兰气候变化法》；菲律宾 2009 年出台了《菲律宾 2009 气候变化法》；韩国 2009 年出台了《韩国气候变化对策基本法》；欧盟 2009 年制定了《欧盟能源与气候一揽子计划》。

④ 韩国 2013 年出台了《韩国低碳绿色增长基本法》；法国 2015 年颁布了《法国绿色增长和能源转型法》；德国北莱茵威斯特法伦州 2013 年制定了《德国北莱茵威斯特法伦州气候保护促进法》；德国巴登符腾堡州 2013 年制定了《德国巴登符腾堡州气候保护法》。

生态文明建设的意见》和中共中央国务院印发的《生态文明体制改革总体方案》均明确要求，研究制定和完善应对气候变化等方面的法律法规。2016 年国务院印发的《"十三五"控制温室气体排放工作方案》进一步提出"推动制定应对气候变化法"。在国务院应对气候变化主管部门及各相关方的共同努力下，2016 年《应对气候变化法》首次被列入国务院年度立法计划的研究项目中，这标志着我国应对气候变化立法经过前期准备，进入法案正式研究起草阶段。

当前，《巴黎协定》完成实施细则谈判进入实质性履约阶段，各缔约方的国内立法进程成为保障其自主贡献目标如期落实的关键。2018 年以来南非和联邦德国的应对气候变化立法进展引起国际社会广泛关注。[5] 我国在 2018 年机构改革过程中，应对气候变化职能从国家发展改革委划转至新组建的生态环境部，为应对气候变化迎来新的立法契机。

（二）我国应对气候变化立法的整体思路渐趋成熟

根据全国人大决议和国务院领导批示要求，国家发展改革委将应对气候变化法纳入《2010—2015 年立法规划》，2011 年 6 月成立了由国家发展改革委牵头，全国人大环资委、法工委、国务院法制办和主要相关部门联合组成的应对气候变化法律起草工作领导小组，组建了起草小组具体负责草案起草工作。在相关研究工作基础上，结合各部门、利益相关方和公众立法意见，起草小组研究确定了应对气候变化法的法律框架，明确把积极应对气候变化作为我国经济社会发展的重大战略、低碳发展作为生态文明建设的基本途径，以法律形式确定下来；把已经形成并行之有效的国家应对气候变化管理体制、各级政府应对气候变化的职责、政策框架和重大制度及将要采取的改革举措，上升为法律规则；把我国参与全球气候治理、履行控排义务、推动国际合作的基本原则与目标任务等，纳入国内法律保障。

---

⑤ 南非环境事务部 2018 年 6 月就《南非国家气候变化法案（征求意见稿）》公开征求意见；德国联邦环境、自然保护和核安全部 2019 年 2 月就《德国联邦气候保护法（专家草案）》公开征求意见。

（三）我国应对气候变化立法所涉重要问题已充分讨论

几年来，应对气候变化法律草案起草小组对立法所涉重大问题和重要制度进行了深入研究论证，对国外应对气候变化立法情况进行了系统梳理，对国内应对气候变化实践和立法需求进行了广泛调研，对应对气候变化法所涉重要制度进行了深入研究。通过调查研究，对应对气候变化立法涉及的几个重要问题有以下结论：一是认识到开展应对气候变化立法的必要性，这不仅是加快推进我国低碳转型、促进可持续发展的内在需求，而且对于积极参与全球气候治理、展现负责任大国形象也有重要意义；二是赞同在立法思路上应虚实结合、国内国际统筹，对内发挥低碳发展和适应气候变化对转变发展方式、生态文明建设的引领和推动作用，对外要占据道义制高点，提升话语权和规则制定权，维护我国的发展权益；三是认为应对气候变化法具有充足的立法空间，节能、可再生能源等相关法律虽然对应对气候变化工作具有促进作用，但其宗旨各异、内容分散且针对性不强，无法满足应对气候变化的实际需求。

二 应对气候变化立法面临的主要挑战

我国应对气候变化管理体制从无到有，再到渐趋成熟需要长期过程，特别是经历了机构改革后从国家到地方的管理体制建设面临新的挑战。我国政府关于温室气体的管理从国际履约到国内的制度创建需要逐渐摸索，特别是在应对气候变化这一新型法律关系中相关主体的不同立法诉求需要妥善平衡。因此，应对气候变化立法历经十年努力，虽然取得了一定成效，但进程仍显迟滞，面临不少挑战。

（一）相关方在关键问题上尚需共识

开展应对气候变化立法过程既是将不断发展的实践经验凝练为法律制度的过程，也是将各方的立法诉求转化为立法共识的过程。部门管理层面，新调整后的"国家应对气候变化及节能减排工作领导小组"成员单位之间的职责分工合作机制，需要通过立法进一步细化和法定化；地方政府层面，机构改革后地方主管部门的管理权限、财政支持、监督执法需要法律授权；社会主体层面，企业承担减排责任、报告排放信息、参与配额交易的合理性预期应有法律保障，全社会参与机制及公众低碳行为需要法律激励；"两会"代表层面，人大代表和政协委员的立法关切主要集中于气候投融资法律保障、碳市场法律监管、气候变化与环境保护和能源转型的相关性等问题。不同利益相关方对应对气候变化问题的认识不同，立法期待存在较大差异，导致立法过程宜疏不宜堵。

（二）机构改革的化学反应尚待发生

我国应对气候变化立法工作一直在全国人大法工委、全国人大环资委、原国务院法制办及国家应对气候变化领导小组主要成员单位的指导下，由国家发展改革委下属的应对气候变化司稳步推进。国务院机构改革后，应对气候变化相关职能从国家发展改革委转隶到了新组建的生态环境部，应对气候变化立法项目从人大法工委的"经济法室"转到了负责环境领域立法的"行政法室"，曾长期支持应对气候变化立法工作的国务院法制办公室的职能划入了重新组建的司法部。应对气候变化立法主体及相关职能机构已经完成了转隶的物理变化，即将发生化学变化，新的立法诉求和新的立法契机宜待不宜催。

（三）应对气候变化领域的管理制度尚待成熟

当前，我国在气候变化战略规划制度、统计核算制度、报告核查制度、评价考核制度、排放交易制度上已积累了一定的制度实施经验；在气候变化影响评估制度、标准化制度、低碳技术目录制度和低碳产品采购制度上已进行了初步的制度建设探索；在碳排放总量控制制度、影响评价制度、许可证制度、信息公开制度、信用管理制度、气候保险制度上已具备了一定的制度研究基础。近年来，应对气候变化工作与应对气候变化制度建设相伴推进，导致立法进程宜缓不宜急。

三 我国能源法制建设的成效

国内现行的《可再生能源法》等六部立法成果均已经过了一定时期的实践检验和法案修订修正，能源领域的法律制度设计越来越丰富、法律规定越来越精细并具有可操作性，既对未来的应对气候变化立法空间有一定影响，又形成了很多值得借鉴的制度建设经验。⑥

（一）能源要素调整法制建设的成效

以能源要素为主要调整对象的法律主要有三部：《可再生能源法》《煤炭法》《电力法》。《可再生能源法》于 2009 年基于完善可再生能源发电上网电价与费用分摊机制、协调可再生能源开发利用规划与国家能源发展战略、加强政府对可再生能源市场的价格调控的目的进行了修正，除了可以与应对气候变化制度直接进行比对的"可再生能源规划制度"和"可再生能源总量控制制度"之外，还建立了"可再生能源发电全额保障收购制度""可再生能源分类上网电价制度""可再生能源并网发电项目许可制度"，形成了政府统一调控的可再生能源发展基金。

《煤炭法》于 2016 年本着"推进行政审批制度改革，简政放权，对有关法律中涉及行政审批和职业资格认定的部分条款进行修改，取消相关行政审批和职业资格认定事项，减少审批环节"⑦ 的立法改革精神进行了修订，⑧ 明确了煤炭所有权归国家所有的法律权属，除了与应当气候变化可以直接比对的"规划制度"之外，还重点建立了"煤炭资源权属制度""煤炭安全生产责任制度和群防群治制度""煤炭资源保护制度""煤炭许

---

⑥ 参见于文轩《生态文明法治建设研究》，《江苏大学学报》（社会科学版）2016 年第5 期。

⑦ 参见 2016 年 11 月 6 日在第十二届全国人民代表大会常务委员会第二十四次会议，全国人民代表大会法律委员会关于《〈中华人民共和国对外贸易法〉等 12 部法律的修正案（草案）》审议结果的报告。

⑧ 参见 2016 年 11 月 7 日第十二届全国人民代表大会常务委员会第二十四次会议通过的《全国人民代表大会常务委员会关于修改〈中华人民共和国对外贸易法〉等十二部法律的决定》。

可审批制度""煤炭合理开采利用制度""煤炭经营和价格监管制度""煤矿矿区重点保护制度"。

《电力法》于 2018 年为落实政府职能转变和"放管服"改革要求对"供电营业许可"制度进行了修改。修正后的《电力法》中可以与应对气候变化制度进行直接比对的是"电力发展规划制度"，此外还规定了"电力与环境资源协同发展制度""电力安全保护责任制度""国家电网统一调度制度""计划供电和许可供电制度""分类电价、分时电价、同网同质同价制度"等电力管理法律制度。

（二）能源管理法制建设的成效

我国以规范能源管理为立法目的的法律主要有《节约能源法》《清洁生产促进法》和《循环经济促进法》三部。其中，《节约能源法》建立了"节能标准制度""高耗能项目、产品、设备和工艺淘汰制度""节能目标责任考核评价制度""节能技术创新激励制度""节能评估审查制度""能效标识制度""节能产品认证制度""重点用能单位和行业节能""节能经济激励制度"。

《清洁生产促进法》建立了"清洁生产规划制度""清洁产品环境标志制度""环境信息公开制度""产品包装、回收制度""清洁生产审核制度"。

《循环经济促进法》构建了循环经济领域的"公众参与制度""规划制度""指标评价考核制度""名录制度""能耗水耗的重点监督管理制度""统计制度和标准标识制度"，对于生产、流通和消费等过程中进行的减量化、再利用、资源化活动进行了法律规制，对于推进循环经济发展，提高资源利用效率，保护和改善环境，实现可持续发展起到了一定的作用。但是，该法存在力求面面俱到、内容重点不突出、制度设计过于框架、可操作性不强等问题，需要在开展应对气候变化立法中力求避免。

（三）能源转型法制建设的成效

面对国内能源供需格局新变化、国际能源发展新趋势，国际国内应对气候变化及环保新要求，党的十八大提出了"能源革命"的战略思想，明确要求加快构建清洁低碳、安全高效的现代能源体系。2013—2016 年，我国能源消费量快速增长的态势也得到了有效控制，增长幅度由 1.5 亿吨标煤下降到 0.6 亿吨标煤，年增长率由 3.9% 下降为 1.4%，能源消费弹性系数为 0.29，比 2005—2012 年降低 0.13。能源消费结构也发生了重大转变，非化石能源快速增长，消费比重由 2012 年的 9.7% 上升到 2016 年的 13.3%，煤炭消费得到控制，消费量自 2013 年之后连续三年下降，从 2013 年的 42.4 亿吨降至 2016 年的 37.9 亿吨，消费比重由 68.5% 下降到 62.0%。我国非化石能源发电装机容量从 2012 年的 32687 万千瓦，大幅增加至 2016 年的 59181 万千瓦，水电、风电、光伏发电装机规模和核电在建规模均居世界第一位。2016 年，全国单位 GDP 能耗比 2012 年累计降低 17.9%，节约和少用能源 8.6 亿吨标准煤。

党的十九大报告明确提出："推进能源生产和消费革命，构建清洁低碳、安全高效的能源体系。"同时，《巴黎协定》已经进入实质性履约阶段，我国的履约核心在于落实"2030 年左右达峰并争取尽早达峰，非化石能源占一次能源消费比重达 20%"等国家自主贡献中的系列目标。2018 年宪法修正案[⑨]将"绿色发展理念、生态文明建设、推动构建人类命运共同体"等提升到宪法高度，为低碳发展、能源转型和参与全球气候治理提供了最高遵循。[⑩]这就要求我们继续加强能源法治建设，化国际履约压力为国内低碳发展动力，通过能源转型提高国家对《联合国气候变化框架公约》的履约力度。

四 应对气候变化立法与能源法制的协同路径

我国在能源转型方面取得的成效与在能源法治建设方面的反复探索

---

⑨ 五处修订分别是：增写"贯彻新发展理念"要求；将"推动物质文明、政治文明和精神文明协调发展"修改为"推动物质文明、政治文明、精神文明、社会文明、生态文明协调发展"；将"把我国建设成为富强、民主、文明的社会主义国家"修改为"把我国建设成为富强民主文明和谐美丽的社会主义现代化强国，实现中华民族伟大复兴"；将"国务院行使下列职权"中第六项"领导和管理经济工作和城乡建设"修改为"领导和管理经济工作和城乡建设、生态文明建设"；特别是增写了"推动构建人类命运共同体"的要求。

⑩ 参见于文轩《生态文明入宪，美丽中国出彩》，《人民日报》2018 年 4 月 17 日第 5 版。

密不可分。相比之下，对于单独开展应对气候变化立法的必要性和立法空间仍缺乏必要的理解和共识，国内低碳发展工作只能依据相关政策、规章及规范性文件进行，诸多管理工作于法无据。机构改革后，应对气候变化成为生态环境部内唯一没有法律依据的环境要素管理领域，应尽快完成由依权施策到依法施政的过渡，学习借鉴能源领域的制度建设经验和教训，研判应对气候变化的立法空间，用法治思维进行气候治理的顶层布局。

（一）加强碳排放控制与能源领域的目标协同

当前，我国煤炭消费量和煤电需求增长明显放缓，碳排放总量进入了一个低增长甚至负增长的平台期。《巴黎协定》进入实施阶段后，全球强化减排的国际压力日增。我国从享受发展中国家排放空间的阶段，迅速过渡到需要承担自主减排义务的阶段，在保证不影响经济增长的前提下开展能源转型面临着重重约束。我国已提前实现到 2020 年的碳强度下降目标，正在抓紧落实 2030 年各项中长期应对气候变化目标。

我国能源领域已建立了能源总量控制制度。实施能源总量控制制度导致了新疆、青海这些光伏大省或者将本省清洁电力外送而自己仍使用化石能源，或者产生弃风、弃光问题。同时，很多高耗能的重工业是国民经济的基石，单从能源总量的角度控制会限制这些行业的发展，如果使用可再生能源发展高耗能行业，用可再生能源满足高耗能需求，则能够同时满足行业发展和环境保护的双重需求。能源总量控制制度的初衷是限制其中的化石能源排放，而没有必要限制可再生能源的排放。因此，应以碳排放总量控制取代能源总量控制，直接从制度层面对"高碳能源"进行控制，对"可再生能源"进行鼓励，提升优化能源结构的政策精准度，避免因控制能源消费总量而限制高耗能行业发展的问题。下一步应尽量统筹协调能源控制目标和碳排放控制目标，通过立法统筹目标落实机制，形成目标落实合力。⑪

---

⑪　参见田丹宇《加快建立全国碳排放总量控制制度》，《中国环境报》2019 年 4 月 1 日。

（二）加强应对气候变化与能源领域的管理制度协同

在应对气候变化管理体系内部，我国在气候变化评价考核制度、统计核算制度、标准化制度、排放配额交易制度、排放报告制度、核查制度上已积累了一定的制度实施经验；在气候变化规划制度、影响评估制度、低碳技术目录制度和低碳产品采购制度上已进行了初步的制度建设探索；在碳排放信用管理制度、总量控制制度、现场检查制度、气候保险制度、信息公开制度、影响评价制度、许可证制度上已具备了相当的研究基础。温室气体控排管理制度体系的构建整体处于初级阶段，与落实《巴黎协定》五年盘点机制和《联合国气候变化框架公约》非附件一缔约方提交两年更新报告要求相配套的排放数据核算、评价和技术规范亟须完善，与启动全国碳排放权交易市场相配套的配额分配、核查和清缴规则亟待建立，与实现"十三五"碳强度下降目标和《国家自主贡献》2030年碳峰值目标相配套的总量控制、企业直报和重大项目碳评等制度抓手尚未在实践中被充分应用。随着应对气候变化制度建设的不断发展和丰富，制度之间的内容自洽、运行协调、管理衔接问题日益凸显。

在应对气候变化管理体系外部，我国《环境保护法》建立了环境监测制度、环境保护目标责任制和考核评价制度、生态补偿制度、重点污染物排放总量控制制度、建设项目"三同时"制度、排污许可管理制度和环境保护公益诉讼制度；通过制定《环境保护税法》，建立了环境税制度；通过《可再生能源法》及其修订，建立起了可再生能源的规划制度、总量控制制度、保障收购制度、上网电价制度和国家专项发展基金制度；同时我国能源法和应对气候变化法均已有了将近十年的起草论证积累。这些既有的和正在制定中的能源领域法律制度对于应对气候变化制度内容设计和制度建设进程的影响与参考价值需要深入梳理，避免制度交叉重复，解决好制度之间的协同问题。国务院机构改革打破了山水林田湖草的管理樊篱，为统筹环境领域和资源能源领域的立法修法步伐提供了体制机制保障。下一步应推动应对气候变化尽快融入现有的国家生态环境和能源法制总体布局，形成系统的法律制度合力。

（三）加强应对气候变化与能源领域的管理体制协同

基于机构改革进入化学变化阶段的新形势，应通过开展立法，明确国家及地方"应对气候变化及节能减排工作领导小组"的职能定位，明确国家应对气候变化主管部门与发展改革、能源管理等相关部门的职能边界，明确地方人民政府在应对气候变化中的作用与角色，充分调动各部门和地方开展应对气候变化工作的积极性。通过立法，确立国家统一管理和地方部门分工负责相结合的应对气候变化管理体制和工作机制，全面提升国家应对气候变化领域治理体系和能力现代化，加快构建政府为主导、企业为主体、全社会共同参与的治理体系，全面贯彻落实习近平生态文明思想、法治思想和党中央关于应对气候变化工作的方针政策和决策部署。[12]

同时，正在制定中的应对气候变化法在执法主体、执法机制、执法保障等方面，可以借鉴能源系统的管理经验。通过开展应对气候变化立法，一是构建应对气候变化管理监督体系，包括"战略规划、评价考核、统计核算、标准化和信用管理"等行政管理制度及措施；二是构建减缓气候变化制度体系，包括"排放总量控制、排放交易、报告核查、碳汇和现场检查"等直接控制温室气体排放的管控制度及措施；三是构建适应气候变化制度体系，包括"预测预警、气候变化影响评估、极端气候灾害应对、适应基金和气候保险"等旨在提升适应气候变化能力的法律制度和措施；四是构建气候奖惩制度体系，包括"气候专项资金、绿色低碳基金、碳资产与碳金融、低碳产品政府采购、低碳技术目录"等表征激励或惩罚性结果的法律制度及措施，搭建逻辑合理、有奖有罚、内部自洽、外部协调的应对气候变化制度体系。

结　论

我国应对气候变化立法历经十年努力取得了一定成效也面临不小挑

---

　　⑫　参见田丹宇、刘长松《能源转型政策的国际经验及国内挑战》，《中国经贸导刊》2017年第 7 期。

战。在能源领域，我国通过《可再生能源法》《煤炭法》《电力法》三部能源要素调整法，以及《节约能源法》《清洁生产促进法》《循环经济促进法》三部能源管理法，构建了国家能源法制体系，对推进国家能源转型起到了显著成效，也为全球应对气候变化做出重要贡献。基于减缓气候变化与能源结构优化和能源消费总量控制之间具有的直接相关性，我国在能源法制建设领域取得的经验对开展应对气候变化立法具有直接的借鉴意义。在开展应对气候变化立法过程中，应加强应对气候变化与能源管理之间的目标协同、管理制度协同和管理体制协同，探求应对气候变化立法与能源法制的协同路径，加快推进国家应对气候变化立法进程。

电力辅助市场立法研究

张小平[*]

摘　要： 电力市场由能量市场和辅助服务市场组成。电力辅助服务是为维护电力系统的安全稳定运行，保证电能质量，除正常电能生产、输送、使用外，由相关主体所提供的服务，相当于电力市场中的公共产品。我国在电力改革的过程中，逐步建立起发电企业之间的电力辅助服务成本补偿机制，并正在向发电企业和用户共同负担的市场竞争机制过渡。本文分析比较了我国目前各电网的补偿规则和试点地区的市场化规则，结合国际经验，对我国电力辅助服务市场建设提出了相关建议。

关键词： 电力辅助服务；补偿机制；竞价交易；电力体制改革

一　电力辅助服务：概念、必要性与提供方式

（一）电力辅助服务的概念

电力市场是复杂的多内容市场。从交易对象的角度，可以将电力市场划分为能量市场和辅助服务市场。[①] 在更为发达的电力市场体系中，还有

---

　*中央财经大学法学院副教授，法学博士，环境与资源法学教研室主任。加州大学伯克利分校、美国佛罗里达大学访问学者。兼任中国法学会能源法研究会常务理事、副秘书长，中国水利学会水法专业委员会委员。主要研究领域：能源法、环境法、财税法。

　① 参见牛文琪主编《电力市场概论》，中国电力出版社 2017 年版，第 49 页。

容量市场和输电通道市场等。② 电力辅助服务指为维护电力系统的安全稳定运行，保证电能质量，除正常电能生产、输送、使用以外，由发电企业、电网企业和电力用户提供的服务。③ 换言之，辅助服务是指将电能从发电厂送到用户端的过程中，为维持用户需求的电能质量、保护用户供电安全性、可靠性和稳定性所需采取的一切辅助措施。④ 辅助服务的供应由电力系统需要决定，具体取决于电力系统协调方式、电源结构、电网结构、管理模式、标准、量测和监测系统等因素。⑤

辅助服务存在较多分类方法。例如，澳大利亚国家电力市场（NEM）的辅助服务有频率控制辅助服务（FCAS）、网络支持控制辅助服务（NSCAS）以及黑启动服务（SRAS）。美国的 PJM 市场的辅助服务包括调频、备用、黑启动、无功电压控制、不平衡电量。其中备用又分为初级备用和二级备用，初级备用进一步分为同步备用和非同步备用。北欧辅助服务市场提供的产品包括平衡服务产品及辅助服务其他产品。其中平衡服务产品包括频率控制备用、频率恢复备用和替代备用，辅助服务其他产品包括电压控制、黑启动等。美国德州电力市场的辅助服务产品包括上调频、下调频、响应备用、非旋转备用、电压支持、黑启动和可靠性保障运行服务。⑥ 因此可以说，辅助服务的供应要取决于电力系统的需求。系统的协调方式、电力生产结构、电网结构、管理模式等的不同都会使系统所需的辅助服务不同。目前国际上对辅助服务的确切定义并未完全统一，对辅助服务的分类方法也较多。⑦

根据我国电力市场的结构，我国电力市场中的辅助服务类型主要包括以下方面。

---

② 参见国家中央电投研究院《世界电力市场化改革二十年》，中国计划出版社 2016 年版，第 496 页。

③ 参见国网能源研究院有限公司《2018 国内外电力市场化改革分析报告》，中国电力出版社 2018 年版，第 150 页。

④ 参见洪炎斌《浅述电力市场辅助服务的种类》，《科技与企业》2012 年第 4 期。

⑤ 参见曾鸣、赵庆波《电力市场中的辅助服务理论及其引用》，中国电力出版社 2003 年版，第 2—3 页。

⑥ 参见何永秀等《国外典型辅助服务市场产品研究及对中国的启示》，《电网技术》2018 年第 9 期。

⑦ 参见葛炬等《电力市场环境下辅助服务问题的研究》，《现代电力》2003 年第 1 期。

①备用。电力系统除满足最大负荷需求外，为保证电能质量和系统安全稳定运行而保持的有功功率储备。备用可以按照不同标准做进一步划分。按照备用的目的，可以分为负荷备用、事故备用、检修备用和国民经济备用。按照运行状态，可以分为冷备用和热备用。按照响应速度，可以分为瞬时响应备用、10 分钟旋转备用、10 分钟非旋转备用、30 分钟备用、60 分钟备用和冷备用。其中瞬时响应备用即指自动发电控制（AGC）备用，一般将其从备用中分离出来，划分到调频中。按照增减出力的调整方向，备用可分为上备用和下备用，分别满足系统实际总负荷需求大于/小于现有机组出力的情况。

②调频。发电机组提供足够的上、下调整容量，以一定的调节速率在允许的调节偏差下实时处理较小的负荷和发电功率的不匹配，以满足系统频率的要求。系统的调频服务通常是由 AGC 机组在投运 AGC 期间提供的。

③调峰。为了负荷峰谷变化的要求而有计划的、按照一定速度进行的发电出力调整。严格而论，调峰电量应该视为是电能市场交易电量的一部分，但当调峰对机组的速度、频繁启停性能有特殊要求以及调峰电量的成本与非调峰电量的成本差异很大时，也可暂时将其归入辅助服务的范畴。

④无功。发电机和电网中的其他无功源向系统注入或吸收无功功率，以维持电网中的节点电压在允许范围内，以及在电力系统故障后提供足够的无功支持以防止电压崩溃。在电力市场初期，电网所提供的无功服务可计入输配电服务中，仅发电机组（含调相机组）提供的无功服务需要单独考虑。

⑤黑启动。整个系统因故障停运后，不依赖别的网络帮助，通过启动系统中具有自启动能力机组来带动无自启动能力的机组，逐步扩大系统的恢复范围，最终实现整个系统的恢复。电网的黑启动以电厂的黑启动为前提，黑启动电厂应具备在没有外援厂用电的情况下启动发电机的能力。⑧

（二）电力辅助服务的必要性：技术视角

在持续、稳定供电的需求之下，电力市场有两个非常突出的基本特

---

⑧　参见葛炬等《电力市场环境下辅助服务问题的研究》，《现代电力》2003 年第 1 期。

征：第一，电力无法储存，因此需要随时保持发电与负荷的平衡；第二，单个输电设备的输电能力有限，因此需要对发电潮流进行管理。基于这两个技术特征，又进一步产生出四个结果：第一，电力市场的现货价格从本质上是波动的；第二，电力系统的运作和传输具有公共性，必须加以监管；第三，电力系统必须为下一步的突发事件做准备，由此对电力系统现在的运作造成限制；第四，在发生突发事件时，为此做出的回应具有经济价值。⑨ 由此在电能本身的生产之外，需要一系列配套的服务，保证电力系统运行和电力供给的安全和可靠。

（三）电力辅助服务的提供：体制视角

从技术上讲，从人类社会用电网大规模提供电力开始，就存在辅助服务的问题。但是在垂直一体化的电力体制下，辅助服务的独立价值没有显示出来。在我国电力体制的垂直一体化管理时代，辅助服务与电能量捆绑在一起，由系统运行调度部门根据系统运行情况按需无偿调用，电价体系中没有单独制定辅助服务费用标准，也没有单独补偿机制，提供辅助服务被默认为是发电企业的义务，无市场化交易的基础。⑩ 但是，当电力体制进行拆分重组之后，就必须对辅助服务进行明确的界定、测量和补偿付费。对于发电厂商而言，辅助服务不仅意味着运营决策的复杂性，也意味着一项新的收入来源。辅助服务市场与电能市场具有复杂的互动关系。⑪ 缺乏对辅助服务的补偿机制，将影响相关主体提供辅助服务的积极性，进而可能危及电网的安全运行。

改革开放以来，我国电改分为两个大的历史时期，即电力工业改革阶段（1978—2002 年）和电力市场化改革阶段（2002—2015 年）。⑫ 在第一

---

⑨ Brendan Kirby, "Ancillary Services：Technical and Commercial Insights", p. 2, http：//consultkirby. com/files/Ancillary_ Services_ -_ Technical_ And_ Commercial_ Insights_ EXT_ . pdf.

⑩ 参见蔡秋娜《辅助服务管理机制与辅助服务市场竞价策略研究》，硕士学位论文，华南理工大学，2012 年。

⑪ Brendan Kirby, "Ancillary Services：Technical and Commercial Insights", p. 1, http：//consultkirby. com/files/Ancillary_ Services_ -_ Technical_ And_ Commercial_ Insights_ EXT_ . pdf.

⑫ 参见昆明电力交易中心有限责任公司《电力市场：云南电力市场建设经验与探索》，中国电力出版社 2017 年版，第 47 页。

个阶段厂网分开、竞价上网的改革中，尽管意识到并提出了辅助服务的问题，但考虑到成本计算的复杂性，总体仍然保留了调度制定、无偿提供的方式。在电改的第二阶段，2003 年 7 月电监会发布的《电力市场运营基本规则（试行）》第七章为"辅助服务"。其中第 26 条规定市场主体有义务向系统提供用以维护电压、频率稳定及电网故障后的恢复等方面的辅助服务。第 27 条规定辅助服务包括基本辅助服务和有偿辅助服务。基本辅助服务在并网协议中注明。有偿辅助服务可以采用协议的方式，也可以通过招标的方式。第 28 条授权各电力市场制定辅助服务的具体规则。第 29 条授权市场运行机构对市场主体提供辅助服务的能力进行定期测试。由此初步确立了辅助服务市场化运行的法律基础和制度框架。[13]

2006 年，电监会制定了《并网发电厂辅助服务管理暂行办法》，明确了辅助服务的定义，明确并网电厂有义务提供符合规定标准的辅助服务，明确电力交易机构负责对辅助服务的情况进行计量与考核，明确了辅助服务的补偿费用来源、补偿标准和补偿方式，从而使辅助服务市场化有了可操作的基本框架。六个区域电监局（东北、西北、华北、华中、华东、南方）在 2009 年依照该办法和各电网实际情况制定了本区域的《发电厂并网运行管理实施细则》和《区域并网发电厂辅助服务管理实施细则》（简称"两个细则"），从 2010 年起逐步实施。

2017 年，国家能源局印发《完善电力辅助服务补偿（市场）机制工作方案》，指出坚持服务大局、市场化和因地制宜三项原则，建立电力用户参与的电力辅助服务分享机制，全面实施跨省跨区电力辅助服务补偿，补偿费用随跨省跨区电能交易电费一起结算等一系列深化市场导向改革的举措。[14]

可以看出，电力辅助服务的市场化是我国电力市场化改革的一个重要组成部分，对于支持电能市场的改革、理顺电力生产发输配售之间的关系有着重要作用。本文旨在分析总结电力辅助服务市场规则设计的一般原理，并讨论我国的立法现状及进一步的改革方向，为深化电力改革提供

---

[13]　参见王鹏、韩志辉《电力辅助服务建设的渐进模式——中国电力辅助服务市场化二十年的历史经验》，《中国电力企业管理》2018 年第 28 期。

[14]　《电力辅助服务的定义分类及当前政策》，http://shoudian.bjx.com.cn/news/20180926/930383.shtml。

借鉴。

二　电力辅助服务市场设计的核心原理

电力生产的技术特征决定了电力市场从存在之日起就不是一个自发的市场，而是一个经过人为组织和设计的市场，作为其中一部分的电力辅助服务市场设计也不例外。总结国内外相关文献，笔者认为，电力辅助服务市场的设计，需要体现如下经济技术原理的要求。

（一）电力辅助服务是电力系统的公共物品

电能是电力市场上的私人产品，其消费具有排他性。而电力辅助服务是整个电力系统的公共产品，可以由私人生产和提供，但不能排除其他系统成员受益，例如频率调整、电压支撑等，能保障整个电力系统的安全和可靠性，使系统成员共同受益。由于这种公共物品属性，使得在所有的电力市场中，辅助服务要么由系统运行机构代表所有市场成员单边采购，要么以类似消费税的形式向负荷方加价征收，由所有电力消费者共同负担。[15]

（二）电力辅助服务的定价基础

辅助服务的成本由固定成本、变动成本和机会成本组成。固定成本包括因辅助服务而产生的机组和变压器容量投资、专用设备投资、调试测试费用等。变动成本包括运行成本和维护成本两部分，随辅助服务的数量变化而发生变化。运行成本中的大部分为燃料成本，而维护成本主要源于发电机偏离最优运行工况以及频繁动作，使设备磨损加剧。[16] 机会成本是发电企业为提供辅助服务而减少的电量收入或增加的电量亏损。如频率调整、旋转备用、超出一定范围的无功等辅助服务都与电能量间存在替代关

---

[15]　参见刘树杰、杨娟《电力批发市场设计的经济学原理》，《中国电力》2017年第9期。

[16]　参见杨娟、刘晓君、彭苏颖《电力辅助服务价格研究》，《中国物价》2016年第8期。

系，当市场电能量价格高于发电变动成本时，因提供辅助服务而减少的电能量收入，就是辅助服务的机会成本。机会成本在发电企业的生产决策中，起到非常关键的因素。发电企业如何在生产电能量和辅助服务间配置资源，取决于辅助服务的收益与其机会成本的关系，而非与自身成本的关系。[17] 因此，在辅助服务的成本要素中，机会成本是起驱动作用的成本要素。[18]

（三）辅助服务具有级联性

不同类型的备用对系统的价值不同，响应时间越短的备用价值越高。高质量的备用价格一般不低于低质量的备用，而低质量的备用可以被高质量的备用替代。[19] 以美国加利福尼亚州电力市场的辅助服务要求为例，通过自动发电控制进行的实时调节、旋转备用都是与发电同时在线并且可以在 10 分钟内提供；非旋转备用与发电不同时在线但也可以在 10 分钟内提供；替代备用可以在 60 分钟内提供。上述服务之间存在一种级联替代关系，即实时调节也可以用作或替代旋转备用、非旋转备用和替代备用。与此类似，旋转备用（SP）也可以提供非旋转备用服务和替代备用服务；但是反过来的替代关系是不成立的。[20] 理论上讲，如果辅助服务是通过拍卖机制进行交易的，由于上述级联替代特性的存在，各种辅助服务之间应该形成一个序贯拍卖过程，并且高质量的备用服务的市场出清价格应该高于低质量的备用服务的市场出清价格。但在实践中，在单一价格拍卖中，出现过低质量的辅助资源的市场出清价格低于高质量的辅助资源的市场出清价格的情形。这种价格倒挂现象要求在市场规则设计时必须注意给予辅助服务的提供者正向激励，防止"惜售"以谋取高价的行为。[21]

---

[17] 参见杨娟、刘晓君、彭苏颖《电力辅助服务价格研究》，《中国物价》2016 年第 8 期。

[18] Brendan Kirby, "Ancillary Services: Technical and Commercial Insights", p. 24, http://consult-kirby. com/files/Ancillary_ Services_ -_ Technical_ And_ Commercial_ Insights_ EXT_ . pdf.

[19] 参见国网能源研究院有限公司编《2018 国内外电力市场化改革分析报告》，中国电力出版社 2018 年版，第 151 页。

[20] Shmuel S. Oren, "Design of Ancillary Service Markets", https://certs. lbl. gov/sites/all/files/design-of-ancillary-service-markets. pdf.

[21] Shmuel S. Oren, "Design of Ancillary Service Markets", https://certs. lbl. gov/sites/all/files/design-of-ancillary-service-markets. pdf.

（四）适应电力市场的总体发展水平，辅助服务的补偿可以有多重灵活机制

根据辅助服务运行阶段的不同，可以把提供辅助服务的方式分为统一调配型、市场方式和混合方式三类。市场方式又可以进一步分为投标型和双边合同型。在电力市场的起步阶段，辅助服务的提供可以采用统一调配型方式。在电力市场的初、中期阶段，辅助服务的提供宜采用投标型方式，即每一个市场的参与者，针对某种辅助服务进行自行投标，然后由市场交易中心根据投标情况确定优先次序并制订供给计划，让辅助服务的总费用达到最小，并参照系统的边际成本对参与者实行结算。在电力市场的中、高级阶段，可以采用双边合同型和混合型提供方式。双边合同型特指需要辅助服务的用户和提供者直接签订双边合同，在结算时用户参照合同所定价格交付提供者相应的报酬，并向电网公司支付相应的网损和管理费用。混合型是指将所需特定的辅助服务的部分依照统一调配型来提供，而剩余部分按照市场方式提供，或者某些类型的辅助服务按照统一调配方式提供，另一些类型的辅助服务以市场方式提供。[22]

三　我国电力辅助服务市场化的初级形态
——补偿机制

（一）我国辅助服务补偿的初期基本框架

2004 年，国家发展改革委、国家电监会印发了《东北区域电网发电企业辅助服务补偿暂行办法》，开始了建立辅助服务市场的尝试。[23] 在全

---

[22] 参见邓晓蕾《电力市场中的辅助服务探析》，《现代商贸工业》2011 年第 21 期。

[23] 参见《国家发展改革委、国家电监会关于印发〈东北区域电网发电企业辅助补偿暂行办法〉和〈东北区域电力市场竞价限价暂行办法〉的通知》（发改价格〔2004〕1467 号）。

国层面上我国电力辅助服务具有一定可操作性的框架在 2006 年国家电监会发布的《并网发电厂辅助服务暂行管理办法》的基础上建立。㉔ 在这两份文件，尤其是后一份文件中，建立了我国电力辅助服务补偿机制一些基本的制度框架，包括：

（1）区分基本辅助服务和有偿辅助服务。按照《并网发电厂辅助服务暂行管理办法》第 5 条的规定，基本辅助服务是指为了保障电力系统安全运行，保证电能质量，发电机组必须提供的辅助服务。包括一次调频、基本调峰、基本无功调节等，基本辅助服务不进行补偿。有偿辅助服务是指并网电厂在基本辅助服务之外所提供的辅助服务，包括自动发电控制（AGC）、有偿调峰、备用，有偿辅助服务应予以补偿。

（2）建立集中调用制度。并网电厂有义务提供辅助服务，且提供的辅助服务应达到规定的标准。电力调度交易机构根据发电机组特性和电网情况，按照"按需调度"的原则，合理安排发电机组承担辅助服务。电力调度交易机构同时负责对辅助服务的情况进行计量与考核。㉕

（3）建立辅助服务集中补偿机制。并入省级以上电网的发电企业，均遵循"区域统一规则、按调度管辖范围补偿、分省平衡、随上网电费一同结算"的基本原则参与补偿。这种补偿机制的核心，是在发电企业之间进行辅助服务的成本分摊，而不向用户转移辅助服务成本。其主要特点是在不改变现行电价体制、电价标准和辅助服务调用机制的前提下，实现辅助服务提供的公平，调动发电企业提供辅助服务的积极性。辅助服务的补偿资金，来源于发电企业，使用于发电企业，不推动销售电价上涨。同时电网企业不参与考核与补偿，没有利益关系。辅助服务的调用延续原来的"按需调用"体制，不需要对电力系统现行的运行方式进行改变。辅助服务的补偿采用"以支定收"方式。实现确定补偿标准，根据发电厂实际提供的辅助服务贡献量计算所需的总费用，所有电厂按各自上网电费的比重分摊所需总费用。㉖

㉔ 《国家电力监管委员会关于印发〈并网电厂辅助服务管理暂行办法〉的通知》（电监〔2006〕43 号）。

㉕ 参见《并网发电厂辅助服务管理暂行办法》第 8 条、第 10 条及第 11 条。

㉖ 参见《2009 年度全国电力交易与市场秩序情况监管报告》（国家电力监管委员会公告 2010 年第 4 号）。

（二）我国辅助服务补偿的区域实践

《并网电厂辅助服务管理暂行办法》第 31 条授权区域电监局依照该暂行办法和电网实际制定实施细则，报国家电监会审核后实施。"2008年，各区域电监局已完成辅助服务管理细则的制定工作，开始建立区域统一的辅助服务管理机制。"[27] 2008 年，国家电监会先后批准了华北、东北、西北、华中、南方、华东六份《区域发电厂辅助服务管理及并网运行管理实施细则》。后来，六个区域的电监局[28]对上述细则进行了修改。以下讨论以各区域最新版细则为依据。

第一，各地的运行细则在一些框架性内容上保持了一致性。例如"按需调用"的体制，区分基本辅助服务和有偿辅助服务，并网电厂和电力调度机构权利义务的细化，[29] 以电力系统的运行记录作为结算依据，以

---

[27] 参见《2008 年度全国电力"三公"调度交易及网厂电费结算情况监管报告》（国家电力监管委员会 2009 年第 3 号）。

[28] 2013 年机构改革，电监会撤销，并入能源局后，相应改为六大区域能源监管局。

[29] 例如，《东北区域并网发电厂辅助服务管理实施细则》第 8 条规定："并网发电厂有义务提供基本辅助服务，且所提供的辅助服务应达到规定标准。并网发电厂应履行以下职责：

（一）提供基础技术参数以确定各类辅助服务的能力，提供有资质单位出具的辅助服务能力测试报告；

（二）负责厂内设备运行与维护，确保具备提供符合规定标准要求的辅助服务的能力；

（三）根据电力调度指令提供辅助服务；

（四）执行辅助服务考核和补偿；

（五）配合完成参数校核工作。"

第 10 条规定："电力调度机构调用并网发电厂提供辅助服务时，应履行以下职责：

（一）根据电网情况、安全导则、调度规程，遵循'按需调度'的原则，组织、安排调度管辖范围内并网发电厂的辅助服务；

（二）根据相关技术标准和管理办法对辅助服务执行情况进行记录和计量、考核和补偿情况统计等工作；

（三）定期公布辅助服务调用、考核及补偿统计情况；

（四）及时答复发电企业的问询；

（五）定期对辅助服务的有关情况进行统计分析并报送东北电监局；

（六）按东北电监局的要求报送其他相关情况。"

其他区域的实施细则的规定均与此类似。

及补偿资金的来源等。㉚

第二，各区域在辅助服务产品的类型上，略有差异。东北区域的有偿辅助服务为自动发电控制（AGC）、有偿调峰、旋转备用、有偿无功调节、黑启动；华北区域的有偿辅助服务为自动发电控制（AGC）、有偿调峰、有偿无功调节、自动电压控制（AVC）、旋转备用、黑启动；西北区域的有偿辅助服务为一次调频、有偿调峰、自动发电控制（AGC）、自动电压控制（AVC）、旋转备用、调停备用、有偿无功调节和黑启动；华东区域的有偿辅助服务为自动发电控制（AGC）、有偿调峰、有偿无功调节、自动电压控制（AVC）、旋转备用、热备用、黑启动；华中区域的有偿辅助服务为自动发电控制（AGC）、有偿调峰、旋转备用、有偿无功调节、自动电压控制（AVC）、黑启动等；南方区域的有偿辅助服务为自动发电控制（AGC）、有偿调峰、旋转备用、有偿无功调节、黑启动、冷备用、自动电压控制（AVC）。另外在技术规格、补偿标准上，也有一些不同的规定。

尽管各区域在有偿辅助服务的类型上有差别，但从实际发生的补偿费用的结构看，以 2017 年为例，调峰服务补偿费用占总补偿费用的 31.37%；自动发电控制（AGC）占比 27.41%；备用补偿费用占比 33.54%，调压补偿费用占比 7.45%；其他补偿费用占比 0.23%。㉛ 因此可以认为，调峰、自动发电控制、备用以及调压，是辅助服务的四大基本产品。

第三，各区域的不同规定很大程度上体现了各地方电力系统不同的经济技术特征。例如东北为高寒地区，因此在设定火电机组的辅助服务提供义务时，区分了火电供热机组和火电非供热机组。一次调频在大部分区域为基本辅助服务，而在西北则为有偿辅助服务。其原因是"由于目前西北电网机组一次调频性能差异较大，承担该项服务义务不均，为改善全网

㉚ 补偿资金主要来自发电机组的分摊，此外还包括自备电厂的容量费，以及新机差额资金、考核费等。具体而言，我国辅助服务补偿方式采用的是基于调度的考核和补偿机制，即对所有火电企业提供辅助服务的状况按照调度的标准进行考核，没有达到标准的火电企业需要付出相应的费用，从而对达到标准的火电企业的成本进行补偿，如果补偿不充分，则剩余成本由所有火电企业按照上网电厂分摊，不需要用户承担。参见胡军峰《风电接入引致电网辅助服务分摊机制研究》，北京交通大学出版社 2017 年版，第 5 页。

㉛ 参见王辉《2018 年中国辅助服务市场分析 补偿费用最高为西北区域》，http：//shoudian.bjx.com.cn/html/20180911/926971.shtml。

频率质量，促进发电厂加强一次调频管理，将一次调频确定为有偿服务"㉜。南方区域电力需求大，但从环境角度考虑，不宜大量上燃煤机组。因此南方区域，燃煤、生物质、核电等机组均参与调峰，水力机组也参与旋转备用，而火力发电机组、核电机组均参与冷备用。

第四，各区域规则的核心内容，主要体现在补偿标准的计算或者说补偿定价方法上。以表1进行总结。

综合表1内容及六大区域《区域并网发电厂辅助服务管理实施细则》，有以下值得留意的地方。

（1）辅助服务费用的一般确定思路，是根据辅助服务的提供量，再乘以某一固定价格来计算。这种固定价格又分为两种结构：第一种是直接按照辅助服务提供量计算补偿费用；第二种是除了直接辅助服务量以外，还对维持这种辅助服务的能力给予补偿，即同时补偿提供辅助服务的固定成本。究竟选用哪种方法，取决于维持辅助服务的能力本身是否会引发占用发电能力。这是一个具体的经济技术方面的判断。这种判断是否合理，对于能否鼓励并网电厂参与辅助服务的提供，有重要影响。

（2）尽管各实施细则中规定的是固定价格，但是固定价格的厘定思路略有区别。在东北、华北、华东区域的实施细则中，对此有表述。东北实施细则第13条规定："有偿辅助服务按补偿成本和合理收益的原则制定补偿标准。"华北实施细则第12条有更详细的规定：

"（一）AGC、有偿调峰按照社会平均容量成本及提供辅助服务而增加的成本，确定各自的补偿标准。

（二）有偿无功按低于电网投资新建无功补偿装置和运行维护成本的原则，以提供有偿无功服务而增加的成本，确定其补偿标准。

（三）AVC按投资成本、运行维护成本及提供AVC服务而增加的成本，确定其补偿标准。

（四）黑启动依据投资成本、维护费用、黑启动期间运行费用以及每年用于黑启动测试和人员培训费用，确定其补偿标准。

（五）旋转备用依据高峰时段发电厂提供的旋转备用损失的机会成本，确定其补偿标准。"

㉜《西北区域并网电厂辅助服务管理实施细则》第7条（一）。

表 1　六大区域辅助服务补偿定价规则

	调峰	自动发电控制	备用	调压	黑启动
东北	按照电力调度指令，通过降低各时段出力提供非常规调峰服务的机组，按时段内非常规调峰电量，按每万千瓦时补偿5000元。按照电力调度指令要求提供调峰服务的10万千瓦燃煤火电机组，启停调峰每台每次补偿12万元，其他机组按发电容量比例系数进行补偿	发电机组提供AGC服务，按可用时间及AGC服务贡献分别进行补偿	发电厂按照电力调度指令提供的旋转备用容量按每小时每千瓦时200元补偿	按每万千乏时300元进行补偿	黑启动辅助服务费用分为能力费和使用费。其中能力费水电、火电机组按2万元/月补偿，黑启动使用费为每台每次500万元
华北	机组因提供深度调峰服务造成的电量，按照少发的电量，燃煤火电机组启停调峰补偿标准如下：单机容量在100兆瓦以下（含100兆瓦）的机组启停调峰一次，按机组容量补偿1000元/兆瓦，单机容量在100兆瓦以上的机组启停调峰一次，按机组容量补偿1500元/兆瓦	发电机组提供AGC服务，按可用时间及AGC服务贡献分别补偿	根据电力调度指令，发电机组通过提供必要的有偿无功服务保证电厂母线电压满足要求，或者已经按照最大能力发出或吸收无功也无法保证母线电压满足要求时，按照30元/千乏时进行补偿。发电机组调相运行工况运行所提供的有偿无功补偿，按如下办法补偿：（1）调相启停运行费用，按调相启停补偿一次，按机组容量补偿14元/兆瓦。（2）调相运行成本补偿按运行时间容量及自动电压控制按投用时间补偿	旋转备用容量根据电力调度机构安排日发电计划时，预留的旋转备用按10元/兆瓦时给予补偿，旋转备用容量按历史农历腊月廿五至农历正月十五期间（含首尾日）因系统调峰备用，春节期间给予春节备用补偿，补偿标准为每日50元/兆瓦	对提供黑启动服务的水电厂暂按厂补偿，标准为6000元/天；火电厂暂按机组补偿，标准为每台800元/天，全厂最高不超过2400元/天

续表

	调峰	自动发电控制	备用	调压	黑启动
西北	实行打分制。提供深度调峰服务的燃煤火电机组，按照比基本调峰多发电的电量每万千瓦时补偿3分。火电机组按少发电量每万千瓦时补偿3分。常规燃煤发电机组按调度指令要求在72小时内完成启停调峰，每次按完成启停要求每万千瓦补偿20分；燃气启停调峰，每次完成启停要求每万千瓦补偿0.1分；水电机组按调度指令要求每次按启停补偿每万千瓦量0.02分	自动发电控制（AGC）服务补偿仅限于提供调频、调联络线服务，包括三种（1）可用率以补偿：月可用率达到98%以上，每提高1%补偿0.5分/万千瓦。（2）调节容量补偿：按日统计AGC机组的实际最大出力，计算调节容量最小出力，（3）贡献电量补偿：贡献电量累计值计算为正时，火电机组按3分/万千瓦时补偿，水电机组按0.5分/万千瓦时补偿	自动电压控制补偿标准为：装设AVC装置的机组，若AVC投运，且AVC调节率达到98%以上，合格率达到99%以上，有偿无功电量补偿。有偿无功服务按照无功电量补偿，火电机组按1分/万千瓦时补偿，水电机组按0.5分/万千瓦时补偿	火电机组旋转备用应量定义为：因电力系统需要，当发电机组实际出力低于最大可调出力该时间段内的积分电量，按照实际出力高于50%额定出力时，出力减去机组实际出力的差值在下标准补偿：（1）机组实际出力大于70%额定出力的，燃煤火电机组按0.1分/万千瓦时补偿。（2）机组实际调出力大于50%额定出力，低于70%额定出力的，燃煤火电机组按0.5分/万千瓦时补偿。（3）燃气、水电机组实际出力低于70%额定出力的，额定出力的70%减去机组实际出力的差值在该时间段内的积分，按0.001分/万千瓦时补偿，燃煤发电机组在停备用期间，每天按1分/万千瓦时补偿，最多补偿7天	对调度机构按照电网结构指定的黑启动机组按水电机组10分/月，火电机组5分/月，全厂最高30分/月补偿

续表

	调峰	自动发电控制	备用	调压	黑启动
华东	对低谷合时段常规燃煤发电机组（发电厂或者机组组合）出力低于基本调峰下限的（发电厂或者机组组合按照总容量比例计算），且低于额定出力40%的情况下进行补偿。按照节能发电调度基本调峰比例进行补偿，因提供深度调峰比基本调峰最少发的电量，按50元/兆瓦时补偿；按照年度发电计划调度基本调峰比例进行补偿，因提供深度调峰比基本调峰最少发的电量，按10元/兆瓦时补偿。常规燃煤发电机组按电力调度机构调峰指令要求在24小时内完成启停调峰，每台次按容量给予补偿260元/兆瓦时（炉）进行调峰，每台次按容量补偿。燃气火电机组根据电力调度指令进行调峰，按每台次容量补偿一次，根据机组容量、弃水调峰时间和机组按照电力调度指令等因素按公式进行补偿。水电机组按电价调度机构调峰指令要求在24小时内完成启停机组进行调峰，每台次按容量20元的标准进行补偿	分为基本补偿和调用补偿。基本补偿为每月按照机组AGC可投运时间乘积补偿240元/兆瓦时。机组AGC投运为机组可投入AGC运行的调节容量为：发电机组投入AGC运行的补偿容量上、下限之差。调用补偿为：发电机组参与所在控制区自动发电控制调节，按发电机组AGC调节容量被调用时增发或少发的电量进行补偿	有偿无功服务的补偿。根据电力调度的有偿无功调度的电压满足要求，或者已经按照必要电压满足要求，或者收无功也无法保证母线电压满足要求时，根据无大能力发出或吸收无功所提供的有偿无功补偿，根据无功电量，按照15元/兆瓦时进行补偿。发电机组在调相运行工况运行所提供的有偿无功服务，按如下办法补偿：(1)调相运行启停补偿，按次数每调相一次，补偿14元/兆瓦，调相运行启停补偿为机组启停一次，按次数本补偿装机容量瓦时的标准补偿，以15元/兆瓦。(2)调相运行补偿为机组调相运行时间，自动电压控制瓦时的标准补偿，自动电压投用时间，以0.1元/兆瓦时的标准进行补偿	旋转备用和热备用按照备用容量节能发电和备用时间进行补偿。节能发电调度的地区取50元/兆瓦时，年发电计划调度的地区取10元/兆瓦时	对事故预案确定的提供黑启动服务的机组按水电机组6万元/月，其他机组按8万元/月的标准进行补偿

续表

	调峰	自动发电控制	备用	调压	黑启动
华中	分为运行调峰补偿和启停调峰补偿。运行调峰补偿按运行调峰深度贡献电量和调峰电量补偿价格计算。调峰电量补偿价格根据不同区域间有变化。每日24小时内因机组启停统一记为一次启停调峰，水电机组无因因电力调度机构要求统一台机组停一次，单机容量100兆瓦以下的燃煤机组无补偿，单机容量超过100兆瓦的燃煤机组根据机组容量按500元/兆瓦标准补偿，单机容量按100兆瓦的燃煤机组根据机组容量按1500元/兆瓦标准补偿。燃气、燃油发电机组，核电机组根据机组容量按75元/兆瓦标准补偿	自动发电控制按照单元（单机或全厂）跟踪负荷变化及区域控制偏差（ACE）的贡献量进行补偿。火电、全场控制水电、单机控制水电分别取不同参数	对火电机组以及承担系统备用的水电机组在高峰时段提供的旋转备用予以补偿。每台机组每5分钟按以下旋转备用合格标准进行补偿，火电转备用补偿价格进行补偿，水电机组取5元/兆瓦	有偿无功补偿费用按无功电量以100元/兆乏时的标准计算，水电机组在低负荷调相工况下提供有偿无功服务，其补偿费用按照发电机组运行进行补偿，以20元/兆乏标准运行的机组相同。对投入AVC闭环运行的机组进行容量补偿和效果补偿。容量补偿的标准为投运率、AVC调节合格率均在98%以上的，按机组投入时间进行补偿	水电机组暂定按2万元/月，其他机组暂定按10万元/月补偿；黑启动成功后获得100万元/次的调用补偿费用
南方	各种机组进行启停调峰，均按装机容量给予子补偿。其中燃煤机组、生物质燃料机组的补偿标准高于燃气、燃油发电机组。燃煤机组、核电机组参与的，核电机组，按服务供应量感低于额定容量，调峰出力感低于额定容量，获得的补偿标准越高	AGC服务获得调节容量补偿费和调节电量补偿两部分补偿。各种AGC控制模式均可按调节容量费用使用AGC投调频控制模式的，还可以按照AGC实际调节电量获得其他控制模式的进行补偿	火电发电机组和核电机组有偿备用按照服务供应量进行补偿，高峰时段标准高于低谷时段。火力发电机组实际出力低于额定功率50%的，按照深度调峰并计算补偿，核电机组并网调相服务于提供入的，按照深度调节出力下限的，按照深度调节出力计算补偿。水力发电机组有偿备用服务按照服务供应量进行补偿，高峰时段备用补偿标准为低谷时段的两倍。冷备用方面，按照补偿标准进行补偿。对燃气和燃油机组在前款补偿的基础上加上启停调峰补偿	并网发电机组调相无功服务，按照无功电量进行补偿，进相运行照无功电量进行补偿，运行的无功服务供应人的无功服务进行补偿。对投入AVC闭环运行的机组进行容量补偿和效果补偿。其中效果补偿在符合投运率和AVC调节合格率的情况下，按照机组运行容量和投用时间进行补偿	黑启动服务费用分为能力费和使用费。从试验合格次月开始使用费，每月3万元/台补偿，黑启动每次从150万元到480万元份不等

华东实施细则第 12 条规定：

"（一）AGC 按投资成本、运行维护成本及提供 AGC 服务而增加的成本，确定其补偿标准。

（二）有偿调峰按照提供辅助服务而增加的成本，确定其补偿标准。

（三）备用依据高峰时段发电厂提供的旋转备用损失的机会成本，确定其补偿标准。

（四）有偿无功按照低于电网投资新建无功补偿装置和运行维护成本的原则，依据提供有偿无功服务而增加的成本，确定其补偿标准。

（五）AVC 按投资成本、运行维护成本及提供 AVC 服务而增加的成本，确定其补偿标准。

（六）黑启动依据改造新增的投资成本、运行维护成本、每年用于黑启动测试和人员培训的费用，确定其补偿标准。"

上述规定显现出如下特点：首先，成本发生与辅助服务的相关性，是补偿价格是否涵盖该项成本的重要考虑因素。最明显的例证为人员培训费用。辅助服务业务中，大部分不需要单独的培训，故培训成本为电能成本吸收，不纳入补偿，但黑启动的人员培训成本与辅助服务强相关，无法为电能成本吸收，故纳入辅助服务补偿范围。其次，总体上如前所述，上述补偿原则体现了以生产成本为基础核定补偿价格的思路。但是，由于旋转备用和电能成产之间具有易于切换的特点，因此旋转备用的补偿价格以机会成本为依据核定。

（3）从立法技术上看，东北、华北、华中、华东的实施细则在条文中直接规定了每项辅助服务的具体补偿价格。西北的实施细则采用打分制，对不同辅助服务工作量赋予不同的分值。并且在规定每分对应 1000 元，最后以总分值乘以 1000 元为补偿总金额。未来如果电力企业整体成本形势发生变化，可以通过调整每分所对应的金额即可体现相关变化。南方的实施细则采用系数法，即将每项辅助服务的价格用编号的系数来表示。具体每项系数所代表的价格，统一规定在实施细则的附表中。这是一种更为灵活、成熟的立法技术。未来经济技术条件发生变化，可直接修改附表，而无须修改实施细则的正文。并且，南方能监局下辖广东、广西、云南、贵州、海南五省区，对于同一系数五省可以各取不同值，从而更为精准细致地反映各省发电的经济技术条件。

第五，在补偿费用的计量与结算上，华北、西北、华东和华中四个区域均采取各种辅助服务归总结算，按上网电量进行分摊的处理方法。如果有其他资金来源，会相应减少需要分摊的补偿费用。东北区域将调峰分为启停调峰和非常规调峰。非常规调峰补偿所需费用由该省（区）电力公司向调度管辖范围内非常规调峰发生时段机组调峰率未达到省（区）内平均调峰率的发电机组分别收取。包括启停调峰在内的其他辅助服务，通过按上网电量分摊的办法进行补偿。南方区域将调峰分为深度调峰和启停调峰并规定，除燃煤、生物质、核电机组按时段缴纳深度调峰辅助服务费以外，其余机组按其上网电量缴纳深度调峰辅助服务费。除有偿调峰外，各种辅助服务先单独进行平衡，然后再按上网电量进行分摊，体现出管理更精细的特点。

东北和南方对于深度调峰或非常规调峰在计量和结算上的单独处理，为未来调峰辅助服务的市场化改革打下了基础。

（三）对我国电力辅助服务补偿机制的评价

（1）我国辅助服务补偿机制的建立适应了电改初期整体市场化水平较低的情形，是一种集中统一型的辅助服务提供方式。通过部门规章的形式强制规定了并网电厂的辅助服务提供义务和电力调用机构的调用指挥权。不改变现行电价体制，亦不改变电力运行体制。

（2）这种补偿机制的设计体现了简约的思路。首先，按照辅助服务工作量和提供辅助服务的生产成本核定补偿费用；其次，按照上网电量分摊辅助服务补偿费用。设计的简约性加上对原有体制的兼容性，使得这种机制具有较高的可接受性和操作的简便性，能迅速推行。

（3）从本质上来讲，由于电价管制及辅助服务补偿费用的筹集方式的限制，这种补偿机制实际是辅助服务费用在并网电厂之间的重新分摊机制。一方面，其调动了电厂提供辅助服务的积极性。另一方面，由于这个机制的本质是发电企业"自己吃自己"，所以结果就是"嘴不要张得太大"。㉝2018 年，全国除西藏外 31 个省（自治区、直辖市）参与电力辅助服务补偿的发电企业共有 4176 家，装机容量共 13.25 亿千瓦，补偿费用共 147.62 亿元，占上网电费总额的 0.83%。㉞

（4）2014 年，国家能源局综合司印发了《关于积极推进跨省区辅助服务补偿机制建设工作的通知》（国能综监管〔2014〕456 号），确立了"除有偿调峰外，跨省区送电发电厂仅参与受端电网的补偿费用分摊，或直接购买受端电网发电厂的辅助服务"的基本原则，完善了跨省区辅助服务补偿机制，但没有改变补偿机制的基本设计。

（5）辅助服务补偿机制的建立，一定程度上改变了发电企业的商业决策行为。特别是在上调辅助服务补偿标准后，火电、水电参与提供辅助服务的意愿增加，使得电网消纳可再生能源的能力增加，弃风、弃光现象得到一定改善。另外，由于辅助服务补偿中包含对容量的补偿，因此一些发电任务不饱和的电厂，可以通过提供辅助服务的方式来获得一部分收入，维持企业的经营运转。

（6）但是，辅助服务补偿机制存在几个根本的问题，影响到辅助服务市场的效率：首先是辅助服务的价格。如前所述，辅助服务的合理价格，应该是提供辅助服务的机会成本而非生产成本。以生产成本确定辅助服务补偿标准的方法在补偿上是不充分的。其次，按上网电量分摊辅助服务补偿费用，其预设的基本前提是上网电量和辅助服务消耗量呈线性相关关系。但事实上，这样的预设是很难成立的。因此按上网电量分摊辅助服务补偿费用，是不是公平的辅助服务补偿机制，有待商榷。最后，每个企业有各自不同的经济技术情况和特定的经营环境，究竟是更多地参与电能生产，还是更多地提供辅助服务，至少应当将部分的商业决策自主权留给企业。目前强制规定发电企业提供辅助服务义务的做法，实际是将企业的商业决策权移交给了电力调度机构，势必影响企业商业决策的优化。

㉝ 参见谷峰《电力有偿服务划分标准的再认识》，《中国电力企业管理》2019 年第 3 期。

㉞ 《国家能源局综合司关于 2018 年度电力辅助服务有关情况的通报》，http://www.nea.gov.cn/2019-05/06/c_ 138037432.htm。

四　我国辅助服务市场的深化改革

（一）辅助服务市场导向改革的启动

2015 年 3 月，以《中共中央、国务院关于进一步深化电力体制改革的若干意见》的发布为标志，吹响了新一轮电改的号角。该文件中明确指出："建立辅助服务分担共享新机制。适应电网调峰、调频、调压和用户可中断负荷等辅助服务新要求，完善并网发电企业辅助服务考核新机制和补偿机制。根据电网可靠性和服务质量，按照谁受益，谁承担的原则，建立用户参与的服务分担分享机制。用户可以结合自身负荷特性，自愿选择与发电企业或电网协议签订保供电协议、可中断负荷协议等合同，约定各自的服务权利与义务，承担必要的辅助服务费用，或按照贡献获得相应的经济补偿。"这份文件从总体上指出了增加辅助服务参与主体、改变辅助服务提供方式的改革方向。作为该意见的配套文件之一，国家发改委、国家能源局于 2015 年 11 月发布的《关于推进电力市场建设的实施意见》（发改体经〔2015〕2752 号）进一步指出："按照'谁受益、谁承担'的原则，建立电力用户参与的辅助服务分担的共享机制，积极开展跨省跨区辅助服务交易。在现货市场开展备用、调频等辅助服务交易，中长期市场开展可中断负荷、调压等辅助服务交易。用户可以结合自身负荷特性，自愿选择与发电企业签订保供电协议、可中断负荷协议等内容，约定各自的辅助服务权利与义务。"2016 年，国家能源局发布《关于促进电储能参与"三北"地区电力辅助服务补偿（市场）机制试点工作的通知》（国能监管〔2016〕164 号），要求东北、华北、西北各省（区、市）选择不超过5 个电储能设施参与调峰调频辅助服务补偿（市场）机制试点，以探索电储能在电力系统运行中的调峰调频作用及商业化应用，推动建立促进可再生能源消纳的长效机制。

（二）辅助服务市场交易的区域实践

自 2016 年 10 月以来，国家能源局批复了东北、福建、山西、新疆、山东、甘肃、西北（宁夏）、南方（广东）8 个能源监管派出机构开展电力辅助服务市场专项改革试点。此外，还有一些省区也在跟进。例如，2018 年年底，四川启动了自动发电控制（AGC）辅助服务市场，江苏启动了调峰市场模拟交易。

目前主要进入市场化交易的辅助服务的品种为调峰和调频。我们以新疆、山西、甘肃、山东、福建五省区的调峰规则中有关深度调峰交易的规则为例，对市场运营规则相关内容进行分析，如表 2 所示。

表 2　　　　　　　　五省区深度调峰服务市场运营规则[35]

	参与深度调峰的基准值	报价与结算	费用分摊	惩罚机制
新疆	非供热期纯凝火电机组为 50%，热电机组为 45%。供热期纯凝火电机组为 45%，热电机组为 50%	采取"阶梯式"报价方式和价格机制，发电企业在不同时期分两档浮动报价。实时深度调峰交易可以分为日前调用和日内调用。实时深度调峰交易按照各档有偿调峰电量即对应市场出清价格进行结算	由区内负荷率大于等于有偿调峰基础值的公用火电厂、风电场、光伏电站按调用时段分摊，其中火电厂按照高于有偿调峰基准值的电量部分参与分摊，并根据实际负荷率不同进行"阶梯式"修正，负荷越高分摊比例越大；风电厂、光伏电站根据上一年度利用小时数与保障性收购小时数之差进行"阶梯式"修正，上年度利用小时数低于保障性收购小时数之差进行"阶梯式"修正，上年度利用小时数低于保障性收购利用小时数时，分摊比重相应减小	因自身原因导致日内调峰能力与日前商报竞价不符的火电厂进行相应的考核，罚金为减少的有偿调峰电量与出清电价乘积的 2 倍，罚金优先补充深度调峰费用

---

　　[35]　参见李有亮等《省级调峰辅助服务市场运营规则分析》，《中国电力企业管理》2019 年第 8 期。本表内容根据各省辅助服务市场运营规则进行了补充。

续表

	参与深度调峰的基准值	报价与结算	费用分摊	惩罚机制
山西	非供热期纯凝火电机组和热电机组均为50%；工人器，纯凝火电机组为50%，热点机组在12月、1月、2月为60%，11月和3月为55%	采取双向报价、集中竞价、统一价格结算的组织方式。深度调峰市场每15分钟的出清价格，为火电机组边际价格与可再生能源发电机组边际价格的平均值	双边交易机制，无分摊。提供深度调峰辅助服务的火电机组按照单位统计周期内市场出清价格获得收益，购买深度调峰辅助服务的可再生能源发电机组按照单位统计内的市场出清价格支付费用	对未达到调峰标准的火电企业按照华北区域"两个细则"进行考核
甘肃	50%	实时深度调峰交易采用"阶梯式"报价方式和价格机制，火电企业在不同时期分两档浮动报价。日前申报，日内调用。由电力调度机构按电网运行需要，依据日前竞价结果由低价到高价在日内依次调用	与新疆基本相同，有水电参与分摊，并对水电发电量按照供热期和非供热期进行修正	对因自身原因导致日内调峰能力与日前商报竞价不符的火电厂进行相应的考核，罚金为减少的有偿调峰电量与出清电价成绩的2倍。罚金优先补充深度调峰费用
山东	70%	有偿调峰交易采用"阶梯式"报价方式和价格机制，共分七档。发电企业由第一档至深度调峰最小维持出力档必须连续严格递增报价。有偿调峰交易机组调用时，由电力调度机构按照"价格优先、容量优先、时间优先、按需调度"的原则，根据日前报价由低到高依次调用。有偿调峰交易按照各档有偿调峰电量即对应市场出清价格进行结算	由火电厂、风电场、光伏电站、核电厂、送入山东的跨省区联络线等按照深度调峰时段的发电量（联络线受电量）比例进行分摊，其中火电厂按照全电量参与分摊	未做明确规定

续表

	参与深度调峰的基准值	报价与结算	费用分摊	惩罚机制
福建	燃煤火电机组为60%，核电机组为75%	发电企业以机组有偿调峰基准负荷率为起点，采用下调容量比率形式报价。以下调机组5%的额定容量比率作为一个报价区间，随调峰深度增加依次递增报价。按照"按需调用、按序调用"原则，在负荷下降过程中，优先降低报价低的机组出力；在系统负荷爬坡过程中，优先加大报价高的机组出力；相同报价的按时间优先原则调用。市场初期，按照"日前报价、实时出清"的交易机制，机组单位计费周期内结算价格为其相对基准负荷下调功率为发电区间内的报价	由深度调峰时段火电机组、风电场、光伏电站、水电机组及核电机组按上网电费比例进行分摊。水电机组考虑其流量要求，参与分摊的电量为其装机容量10%及以上出力所发电量，有通航要求的水电站上网电量按80%比例扣除	对已出清且在实际运行中无法提供相应深度调峰服务的机组，如果调峰中标电量与调峰实际发电量偏差比例超过2%，根据其中标电量、当时市场出清价格及折算系数收取违约金

综合上述五省区调峰市场的运营规则，可以看到如下一些较为明显的趋势性变化。

（1）与统一提供性的补偿机制不同，基于交易的辅助服务机制提供了一种更为灵活，也赋予企业更多经营自主权的辅助服务安排。目前我国的辅助服务改革试点在供给侧采用的是投标型机制，需求侧或费用分担侧出现两种类型：一种是以山西试点为代表的双边交易型，辅助服务的需求方直接与辅助服务的供给方匹配；另一种是以其他四省区为代表的供给侧投标型与需求侧分摊型的组合。在前一种市场结构中，相当于电网仅承担执行交易结果的功能；在后一种结构中，相当于电网代表所有用户对辅助服务进行购买，然后经安全校核后执行。

这种机制的核心变化，在于竞争性的价格形成机制，以及将市场参与决策的自主权，至少是交给提供辅助服务的企业。从而使整个电网的辅助服务资源配置更具有效率，更有利于市场机制作用的发挥。

（2）在市场的组织上，基本上均采取了日前竞价、日内调整、实施调用的结构。这种市场结构，不仅与我国目前电能现货市场结构相契合，而且由于各种金融性的长期合同、期货和期权合同等必须在日前市场中具体化，因此这种组织方式也为日后中长期的辅助服务交易预留了空间。

在竞价模型上，山西采用了一轮出价、非歧视性定价方法；而其他四省区采用的是一轮出价、歧视性定价方法。究竟哪种竞价模式更为有效率，尚待模型检验和实证观察。

（3）在市场参与主体上，例如甘肃等部分调峰市场，市场参与主体为各类发电企业以及经市场准入的电储能和可中断负荷电力用户。而在山西的交易规则中，则明确规定火电企业为深度调峰服务的提供方，而可再生能源发电企业为深度调峰服务的购买方。整个市场运行的目的在于"激励常规火电机组进一步挖掘调峰潜力，促进可再生能源消纳"[36]。但无论哪种市场参与主体结构，对于解决可再生能源发展过程中遇到的上网难题都提供了有力的支持。在同为试点地区的辽宁省 2017 年 1 月 1 日启动辅助服务交易，2017 年第一季度弃风电量同比减少 59%，3 月份弃风率降至 2.1%，达到风电规模发展以来历史最低。[37] 由此可以看出，当辅助服务得到充分回报时，电网的灵活性会大幅度增加，从而能够接纳更多先天具有出力波动特点的可再生能源电量。

（4）无论在哪种结构中，电网不仅是调度中心，也是交易中心。与此同时，由于交易的相对独立性，因此有一部分职能，例如市场主体的注册管理和结算等，可以剥离出来交给单独的电力交易中心。但是电力交易中心和电网调度中心之间，始终有着密切的职能关联，这也是整个电力市场的重要特点之一。

（5）由于市场交易的存在，因此需要预先防范市场势力的滥用，也要考虑应对各种市场突发情形。例如，《山东电力辅助市场运营规则（试行）》第 50 条规定：

---

[36] 参见《山西电力风火深度调峰市场操作细则》第 1 条、第 14 条、第 15 条、第 16 条。

[37] 《辅助服务市场推出后，辽宁 1 季度弃风电量同比减少 59%》，http：//www.sohu.com/a/149155585_ 678455。

"发生以下情况时，山东能源监管办可对市场进行干预，也可授权市场运营机构进行干预：

（一）市场主体滥用市场力、串谋及其他严重违约等情况导致市场秩序受到严重扰乱；

（二）电力系统或技术支持平台发生故障，导致市场无法正常进行时；

（三）其他必要情况。"

第 51 条规定：

"市场干预的主要手段包括：

（一）调整有偿调峰基准；

（二）制定或调整市场现价；

（三）调整 AGC 投入资格标准；

（四）暂停市场交易，处理和解决问题后重新启动。"

新疆、甘肃、山西、福建等省区的市场运营规则也均包含了类似的规定。这表明，市场机制的运用不是无代价的。从统一提供模式向市场提供模式过渡的过程中，必须对此类问题预做安排，应对与市场本身有关的一些特殊问题。

（6）总体来看，各试点省区的辅助服务市场运行规则的立法文本篇幅一般长于原先各区域的《并网电厂辅助服务管理实施细则》，需要考虑的问题也更多。这都表明，市场方式的辅助服务提供方式是比统一提供模式更为复杂的模式，对于调度中心的组织能力和调度中心与交易中心之间的协同作用，提出了更高的要求。

值得留意的是，为了简化市场运营，各省区都对报价幅度、报价区间等进行了限定，一方面简化了企业的报价决策流程，另一方面简化了电力调度中心撮合交易或购买辅助服务的决策流程。在市场设计的过程中，在精确和简约之间要进行必要的成本和收益平衡。

（三）辅助服务市场的全国规划

2017 年年底，国家能源局发布《完善电力辅助服务补偿（市场）机制工作方案》（国能发监管〔2017〕67 号），提出了三阶段的辅助服务市场建设步骤安排。

第一阶段（2017—2018 年）：完善现有相关规则条款，落实现行相关文件有关要求，强化监督检查，确保公正公平。

第二阶段（2018—2019 年）：探索建立中长期交易设计的电力用户参与电力辅助服务分担共享机制。

第三阶段（2019—2020 年）：配合现货市场，开展辅助服务市场建设。

从时间上来看，这是一个安排非常急迫的计划。综合各试点地区的情况，第一阶段的任务已经基本完成；第二阶段国家能源局出台了新的综合性政策文件，制定了《关于加强电力中长期交易监管的意见》，并组织修订了《电力中长期交易基本规则（暂行）》；而第三阶段的任务最具有挑战性，目前国家能源局正积极配合国家发展改革委推动开展电力现货市场建设试点工作。[38]

五 总结与展望

（一）电力市场辅助服务市场化改革的渐进路线

电力辅助服务有偿化概念，较早可以追溯到 2003 年 7 月电监会发布的《关于发电厂并网运行管理的意见》（电监市场〔2003〕23 号），在"运行考核管理"中延续并提出了对辅助服务提供者予以奖励的概念："对发电厂的奖励应根据发电厂对保证电网安全稳定运行和提高电网电能质量的作用大小进行，对电网调峰、调频和无功电压调节做出突出贡献的应给予奖励。"2003 年 7 月，电监会依据电监市场〔2003〕22 号文件印发了《电力市场运营基本规则（试行）》《电力市场监管办法（试行）》《电力市场技术技术支持系统功能规范（试行）》。《电力市场运营规则（试行）》第七章"辅助服务"，对相关内容做出了初步规定，随后在东

---

[38] 国家能源局：《与时俱进 开创能源监管工作新局面——2019 年能源监管工作综述》，http://www.nea.gov.cn/2020-01/03/c_ 138676143.htm。

北、华北等地进行了试点。在总结各省经验的基础上，2006 年 11 月，电监会印发《发电厂并网运行管理规定》（电监市场〔2006〕42 号）和《并网发电厂辅助服务管理暂行办法》（电监市场〔2006〕43 号）。该办法主要内容包括辅助服务的分类和定义，并网发电厂和电力调度交易机构的职责与义务，辅助服务的计量与考核、补偿方式与费用来源，电力监管机构对辅助服务的监管责任的内容。为加强并网电厂发电厂考核和辅助管理工作，电监会要求各地电监局和省电监办结合本地区特点，依照电监会《发电厂并网运行管理规定》和《并网发电厂辅助服务管理暂行办法》文件精神，制定本区域的《发电厂并网运行管理实施细则》和《并网发电厂辅助服务管理实施细则》，使电监会两份文件中的原则性规定细化落地。

在制度设计中，需要解决的第一个问题是资金来源问题。政府财政出资不现实，来源于不遵守调度纪律的考核惩罚费则不稳定，最后逐渐聚焦于来源于发电厂、用于发电厂的模式。尽管发电企业存在异议，但是历史经验表明，电力改革的切入点和突破口，多在发电侧。一则因为电网公司的"强势"地位，二则因为由用户承担执行起来更难。初步测算，补偿所涉及的不到电费的 1%，因此被认为没有触动现行价格体系。各区域的实际启动也都经过了模拟运行、试运行和正式运行等不断完善的阶段。

各区域最初制定"两个细则"，相关补偿标准均经过辖区电网的实际数据测算，虽有争论但很快取得共识发布。实际执行后，各方发现问题，提出意见反馈，在利益博弈中对规则进行了后续调整。

经过多轮实施，电力工业界对辅助服务形成三点规律性认识：一是传统电力系统也有辅助服务，获得方式是调度统一安排、无偿调用；二是伴随着厂网分开和市场主体多元化，辅助服务的获取方式实现了无偿使用到有偿使用的转变；三是"两个细则"中辅助服务价格是固定的，亟待进一步通过市场优化配置辅助服务资源发现价格，使不太容易清晰成本的辅助服务定价更合理。

2015 年下发的《关于进一步深化电力体制改革的若干意见》中提出了"建立辅助服务分担共享新机制"的改革方向，配套文件之一《关于推进电力市场建设的实施意见》将"建立辅助服务交易机制"作为一项主要工作任务。回顾辅助服务机制改革的历史，循序渐进，既是电力辅助服务建设的历史经验，也应该是电力辅助服务继续市场化的基本原则。㊴

（二）辅助服务定价是辅助服务市场化的核心

"在电力市场中，辅助服务研究的实质是研究电力系统运行中各种控制手段对电力系统总的运行水平的影响（安全性、经济性），并赋予其相应的经济含义。……由于各国电力市场模式不同，很难建立一种普遍适用型的辅助服务算法。各国只能根据自己的经验和电力市场结构，确定自己的定价策略。"㊵ 辅助服务是电力系统的公共产品，只有系统运行机构了解辅助服务的详细信息和需求，因此大部分国家辅助服务由系统运行机构负责获取或采购，获取或采购的方式有强制义务谈判、以一对一谈判为基础的双边协议、以招投标为基础的双边合同、以招投标为基础的辅助服务现货市场四种。辅助服务的定价机制与获取或采购方式密切相关。通过竞争方式采购的辅助服务价格由竞争形成，如投标价格或以投标价为基础的市场出清价格，当主要提供商市场份额过大，或者市场集中度较高时，通常需要发电商提交基于成本的报价；非竞争方式，及强制或通过一对一谈判获取或采购的辅助服务，执行受管制的价格，或管制约束下的协商价格。不同辅助服务的具体的价格结构不同，最常见的是包括可用容量价格和电量价格。可用容量价格补偿发电机组为提供辅助服务保持一定容量在一定时间内可用的成本，包括固定投资成本和容量被占用的机会成本；电量价格补偿辅助服务实际被调用而发生的变动成本。㊶ 在近期辅助服务市场化改革的相关文件中，定价机制的思路有所变化。国家发改委 2017 年《完善电力辅助服务补偿（市场）机制工作方案》，仍坚持按照 2006 年 43 号文所确定的"补偿成本、合理收益"的原则确定补偿力度。国家发改

㊴　参见王鹏、韩志辉《电力辅助服务建设的渐进模式——中国电力辅助服务市场化的历史经验》，《中国电力企业管理》2018 年第 10 期。

㊵　参见曾鸣、赵庆波《电力市场中的辅助服务理论及其应用》，中国电力出版社 2003 年版，第 16 页。

㊶　参见杨娟《国外电力辅助服务的采购方式与价格形成》，《中国物价》2014 年第 3 期。

委、国家能源局 2018 年 2 月发布的《关于提升电力系统调节能力的指导意见》（发改能源〔2018〕364 号）中，相关提法变为"实现电力辅助服务补偿力度科学化，合理确定火电机组有偿调峰的调峰深度，并根据系统调节能力的变化进行动态调整，合理补偿火电机组、抽水蓄能电站和新型储能电站灵活运行的直接成本和机会成本。鼓励采用竞争方式确定电力辅助服务承担机组，鼓励自动发电控制和调峰服务按效果补偿"。2018 年 10 月，国家发改委、国家能源局在《清洁能源消纳计划（2018—2020）》（发改能源规〔2018〕1575 号）中指出："实现电力辅助服务补偿项目全覆盖，补偿力度科学化，鼓励自动发电控制和调峰服务按效果补偿。"可以看出，在从补偿机制向交易机制过渡转型的过程中，对辅助服务的定价机制、定价公式、政府指导控制的力度等，初期的认识存在一定的模糊性，而近期则意识到辅助服务市场化改革的深入会导致定价方式的变化，并且以"补偿力度科学化"的提法为改革留下空间，为兼容各种采购或获取模式下的补偿服务定价留下了余地。

（三）辅助服务市场的区域性特征及其立法对策

我国电力辅助服务补偿（市场化）在区域和省两个层级上推开，说明辅助服务补偿的组织和电网的调度管理是密切联系的。另外，从技术特性上来讲，有些辅助服务，例如黑启动和无功服务，本身即具有明确的本地化特征，只有特定位置的发电机组才能提供，或者只有少数发电机组才能提供。我国地域辽阔，各区域、省电网范围内发电侧、需求侧的经济技术特征和相关约束条件均存在较大差异，因此很难在全国范围内统一电力辅助服务规则。在电力辅助服务领域，包括在电力改革的其他领域，中央出纲领、主管部门出政策、区域和省出落实性细则的立法分工将成为一种合乎现实需要的选择，顶层设计的前瞻性、宏观性、原则性和实施细则的具体性、可操作性之间的匹配是解决这个问题的出路。此外，为了验证顶层设计的可行性，可以先进行试点，然后进行推广。多样性的区域实施细则中已经成熟的共性内容，要及时在宏观政策性文件中予以体现和反映。

（四）辅助服务市场与能量市场的协同优化

随着电力现货市场改革的推进，要考虑电力辅助服务与现货市场之间的协调问题。首先，电力现货市场配套的辅助服务机制，通常主要品种为调频和备用，调频的价格将包括调频里程的价格和调频服务被调用引发的电量变化（按当时现货价格结算），备用价格将包括备用服务以及提供备用时段损失的机会成本（按当时现货价格计算），没有电力现货市场，调频服务引发的电量变化和备用时段的损失的机会成本无法准确定价。如果不能准确定价，则调频和备用服务就无法真正市场化。从这个意义上讲，真正的辅助服务市场化需要以现货市场建设为前置条件。另外，在电力现货市场条件下，分散式市场要求发用双方保持发用功率曲线一致，与电力现货市场配套的辅助服务机制不需要调峰辅助服务。[42] 因此，首先要正确设置电力现货市场环境下的辅助服务交易品种，深度调峰不再作为辅助服务补偿机制或辅助服务交易内容，相信价格引导电力平衡的能力。例如，浙江现货市场设计方案用分时电价机制解决峰谷问题。当然，值得指出的是，浙江是标准的（全部相同调度关系机组）全电量竞价市场，而其他市场设计方案采用的是"部分机组计划调度+部分机组全电量竞价"的双轨制模式。由于部分机组计划调度（电力统购统销）仍然存在，所以深度调峰服务仍有必要。其次，结合输配电价设计等配套政策，设计好电力调度机构使用辅助服务的激励相容机制，建立电力调度机构日前辅助服务总量预测机制，制定辅助使用总量和使用效率的量化评价标准，适时引入辅助服务的第三方监管体系，由电力调度机构拥有者承担低效使用辅助服务的费用。最后，在采用集中式市场模式的地区，尽早实现调频、备用与电能量的联合出清，提高市场效率。[43]

（五）可再生能源、辅助服务市场与中国能源战略的未来

中国能源革命面临能源稳步增长中优化能源结构的双重任务。在总量

---

[42]　参见谷峰《完善我国电力市场规则体系顶层设计的思考》，《中国电力》2019 年第 6 期。

[43]　参见谷峰《我国辅助服务补偿机制与市场化——从配合计划机制到现货市场》，《电力决策与舆情参考》2019 年第 3 期。

上，必须在为经济社会发展提供保障和保护生态环境两者之间取得平衡。在结构上，需要改变煤炭主宰能源的格局，推动油气、电力和可再生能源的发展。⑭ 但是，中国能源结构多元化的困境在于，"石油和石油产品多用于交通运输，而煤炭主要用于发电，两者之间几乎没有可替代性。同样，自 20 世纪 70 年代 OPEC 推动石油价格猛涨，核电被作为应对石油价格上涨的解决办法，事实上核电并没有减少石油的需求"。如果中国在获取石油供给方面不能有根本突破，则未来最可能的技术选项，是"建设大规模的电力交通网络。中国应该两手抓来解决该问题：一是投资建设大规模的电网；二是大力推广电动汽车和大规模建设其他形式的公共交通体系"⑮。这意味着，在整个国家能源战略中，中国应当更多地利用可再生能源，实现能源体系的低碳化和能源供给的安全。从世界范围内看，"传统电力系统必须实现转型，从完全基于化石燃料和集中控制的大型架构向包括大量小型燃料和分散控制的系统架构转型，以适应和容纳波动性和间歇性的风电和太阳能发电。从这个角度看，电力系统转型对能源转型至关重要，甚至决定能源转型的进程与速度"⑯。中国能源转型的路径，包括提高能源效率、大力发展可再生能源、组合式过渡能源的选择、构建相容的电力技术体系与市场制度。"能源转型实现的最后一个路径，也是最核心的一个路径是要从技术上和制度上建立一个与波动性和间歇性的可再生能源完全相容的电力技术体系（包括电网）和电力市场交易制度。"⑰ 电力辅助服务市场的建立和完善，无疑就是这个关键路径中的有机组成部分。近几年出台的关于可再生能源的政策文件，越来越意识到可再生能源与电力辅助市场在技术和体制上的关联，越来越自觉把建立完善电力辅助服务市场作为支持可再生能源发展的举措。中国能源转型的现实需求有多迫切，发展可再生能源的目标有多宏大，建立完善电力辅助服务市场的影

---

⑭　参见中国国际经济交流中心课题组《中国能源生产与消费革命》，社会科学文献出版社 2014 年版，第 35 页。

⑮　参见［美］迈克尔·伊科诺米迪斯、谢西娜《能源：中国发展的瓶颈》，陈卫东、孟凡奇译，石油工业出版社 2016 年版，"序言"第 3 页。

⑯　参见朱彤、王蕾《国家能源转型：德、美实践与中国选择》，浙江大学出版社 2015 年版，第 347 页。

⑰　参见朱彤、王蕾《国家能源转型：德、美实践与中国选择》，浙江大学出版社 2015 年版，第 362 页。

响就有多深远。考虑到中国未来的经济成长空间和能源消费总量，中国可能会拥有一个规模空前、体现中国经济社会发展需求和电力技术特征的辅助服务市场，应当尝试并创新相关规则，并提出富于创造力和中国特色的解决方案。

电网企业可再生能源电力消纳义务探析

曹 炜* 张 舒**

摘 要: 电网企业履行对可再生能源电力的消纳义务是实现能源转型的关键。长久以来,固定电价制度和全额保障性收购制度为电网企业设定的消纳义务是购电过程中的义务,这一义务缺少明确的履行标准且具备豁免事由。可再生能源电力消纳保障机制为电网企业设定的消纳义务是售电过程中的义务。在细化和落实消纳保障机制时,应取消全额保障性收购义务。电网企业履行消纳权重义务的前提,是政府对消纳权重指标进行细化,并对电网规划进行完善。电网企业违反消纳义务时,应承担以经济制裁为主的行政责任以及对发电企业的违约责任,而不应当包括环境损害赔偿责任。

关键词: 消纳义务;可再生能源电力;消纳保障机制;全保障性收购制度

2001 年,全国人大通过"十五"规划,正式提出"优化能源结构","积极发展风能、太阳能、地热等新能源和可再生能源"。如今,20 年过去,我国仍在能源转型之路上艰难前行,但问题和目标已经发生巨大变化,从"大力发展可再生能源技术"转变为更为明确的"加快解决风、光、水电消纳问题"[1]。在可再生能源电力消纳过程中,电网企业起到连接发电企业和电力用户的重要作用,其可再生能源电力消纳义务的设定是

---

* 中国人民大学法学院讲师。

** 中国人民大学法学院硕士研究生。

[1] 2019 年 3 月发布的《国务院关于落实〈政府工作报告〉重点工作部门分工的意见》第(二十九)项提出"大力发展可再生能源,加快解决风、光、水电消纳问题(国家发展改革委、国家能源局牵头)"。

实现消纳目标的关键。然而，在我国能源法律制度中，电网企业需承担的可再生能源电力消纳义务的内容和责任都不明确，需要进一步探讨。

一　电网企业消纳义务的相关规定

（一）固定电价制度和全额保障性收购制度

2005 年颁布的《可再生能源法》在第 19 条规定了固定电价制度，即"可再生能源发电项目的上网电价，由国务院价格主管部门根据不同类型可再生能源发电的特点和不同地区的情况，按照有利于促进可再生能源开发利用和经济合理的原则确定，并根据可再生能源开发利用技术的发展适时调整"。同时，《可再生能源法》针对电网企业在收购可再生能源电力时多支付的上网电价和输电成本等费用规定了补偿措施。针对上网电价差额，第 20 条规定："电网企业依照本法第十九条规定确定的上网电价收购可再生能源电量所发生的费用，高于按照常规能源发电平均上网电价计算所发生费用之间的差额，附加在销售电价中分摊。"针对输电成本等费用，第 21 条规定："电网企业为收购可再生能源电量而支付的合理的接网费用以及其他合理的相关费用，可以计入电网企业输电成本，并从销售电价中回收。"

2009 年《可再生能源法》修正时增加了全额保障性收购制度，其第 14 条规定："电网企业应当与按照可再生能源开发利用规划建设，依法取得行政许可或者报送备案的可再生能源发电企业签订并网协议，全额收购其电网覆盖范围内符合并网技术标准的可再生能源并网发电项目的上网电量。"2016 年 3 月，国家发展改革委发布《可再生能源发电全额保障性收购管理办法》，对全额保障性收购制度做出进一步明确规定。其第 3 条规定了可再生能源发电全额保障性收购的具体含义，即是指"电网企业（含电力调度机构）根据国家确定的上网标杆电价和保障性收购利用小时数，结合市场竞争机制，通过落实优先发电制度，在确保供电安全的前提下，全额收购规划范围内的可再生能源发电项目的上网电量"。第 4 条规定："各电网企业和其他供电主体承担其电网覆盖范围内，按照可再生能源开发利用规划建设、依法取得行政许可或者报送备案、符合并网技术标准的可再生能源发电项目全额保障性收购的实施责任。"其中，对于可再生能源发电受限的地区，国务院能源主管部门将核定各类可再生能源并网发电项目的保障性收购年利用小时数；对于不存在限制可再生能源发电情况的地区，电网企业则需要保障可再生能源并网发电项目发电量全额收购。随后，在 2016 年 5 月，国家发展改革委和国家能源局发布《关于做好风电、光伏发电全额保障性收购管理工作的通知》，确定了部分省市的最低保障性收购电量。

（二）消纳保障机制

早在 2001 年，在国家计委发布的《国民经济和社会发展第十个五年计划能源发展重点专项规划》中就提到要"适时开展可再生能源发电配额制"。此后，"新能源配额制"在各类政府文件中常有提及，但都只流于纸面，并未得到真正落实。2018 年 11 月 15 日，国家能源局发布《关于实行可再生能源电力配额制的通知（征求意见稿）》，试图通过可再生能源配额制来解决消纳问题。2019 年 1 月 7 日，国家发展改革委和国家能源局发布了《关于积极推进风电、光伏发电无补贴平价上网有关工作的通知》，试图逐步取消对在资源优良、建设成本低、投资和市场条件好地区的风电、光伏发电项目的国家补贴。

2019 年 5 月 10 日，国家发展改革委和国家能源局正式发布《关于建立健全可再生能源电力消纳保障机制的通知》。这是我国"配额制"的最终版本，但已经抛弃了"配额制"的命名。消纳保障机制中采用"可再生能源消纳责任权重"替代了在征求意见稿以及原有相关文件中使用的"配额"名称，而其实际内容与《关于实行可再生能源电力配额制的通知》中对配额制的规定大致相同。《关于建立健全可再生能源电力消纳保障机制的通知》决定对各省级行政区域设定可再生能源电力消纳责任权重。可再生能源电力消纳责任权重是指"按省级行政区域对电力消费规定应达到的可再生能源电量比重"。《关于建立健全可再生能源电力消纳保障机制的通知》提出省级能源主管部门牵头负责本区域的消纳责任权重落实，牵头组织相关单位制定本省级行政区域消纳实施方案。为确保消纳实施方案及相关措施得到省级政府及有关部门的支持，实施方案应报请省级政府批准后实施。电网公司承担经营区消纳责任权重实施的组织责任，依据有关省级政府批准的消纳实施方案，负责组织经营区承担消纳责任的市场主体通过各种方式完成可再生能源消纳。承担消纳责任的市场主体包括两大类。第一类市场主体为各类直接向电力用户供电或售电的电网企业、独立售电公司、拥有配电网运营权的售电公司，承担与其年售电量相对应的消纳量；第二类市场主体为通过电力批发市场购电的电力用户和拥有自备电厂的企业，承担与其年用电量相对应的消纳量。各承担消纳义务的市场主体完成消纳量的基本途径是实际消纳可再生能源电量，包括从电网企业和发电企业购入可再生能源电力，以及自发自用可再生能源电力。此外，补充完成方式为向超额完成年度消纳义务的市场主体购买其超额消纳的可再生能源电量，或者自愿认购可再生能源电力绿色证书，绿色证书对应的可再生能源电量等量记为消纳量。

二 电网企业消纳义务的具体内容

电网企业需要承担的可再生能源电力消纳义务，是其承担公共企业社会责任的体现，具体而言是公共企业的环境责任。一方面，电网企业属于提供公共产品的公共企业，需要承担相应的社会责任。与一般企业相比，公共企业拥有特定的公共权力基础并占有和支配一定公共资源。正如电网企业拥有电网所有权和经营权，具有市场优势地位，其公共责任的承担应当具有更强的公益性，例如需要承担电力普遍服务义务，实现向偏远地区供电和维持电力稳定等。另一方面，企业的社会责任经过几十年来的不断发展，已经具有更加丰富的内容，环境义务就是企业社会责任的新发展之一。对于电网企业而言，其环境责任不仅包括解决自身环境负外部性的义务，还包括采取措施应对气候变化等涉及公共环境利益的义务。可再生能源电力消纳义务正是其作为公共企业应当承担的环境义务。

在我国长期以来所实施的固定电价制度之下，电网企业的可再生能源电力消纳义务主要体现在电网企业向发电企业购电时的全额保障性收购义务。在消纳保障机制下，电网企业的消纳义务还将包括电网企业向电力用户售电时需要承担的消纳责任权重。《关于建立健全可再生能源电力消保障机制的通知》中并未提及固定电价制度和全额保障性收购制度的存废问题。从制度规范的内容来看，电网企业的全额保障性收购义务针对购电过程，消纳责任权重针对售电过程。从现行规定来看，这两项义务本身都存在不明确之处，且两项义务的并存将导致一些难以协调的矛盾。

（一）全额保障性收购义务

全额保障性收购义务的设定，是为了解决固定电价制度下的可再生能源电力上网难题。在固定电价制度之下，对电网企业而言，其收购可再生能源电力价格和常规能源上网价格之间的差价，能够通过电价附加得到弥补；多支付的输电成本，可以从销售电价中进行回收。但这一制度仅能够在一定程度上解决可再生能源电力的成本补偿，却无法保障电力顺利上网。全额保障性收购义务的设定则是直指电力上网问题，试图保障可再生能源发电强制入网。"全额收购"看似具体明确又雄心勃勃，但显然这一制度并没有达到预期目的。从全额保障性收购义务的具体内容来看，根据《可再生能源发电全额保障性收购管理办法》的规定，电网企业的义务是根据国家确定的上网标杆电价和保障性收购利用小时数，在确保供电安全的前提下，对其电网覆盖范围内按照可再生能源开发利用规划建设、依法取得行政许可或者报送备案、符合并网技术标准的可再生能源发电项目的上网电量进行全额收购。这一义务本身存在诸多模糊之处。

首先，不存在判断电网企业是否完成义务的具体标准。全额保障性收购义务看似为部分电网企业设定了需要实现的最低收购目标，即保障性收购利用小时数，但这一最低标准的适用范围十分有限，仅限于"可再生能源发电受限的地区"，且标准并未得到细化，不具有可操作性。以"风电重点地区最低保障收购年利用小时数核定表"为例，核定表中规定的最低收购小时数，是省级和数个市级地区的总和，尚未对如何在地市级地区分配收购义务进行规定，不足以直接引导和约束电网企业履行收购义务。《关于做好风电、光伏发电全额保障性收购管理工作的通知》中规定："各有关省（区、市）能源主管部门和经济运行主管部门要严格落实规划内的风电、光伏发电保障性收购电量。"可见各地政府部门应首先承担根据保障性收购利用小时数制定具体方案的责任，进一步细化规定和分配最低收购利用小时数，才能有效约束地方各级电网企业。而实际上，国家能源局所规定的风电重点地区最低保障收购年利用小时数不但没有得到各省市的进一步落实，甚至遭到忽视。以甘肃省为例，国家能源局于2016年5月发布的通知中规定甘肃省嘉峪关市、酒泉市两个城市对于风电的最低保障性收购小时数为1800小时，而甘肃省于2016年8月发布《关于下达2016年优先发电计划的通知》中规定全省在2016年风电最低保障收购年平均利用小时为500小时，还未达到国家规定中两个城市收购量的1/3。甘肃省的规定在行业引发轩然大波，这项政策被迅速叫停。② 长期以来，对电网企业是否完成其可再生能源收购义务的评判指标并不存在。

其次，电网企业"全额收购"义务的含义本身能够为电网企业提供收购的豁免事由。根据《可再生能源发电金额保障性收购管理办法》第3条和第4条的规定，电网企业全额收购义务履行方式单一且具有履行前提。前提之一是"确保供电安全"，第二是只需要收购"其电网覆盖范围内"的可再生能源发电。针对"供电安全"，可再生能源电力本身具有不稳定性和反调峰性，是对电网性能的挑战。关于何为电网安全，有学者查阅了《电力供应与使用条例》《电力设施保护条例》《电网调度管理条例》《电力监管条例》等相关法规，并未找到其确切含义。③ 因此，消纳可再生能源电力量达到何种程度会构成危及"供电安全"，缺乏相应的解释和标准，完全取决于电网企业的自身考量。电网企业在援引这一豁免事由时可以做出对自己有利的解释。针对"电网覆盖范围"，由于电网企业没有义务扩张电网以连接更多的可再生能源发电企业，其对于处于电网覆盖范围之外的可再生能源电力不具有任何收购义务。

综上，固定电价制度主要解决发电和购电的成本补偿问题，全额保障性收购制度主要解决可再生能源电力上网问题。但是，电网企业的收购义务并不明确。电网企业即便未能全额收购当地的可再生能源电力，也并不意味着对该项义务的违反。

---

② 《甘肃新能源保障收购小时政策遭叫停》，《中国能源报》2016年8月29日。

③ 参见龚向前《可再生能源优先权的法律构造——基于"弃风限光"现象的分析》，《中国地质大学学报》2017年第1期。

（二）消纳权重义务

在可再生能源电力消纳保障机制下，电网企业在售电时需要履行销售一定比例可再生能源电力的义务。中国语境下的消纳保障机制与可再生能源配额制的含义和履行方式基本相同，意味着在电力的需求端引入市场机制。配额制中的可再生能源电力消纳义务可以拆分为两个部分。第一部分是强制性的配额义务，即要求相关主体必须承担一定的配额义务，一般与可再生能源总量目标制度配套适用；第二部分是市场化的履行机制，即义务主体可以通过可再生能源证书交易等灵活方式完成其配额义务。④ 可再生能源消纳保障机制也是如此。首先，电网企业需承担的强制性售电义务是在向电力用户售电时需完成的销售权重，电网企业售出的可再生能源电量需要在其售出的总电量中占据一定比例。目前，与《关于建立健全可再生能源电力消纳保障机制的通知》配套发布的"各省（自治区、直辖市）可再生能源电力总量消纳责任权重"中只明确了省级地区的消纳权重。各省级能源主管部门还需要按年度组织制定本省级行政区域具体的可再生能源电力消纳实施方案。消纳实施方案主要包括年度消纳责任权重及消纳量分配、消纳实施工作机制、消纳责任履行方式、对消纳责任主体的考核方式等内容。其次，电网企业售电义务的市场化履行机制体现在其完成方式的可选择性，不仅包括实际消纳可再生能源电量，还包括向超额完成年度消纳量的市场主体购买其超额完成的可再生能源电力消纳量，以及自愿认购可再生能源绿色电力证书。可见，基于电网安全的考量或由于电网覆盖范围的限制，都不足以构成电网企业拒绝以其他非直接消纳方式履行权重义务的豁免事由。

针对购电过程的全额保障性收购义务与针对售电过程的消纳权重义务存在一定矛盾。全额保障性收购义务本身是强制性的"政府包办型"义务；与之相比，"权重"或"配额"虽不可避免地带有计划色彩，但更多地依赖市场力量，两种义务在履行过程中会产生矛盾。首先，电网企业在

---

④　See Jim Rossi, "The Limits of a National Renewable Portfolio Standard", 5 *Connecticut Law Review*, 2010, p. 1430.

"全额收购"可再生能源电力的情况下可能面临"接受后无法售出"的问题，进而无法完成消纳权重义务。这种情况发生的可能性较低。一方面，根据《关于建立健全可再生能源电力消纳保障机制的通知》的规定，电力用户也承担可再生能源消纳义务，需要向电网企业购买一定比例的可再生能源电力；另一方面，电网企业处于自然垄断地位，对于购电和售电有较大的自主决定权。其次，由于市场化履行机制的存在，电网企业在履行消纳权重义务时，不采取需要"全额收购"的单一履行方式，可能在完成消纳权重义务的同时并未实现"全额收购"。这种情况发生的可能性很高。消纳保障机制引入市场化履行机制的目的即在于实现资源的最优配置，以购买其他主体的消纳量和绿色证书等方式完成权重义务，是灵活履行机制的关键，与"全额收购"存在矛盾。

在落实可再生能源消纳保障机制过程中，应取消电网公司的全额保障性收购义务。一方面，如前所述，全额保障性收购义务本身就十分模糊，难以有效落实。另一方面，实现能源转型的关键在于可再生能源电力在电力消费中的比例上升。因此，就可再生能源电力而言，强调实际消费量更有意义。⑤ 可再生能源如果要发展为一种产业或事业，就不应当由政府包办，而应当成为企业自觉自愿的牟利性活动，尽管可再生能源发展客观上带有明显的公益性而根本无法与传统化石能源竞争。⑥ 在我国电力市场尚未完全建立，价格由政府制定并由政府严格管制的条件下，能够解决市场需求问题的消纳保障机制和能够解决成本补偿问题的固定电价制有并存空间。但是，全额保障性收购义务与消纳权重义务存在矛盾，不应当并存。

三 电网企业消纳义务的履行保障

在现实法治运行中，义务的履行依据不同的情形具有不同的依赖基础。⑦ 电网企业对可再生能源电力消纳义务的履行，并非是任意且没有边

---

⑤ 参见李艳芳、张牧君《论我国可再生能源配额制的建立——以落实我国〈可再生能源法〉的规定为视角》，《政治与法律》2011 年第 11 期。

⑥ 参见肖国兴《可再生能源发展的法律路径》，《中州学刊》2012 年第 5 期。

⑦ 参见焦艳鹏《公民环境义务配置的依据与边界——以〈北京市生活垃圾管理条例〉为例》，《中国地质大学学报》（社会科学版）2013 年第 6 期。

界的。基于可再生能源电力产业的特殊性，电网企业对于可再生能源电力消纳义务的承担需要以政府履行一定义务为前提。

（一）量化指标

量化的义务指标是有效约束具体各级电网企业的关键，并对电网企业是否完成其义务提供判断标准。如前所述，全额保障性收购义务的不足之一就在于未能对电网企业设定清晰的量化收购指标。法律制度是根据人的行为设计的，人的行为本身具有质的规定性与量的规定性，只有定性加定量分析才能对人的行为进行准确分析，从定性到定量进行规范是法律生命力的表现与要求。[⑧] 在为电网企业设定消纳权重义务时，各级地方政府需要在各地电力消纳实施方案中纳入具体的量化指标。《关于建立健全可再生能源电力消纳保障机制的通知》中规定了地方政府的该项义务，即"各省级能源主管部门会同经济运行管理部门、所在地区的国务院能源主管部门派出监管机构以完成本区域可再生能源电力消纳责任权重为基础统筹协调制定消纳实施方案，同时统筹测算承担消纳责任的市场主体（含电网企业）应完成的消纳量，督促其通过多种方式完成各自消纳量"。能源政策制定由国家级和省级政府部门负责，而能源政策的实施活动需要从基层展开。政策制定过程中的公众参与，意味着让受到不利影响的主体参与制定影响其福祉的政策。在具体权重指标的制定过程中，承担权重义务的电网企业和电力用户的意见值得关注。同时，为了避免企业过分影响甚至主导指标制定，还需要吸纳不同的声音，例如允许环境保护组织参与，提供技术和环保方面的意见和建议。

（二）电网规划

《可再生能源法》第 14 条第 4 款规定："电网企业应当加强电网建设，扩大可再生能源电力配置范围，发展和应用智能电网、储能等技术，完善电网运行管理，提高吸纳可再生能源电力的能力，为可再生能

[⑧]　参见肖国兴《论〈能源法〉绩效指标及其制度实现》，《中州学刊》2009 年第 3 期。

源发电提供上网服务。"然而，"加强电网建设"绝非易事。在缺乏国家层面相应电网规划的情况下，电网输送能力和发电项目之间严重失衡，单方面要求电网企业实现连接可再生能源电力的电网建设是过于沉重的负担。合理的电网建设无法实现，弃风限电现象便难以解决。而电网企业建设和完善电网的前提，在于政府制定与可再生能源发电项目相协调的电网规划。

首先，政府需要科学制定电网优化与建设规划。从跨省区电网建设的角度来看，我国可再生能源电力的跨省区输送通道存在不足。"三北"地区大部分跨省跨区输电通道立足外送煤电，输电通道以及联网通道的调峰互济能力并未充分发挥，对风力和光伏发电跨省跨区消纳的实际作用十分有限。传统电网与新能源电网未接轨，导致电力无法输送。⑨电网规划过程中未考虑可再生能源电力的特殊性，不能提前安排电力安全的保障机制，例如，风能光伏可再生能源发电具有间歇性和波动性，为保证电网安全，需要有抽水蓄能发电、燃气发电等灵活稳定的电源进行调峰，而缺乏相应规划导致我国电网调峰能力并不充分。⑩综合性的电网规划是实现能源转型所必不可少的前提。以走在可再生能源产业发展前沿的德国为例，在能源转型的过程中，德国与中国面临着同样的问题，即能源生产和消费的地理不平衡。德国北部和东部是风力发电效率最高的地区，为了防止德国南部出现能源短缺以及防止电网超载，德国需要扩大电网建设。2015年，德国议会通过了目前实行的电网规划方案，方案包括新建 2500 公里的能源电网和对 3100 公里的现有电网进行升级。电网改造无疑是一项浩大且漫长的工程。而德国的经验告诉我们，科学的电网规划和建设是发展可再生能源所必不可少的。

其次，政府应当对电网规划与发电项目审批进行有效协调。当前，我国发电项目与电网项目不匹配体现于诸多方面。一方面，风电项目规划和电网项目规划之间不协调，即国家在进行风电开发规划时未将其与

---

⑨　参见朱艳丽《"能源三难选择"视角下弃风弃光问题法律研究》，《青海社会科学》2018年第 4 期。

⑩　《"弃风弃光"严重，环保组织诉国家电网索赔数亿》，财新网：http://china.caixin.com/2018-04-10/101232582.html。

电网项目之间的合理有效衔接作为重要的考量因素。⑪ 从法律文件规定来看，我国电网规划旨在实现安全且普遍的电力供应，对于电网规划和可再生能源开发利用之间的联系缺乏妥善规定。1999 年发布《电网规划管理若干规定（试行）》中指出电网规划的目的在于"保障电网安全稳定运行，提高电网的整体经济效益"。而可再生能源规划则侧重于实现可再生能源的开发利用，例如《可再生能源法》中规定，全国可再生能源规划是"根据全国可再生能源开发利用中长期总量目标和可再生能源技术发展状况"而编制。可再生能源开发利用项目的建立和审批主要考虑当地能源水平，而忽视电网建设水平，对于电网规划和可再生能源开发利用规划相结合的考量缺乏明确规定。2018 年发布的《清洁能源消纳行动计划（2018—2020）》中提出"科学调整清洁能源发展规划"，"优化各类发电装机布局规模，清洁能源开发规模进一步向中东部消纳条件较好地区倾斜"以及"增强电网分布式清洁能源接纳能力以及对清洁供暖等新型终端用电的保障能力"。《关于做好风电、光伏发电全额保障性收购管理工作的通知》中对可再生能源发电项目的新设做出了限制，第 4 项规定"除资源条件影响外，未达到最低保障收购年利用小时数要求的省（区、市），不得再新开工建设风电、光伏电站项目（含已纳入规划或完成核准的项目）"。上述规定体现我国开始重视在电网规划中加入对可再生能源电力接纳能力的考量，其需要得到进一步落实。另一方面，可再生能源发电项目与电网项目的建设无法形成同步。发电项目建设前期审批手续简单，建设周期短，而电网建设则前期审批周期长，手续相对复杂，建设时间也更长。以风电为例，一座20 万千瓦的风电场半年就完全可以建成投产，而电网建设前期手续相对复杂，配套接入和送出电网工程的建设则需要 1 年时间。⑫ 这种时间上的不同步，同样需要通过提前规划予以协调。

---

⑪　参见于文轩、杨芸汀《我国风电产业"弃风"问题的法律应对》，《长春市委党校学报》2015 年第 4 期。

⑫　参见李伟、张宏图《中国的风车为何转不起来？——风电弃风问题及对策》，《科技导报》2013 年第 16 期。

四 违反消纳义务的法律责任

法律责任作为保障法律实施的机制，是法制所不可缺少的环节。[13] 通常认为，法律责任的功能主要有三，即惩罚功能、救济功能和预防功能。[14] 根据《关于建立健全可再生能源电力消纳保障机制的通知》中的规定，建立消纳保障机制的目的是"加快构建清洁低碳、安全高效的能源体系，促进可再生能源开发利用"。由此可见，为电网企业设定可再生能源消纳义务的首要目的，不是惩罚和制裁购买煤电的电网企业，而是鼓励和促进可再生能源消纳。因此，相较于惩罚和救济功能，相关法律责任的预防功能更值得强调。目前，电网企业在违反可再生能源消纳义务时应当承担的责任主要是行政责任和民事责任。

（一）行政责任

《可再生能源法》和《关于建立健全可再生能源电力消纳保障机制的通知》中都直接规定了电网企业违反可再生能源电力收购义务时需要承担的行政责任，但惩罚力度和明确程度有所不足。《可再生能源法》第29条规定，电网企业未按照规定完成收购可再生能源电量时，"由国家电力监管机构责令限期改正；拒不改正的，处以可再生能源发电企业经济损失额一倍以下的罚款"。首先，如前所述，由于《可再生能源法》以及相关法律法规的不明确，电网企业"未按照规定完成收购可再生能源电量"在现实中难以认定，该项处罚的实施条件难以满足。实际上，该项法规自制定以来并未得以适用，没有一家电网企业遭到过以此为由的行政处罚。其次，未对限期改正的合理期限作出规定。最后，罚款额度为"可再生能源发电企业经济损失额一倍以下"，这种罚款的设定以发电企业的损失为标杆，难以体现对电网企业的威慑力。《关于建立健全可再生能源电力消纳保障机制的通知》第10项规定："各省级能源主管部门会同电力运

---

[13] 参见张文显《法律责任论纲》，《吉林大学社会科学学报》1991年第1期。

[14] 参见张旭《民事责任、行政责任和刑事责任——三者关系的梳理与探究》，《吉林大学社会科学学报》2012年第2期。

行管理部门负责督促未履行配额义务的电力市场主体限期整改，对未按期完成整改的市场主体依法依规予以处罚，将其列入不良信用记录，予以联合惩戒。"首先，同样未对限期整改设定合理期限。其次，"对未按期完成整改的市场主体依法依规予以处罚"过于模糊，"消纳保障机制"在此项通知中被首次正式提出，违反该机制下的义务需要依据何种法律法规进行处罚，需要后续文件予以明确。最后，"列入不良信用记录"并非强硬的经济性制裁，威慑力难以保证。此外，"联合惩戒"并非正式法律用语，具体内涵并不清晰。可见《关于建立健全可再生能源电力消纳保障机制的通知》中规定的责任尚不具备良好的可操作性。

为了发挥法律责任的预防功能，在设定电网企业违反消纳义务的行政责任时，应当考虑效益原则。效益原则是指在设定及追究行为人的法律责任时，应当进行成本收益分析，讲求法律责任的效益。[15] 对于电网企业来说，经济处罚额度应当要大于其自身的履行成本，即按规定购买或销售可再生能源电力的成本。从现行规定来看，这一方面体现在行政罚款的数额之上，另一方面体现在"列入不良信用记录"的后果之上。罚款数额应当依据电网企业的履行成本而设定，而不是以发电企业的损失为标杆。对于发电企业损失的弥补，是法律责任所要体现的救济功能，应当通过追究电网企业的民事责任而实现。此外，"列入不良信用记录"后果的威慑力，还需要通过对具体后果的进一步明确予以体现。

（二）民事责任

电网企业违反可再生能源电力消纳义务时还需承担对其他私主体的民事责任。民事责任重在体现对受害人权利的恢复，赔偿或补偿当事人所受到的损失。《可再生能源法》第 29 条规定："电网企业未按照规定完成收购可再生能源电量，造成可再生能源发电企业经济损失的，应当承担赔偿责任。"这一规定看似严格，实际上却难以发挥作用。一方面，电力收购义务模糊不清，电网企业"未按照规定完成收购"难以认定；另一方面，

---

⑮　参见张琪《论当代中国法律责任的目的、功能与归责的基本原则》，《中外法学》1999年第 6 期。

电网企业未完成收购的行为和发电企业的经济损失之间存在何种程度的因果关系，所导致的经济损失范围如何界定，缺乏理论支持和实践支持。在落实可再生能源电力消纳保障机制之后，可再生能源全额保障性收购义务将失去继续存在的必要，此项侵权责任也就不具备成立的基础。电网企业对于可再生能源电力的收购义务将通过其与可再生能源发电企业签订购电合同予以约定。在其不履行合同义务时，可再生能源发电企业可能遭受的损失可以通过追究电网企业的违约责任予以弥补。

此外，近几年来，电网企业是否应当承担生态环境损害赔偿责任的问题，因自然之友诉甘肃电网公司一案而引起社会的热切关注。2016 年 9 月 6 日，自然之友向兰州中院以甘肃电网公司为被告提起环境公益诉讼。自然之友认为，甘肃电网公司没有按照《可再生能源法》的规定对其省内的风能和太阳能光伏发电进行全额收购，未被全额收购的可再生能源电力由燃煤发电所替代，导致排放二氧化碳、二氧化硫和氮氧化物等，造成环境影响，严重损害了社会公共利益，应承担环境侵权责任。2018 年 8 月 14 日，兰州中院以"甘肃电力作为电力购销和调配电力供应的电网企业，并非发电企业，其本身并不能具体实施本案所指向的污染环境、破坏生态的行为，自然之友的起诉不符合环境民事公益诉讼的起诉条件"为由驳回起诉。自然之友遂提起上诉。2019 年 1 月 22 日，甘肃省高级人民法院的裁定撤销一审民事裁定，指令甘肃矿区人民法院审理此案。[⑯] 这意味着此案历经近三年的波折又回到了原点，但争议的问题仍未得到解决，即电网企业未履行可再生能源电力消纳义务时是否需要承担生态环境损害赔偿责任？从环境损害赔偿责任的构成要件来看，一方面，电网企业收购煤电的行为是正常的经营行为，并未实施环境侵害行为；另一方面，电网企业未履行收购义务的行为与环境损害结果之间的仅具有宽泛意义上的联系，不成立相当的因果关系。即便电网企业履行了可再生能源电力收购义务，也不必然导致发电企业不再燃煤排污。因此，电网企业不具备承担环境损害赔偿责任的构成要件。从电网企业与发电企业之间的关系来看，二者皆为独立的企业，不存在管领控制关系，电网企业对污染不具有实际控

---

⑯ http：//www.clapv.org/ZhiChiAnJian_ content.asp？id = 207&title =％D6％A7％B3％D6％B0％B8％BC％FE&titlecontent = PD_ zhichianjian.

制力或重大影响力，电网企业不必为其承担替代责任。因此，从现行立法来看，追究电网企业的生态环境损害赔偿责任不具备充分的法律依据。

结　论

　　能源革命的发生、发展实际上是技术创新与制度创新共同作用的结果。⑰ 从征求意见稿中的配额制，到国家能源局最新发布文件中的可再生能源电力消纳保障机制，试图通过制度转型实现能源转型的趋势越来越明显。在我国能源制度转型的过程中，电网企业所负担的可再生能源电力消纳义务需要予以重视。就义务本身而言，需要设定量化的消纳权重指标和有足够威慑力的法律责任；就义务的履行而言，政府力量和市场机制需要同时发挥作用。但是，正如同我们不应当依赖可再生能源固定电价制度和全额保障性收购制度解决所有问题一样，我们也不能指望配额制或消纳保障机制成为一副万能药方。消纳保障机制的作用或许是有限的，还可能会带来新的问题，为政府和企业带来新的挑战。任何制度决策都会带来风险，但消纳保障机制在带来风险的同时将带来更多优势，除了为电力消纳难题提供缓解之道以外，还能以最具经济效益的方式实现环境效益。利用市场机制，能够产生对可再生能源电力的持续需求；利用可再生能源绿色证书交易机制，人们能够以最低的成本和最高的效率满足这种需求。⑱ 能源制度转型是必要的，但任何重大的制度转型都不可能一蹴而就。能源制度转型可以从小范围的试点开始，尝试建立小型的绿色证书交易市场；从固定电价制度与消纳保障机制并存的形式开始，以减轻企业进行投资决策时的心理负担。历史的经验告诉我们，相较于激烈的变革，看似并不激烈且保守的变革更容易走向成功。

---

　　⑰　参见肖国兴《论能源革命与法律革命的维度》，《中州学刊》2011 年第 4 期。

　　⑱　Robin J. Lunt，"Recharging U. S. Energy Policy: Advocating for a National Renewable Portfolio Standard"，2 *UCLA Journal of Environmental Law and Policy*，2007，p. 409.

非常规能源开发利用的法律规制逻辑
——基于页岩气资源展开的分析

郭　楠*

摘　要：能源是经济和社会发展的不竭动力。"页岩气革命"的兴起，预示着非常规能源开采时代的开启，有益于优化能源结构、保障能源安全、减缓气候变化。在此改革浪潮之中，不仅能源政策为能源法治提供了社会基础与运行环境，能源法治也在确认和反映着能源政策的意志与需求，并在相当程度上决定着勘探技术和能源产业的良性发展。页岩气等非常规油气资源的开发利用为能源法治提出了新兴法律命题，促使法学界与立法者致力于明确权力（利）行使边界、防范能源利用的环境风险、促进能源立法精细化并维护资源地居民福祉。

关键词：非常规能源；页岩气；能源资源；环境风险

一　能源结构转型与"页岩气革命"

气候变暖和环境污染是能源结构转型的主要动因。在传统化石燃料（hydrocarbons）迈向新能源的转型之旅中，过渡性能源（bridge fuel）——页岩气（shale gas）[1]承担起弥补常规能源（如煤炭、石油、天

＊河北沧州人，江南大学法学院校聘副教授，法学博士，主要研究领域：环境资源法、能源法。

[1]　页岩气是一种非常规天然气。与通过垂直钻探技术（vertical drilling）即可获取的常规石油、天然气不同，页岩气资源富集在低渗透性（impermeability）岩层（source rock）的气孔（porosity）之中，需要综合运用水力压裂（hydraulic fracturing）和水平钻井（horizontal drilling）等新技术进行勘探开采。

然气）供应缺口并降低污染排放的重担，使国际社会将开采非常规能源（如页岩气、页岩油、煤层气、可燃冰等）纳入能源发展的重点领域。"页岩气革命"使美国成为新晋的天然气出口大国，重塑着国际能源市场格局。中国作为页岩气资源大国，已将页岩气产业发展列为国家战略并实现商业化开采，从而优化能源结构、提高能源自给并保障能源安全。

18 世纪以来，能源一直是社会发展和经济进步的主要驱动力。依据埃克森美孚公司（Exxon Mobil）和美国能源信息管理局（U. S. Energy Information Administration，EIA）2018 年发布的能源展望报告，2014—2040 年，全球的能源需求预计上升 25%—48%。其中，对于石油、天然气和煤炭的需求占总体能源需求的 80%。到 2040 年，石油、天然气预期贡献全球能源供应量的 60%。

能源需求持续激增与常规油气资源增产趋紧的内在张力促使各国开启能源转型之路，即找寻常规能源的替代性能源，并为减缓、适应气候变化而使用清洁能源。② 勘探技术纵深发展使储量丰富的非常规能源不再"沉睡"。作为国际能源市场的新宠，非常规能源的开发利用正在改变以煤炭和原油为主导的传统消费格局，掀起一场不可逆转的全球能源革命。③ 国际能源署（International Energy Agency，IEA）展望，到 2030 年作为清洁能源的天然气、核能和可再生能源合计需求比重将从 2012 年的近 40%，逐步提高到 2030 年的 46%，超越煤炭与原油合计占比。其间，非常规天然气中的页岩气将在 2035 年以 75 Bcf/d（10 亿立方英尺/天）的产量晋升为全球第三大供应能源。

自 1821 年第一口商业性页岩气井建造完毕之日起，美国成为页岩气勘探开采的发源地。20 世纪 80 年代初期，美国首次将水力压裂技术运用到页岩气开采中，使得页岩气的开采量猛增至 1996 年的 85 亿立方米，自此迎来了美国页岩气产业发展的黄金时代。匆匆几十年间，页岩气产业的崛起弥补了美国国内对于常规天然气的需求缺口，提高了能源自给，使美国从世界第二大能源消费国转变为第一大天然气出口国，巩固了自身在国

---

② 参见于文轩《典型国家能源节约法制及其借鉴意义——以应对气候变化为背景》，《中国政法大学学报》2015 年第 6 期。

③ Richard J. Pierce Jr., "Natural Gas: A Long Bridge to a Promising Destination", *Utah Envtl. L. Rev.*, 2012（32），p. 245.

际能源政治中的话语权，也激发了世界各国抓住机遇发展页岩气产业的强烈意愿。

聚焦中国国内，BP、Exxon Mobil、International Energy Agency 等权威机构发布的能源展望报告显示：中国的能源需求依然是世界能源增长的强劲动力。随着经济的稳健向好和居民消费水平的不断提高，中国天然气消费需求持续上扬，供求差距加大，使得中国对于能源进口的依赖程度不断提高，为能源自给和能源安全拉响了警报。

有资源才能有底气。中国作为世界名列三甲的页岩气资源大国，[④] 同样希望通过发展页岩气来调整能源结构、增加能源供应、减缓气候变化。[⑤] 原国土资源部于 2012 年将页岩气命名为第 172 个矿种，按照独立矿种制定能源政策并进行开发利用。《页岩气产业政策》已将页岩气资源的开发利用上升至国家战略产业的新高度，《能源发展"十三五"规划》提出"扩大页岩气等非常规油气资源的开发利用"，党的十九大报告提出"推进能源生产和消费革命，构建清洁低碳、安全高效的能源体系"。重庆涪陵页岩气田作为中国首个国家级页岩气示范区，已于 2017 年建成 100 亿立方米年产能（相当于千万吨级油田），日销气量最高达 1670 万立方米，可满足 3340 万户居民的非常规天然气供给需求，成为北美之外全球最大的页岩气田。[⑥]

二　非常规能源开发利用法律制度的角色定位

如果说一国的资源禀赋由自然力所决定，那么能源开发利用法律制度的设计则会在相当程度上决定能源政策、勘探技术、能源税费等的实施效果。无论是能源东道国还是外商投资者，都将能源法治视为实现国际能源良性合作的"压舱石"。非常规能源因其成藏条件、开采技术及环境风险

---

④　依据《中国矿产资源报告 2018》统计，中国页岩气可采资源量 22 万亿立方米，名列世界三甲。

⑤　Daniel P. Schrag, *Is Shale Gas Good for Climate Change?* American Academy of Arts & Sciences, 2012, p. 141.

⑥　David Sandalow, Jingchao Wu, etc., *Meeting China's Shale gas goals*, Columbia University's Center on Global Energy Policy, 2014 (9): 34.

的特殊性，促使法学界致力于更新财产权、矿业权、地上权、地下空间使用权等法律命题的研究范式，以期回应能源结构转型中非常规能源开发利用的法律制度需求。

无可厚非，资源禀赋与开采技术是决定一个国家或地区能源产业发达程度的关键因素。需要指出，无论是在引领"页岩气革命"的美国，还是致力于开发页岩气资源的欧洲各国，这些国际先行者的实践经验表明：非地质因素同样影响能源开发利用的成败。开采技术的研发及转化需要与国家财政、企业资本、能源政策、法律制度和社会发展程度形成交汇。⑦ 换言之，科技、地质、法治对于能源产业的蓬勃发展缺一不可。如果缺乏先进的钻探技术，则投资回报难以保障；如果一国立法和能源政策为保护环境和传统能源产业而限制页岩气新建项目，那么再精明的风险投资者也束手无策。因此，法律能够决定或至少在很大程度上决定技术研发、地质勘查和能源政策的实施效果。

所谓的能源开发利用法律制度，是由法律法规、税费制度、能源政策、行业惯例等相关一系列规范构成的有机逻辑整体，时刻与大政方针、制度环境、企业态度、社会需求进行着互动交流。⑧ 一国无法改变由自然力赐予的资源禀赋和地形地貌，但可以掌控能源法律制度的具体架构。因此，一国能源的开发利用总是以法律制度为基础的。法律制度即是规则，其主要功能体现在"通过向社会公众提供合理的规范秩序与活动规则来避免社会生产生活的不稳定性"，预防并解决矛盾冲突，保障社会秩序的正常稳定，推动人与人之间和谐共处，提高资源交互的有效性与效率。

从能源东道国（出口国）的角度讲，面临瞬息万变的国际环境，可以通过完善能源法律制度促进本国能源发展，进而提高国际地位。例如为国内外油气企业提供良好的投资环境和法治保障，以此提升本国对资金和技术的吸引力，同时增强国际能源竞争力。

从外国投资者的角度来看，在确认一国具备相当的资源潜质后，则往

---

⑦　Ernest E. Smith et al., *International Petroleum Transactions*（3rd Edition），Rocky Mountain Law Foundation，2010，p. 474.

⑧　Philip Andrews-Speed，Christopher Len，"The legal and commercial determinants of unconventional gas production in East Asia"，*Journal of World Energy Law and Business*，2014（5）：408-422.

往将注意力聚焦于该国的能源法律制度。因为投资风险的可控性是外企关心的首要议题，其中投资变现的权利（right to monetize）、投资稳定性（stability of investment）以及合作合同的执行力是跨国能源企业投资时考量的"三大支柱"。外国投资者希望合作合同中确立的资金回报具有稳定性，即资源国不会在长达十几年乃至几十年的合作期内不定时抛出影响投资者利益的条款，因此十分看重合作合同中的"稳定性条款"。正如Exxon Mobil 前总裁 Lee Raymond 所言："国际石油巨头依然愿意相信法治与契约的神圣性，这是我们最不愿抛弃的东西。"此外，由于行政许可的准入门槛、审批效率以及能源行政主管部门的行政裁量权等都对施工进度和资金回笼有重要影响，所以外国投资者同样期待资源国拥有完备的能源行政管理法律规范。

从能源开发利用的角度来看，非常规能源的开采正在呼唤政府、学者和公众的关注，以期增强地下空间利用行为的法律规制。因为常规能源与非常规能源在开发利用中存在竞争性，从而造成了矿业权人、当地居民、各级政府和环保人士之间的紧张关系。于是，从 20 世纪开始，为地下活动建立新型、独立的产权理论，一直是国际能源法学界的研究重点。对于地下空间利用的法律规制，需要以财产权的社会功能与环境功能为核心，对土地所有权、土地使用权、矿业权以及其他利用地下空间的行为（如碳捕获与碳封存）做出更为清晰的法律规制。

三　非常规能源开发利用法律规制的价值机理

非常规能源开发利用的全球化促使各国积极出台相关能源政策和能源立法，二者的互动与融合体现并反映着新时代能源转型和能源法治的发展趋势，即实现清洁能源开发利用与环境保护的协调发展，并使全民共享能源改革带来的红利。非常规能源开发利用法律规制的价值在于打破部门法学"闭门造车"的思维方式，系统整合能源政策、法律体系和能源开采实践中有关非常规能源的新型法律命题，以能源立法精细化之思路实现非常规能源开采的法治化，并提高能源法理论对非常规能源开发利用实践的指导意义。

（一）增强政策与法律的互动融合

1. 能源政策为能源法律提供社会基础与运行环境

能源法律调整能源勘探、开采、生产、运输、贸易、国际合作等每个产业环节所涉及的法律关系。非常规油气资源的开采既是能源企业获取盈利机遇的竞争过程，又是各级政府和能源行政主管部门分配和行使行政职权、增加能源供应、保障居民福祉、拉动经济增长的过程，这些复杂关系的良性处理有赖于能源法律的规范和引导。

放眼国际社会，非常规能源开采的全球化趋势促使各国从自主开发走向双边及多边合作，既增强了各国间的依存程度和能源联系，又推动各国政府积极修订现有法律、出台专项立法，为广泛吸引国际投资者和消费者提供法治保障。甚至可以说，哪国抢占了能源制高点，哪国就掌握了更多的国际话语权。

在一国范围内，非常规能源的开发利用无疑对开采技术、环境保护、能源政策、税费制度、国际合作等领域提出新兴挑战，促使一系列自成体系的法律原则、规范、标准和决策程序的形成，促使非常规能源开发利用法律制度得以建立与完善，从而降低能源开采行为与后果的不确定性，促进各级政府及能源主管部门、能源企业、资源地居民等相关利益主体开展有效的合作，从而化解利益冲突和实践难题。

基于此，通过能源开采的对话与合作，能源政策不仅为能源法律提供运行环境和社会基础，也为能源治理体系的建立提供了现实可能性。无论是能源法律还是能源政策，其发展都必将以经济为基础，以社会为导向。随着非常规能源开采时代的到来，一国能源产业的商业化与规模化必将以能源法律与能源政策的良性互动为前提。

2. 能源法律体现和确认能源政策的意志与需求

自美国通过"页岩气革命"实现能源出口和能源独立，再次印证了一国能源实力对能源政治和国际关系走向的重要影响。"页岩气革命"在世界范围内的兴起，无疑拓展了能源利益空间和受益范围，促使能源输出国和进口国加快打造低碳、清洁、安全、互利的国际能源环境，避免了能源"单边主义"的泛滥。

20 世纪 70 年代的《国际能源纲领协议》、90 年代的《能源宪章条约》以及 21 世纪初的《国际新能源机构规约》等一系列国际能源法条约，2014 年的中俄《关于沿西线管道从俄罗斯向中国供应天然气的框架协议》、《中国石油和秘鲁能矿部关于石油天然气领域合作的谅解备忘录》以及 2017 年中国国家能源投资集团与西弗吉尼亚州签署的《页岩气全产业链开发示范项目战略合作框架协议》等，体现出伴随能源危机、能源贸易、能源争端而出现的共同能源利益需求，以及能源法律与能源政策的辅成关系。在"求同存异，合作开发"的大国主张下，非常规能源开采时代的到来促进了各国能源政策的调整和能源法律的进步。在这个背景下，各国之间及一国内部更容易通过协商、谈判等形式达成新的能源合作协议与能源贸易协议，以使能源法律充分体现和确认能源政策的要求。

（二）平衡利益冲突

冲突平衡为非常规能源开发利用法律规制的提供了正当基础。人类活动都是在社会交往中实现的，其中呈现出合作共赢与利益冲突两个面向，而协调解决不同主体之间的利益冲突便是法律制度的本质所在。但法律并不是万能的。只有不同法律制度之间的协调一致以及合力并举，才能使一国法律制度的实效得以切实发挥。此外，法律制度的协调性表现在其对一定领域的正常秩序具有维护作用。非常规能源开发利用法律制度无疑也是以协调利益冲突为功能的，主要体现在两个方面。

第一，平衡能源利用与环境保护之间的冲突。传统能源立法和司法的关注点在于何时、何地以及在何种情况下可以从事能源开采活动。近 50 年间专项环境立法的完善推动行政许可法群不断发展，使得能源资源的开发利用需要进行环境影响评价。举例来讲，页岩气资源的开采需要使用水力压裂法和水平钻井法等新型钻探技术，使得页岩气在勘探、开采、生产等不同阶段伴随不同类型的环境风险，这些环境影响的产生规律与常规能源存在根本不同，遂需要能源立法与环境立法给予特别关注。

第二，平衡利益相关方之间的冲突。不同类型的地下利用活动和环境管理，增强了各级政府和当地居民为实现自身诉求探寻法律依据的意愿。中央和省级政府寄希望于能源项目振兴经济，而资源地政府和居民更倾向于考虑能源项目对土地利用和环境质量的潜在威胁。由于各方立场不同，依法争取己方利益的意愿便越发迫切，使得利益相关方的冲突为政府职能转变发出信号。在能源开发利用领域，政府应当以倡导者、引领者的身份增加就业机会、保障能源安全、拓展投资渠道、开辟国外市场、减缓气候变化、提升环境质量。总之，政府角色的转变和能源立法的发展轨迹是相互交融的，即依法引导非常规能源的开发和利用，同时控制能源活动的环境风险和社会影响，增进全民福祉。

（三）促进能源立法精细化

在国际能源法领域，依据能源法客体的不同，划分为国际石油法、国际天然气法、国际煤炭法、国际电法以及国际核能法等，对应地将"能源""矿产资源""石油""天然气"等上位概念作为法律规制的对象，缺乏更为专业、具体的能源种类划分与法律规制。举例来说，《对外合作开采海洋石油资源条例》《对外合作开采陆上石油资源条例》主要规制在中国境内从事中外合作开采石油、天然气资源的活动，《石油天然气管道保护法》旨在保护石油、天然气管道，保障石油、天然气输送安全。[9] 上述法律规范所指称的"天然气"并没有进一步区分是传统意义上的常规天然气，还是非常规天然气。由于目前并未出台专门规制非常规天然气开采的法律规范，因而非常规油气的开发利用理应遵循现行的石油天然气法律。然而，鉴于二者在成藏条件、环境风险、开采技术等方面的诸多不同，非常规油气资源的开发利用是否适宜直接适用现有法律规定尚存疑问。

随着非常规能源开采的商业化与国际化，不论是现行立法的修改或是专项能源立法的起草，都应当立足于各类能源矿种的共性与差异，挖掘其中的新型法律问题。鉴于非常规油气资源的开发利用具有诸多特殊之处，立法层面应当对其给予"因材施教"型的规范与引导，以克服直接沿用常规油气开采法律规范所带来的"水土不服"，从而促进非常规能源产业的合规化发展。一种较为可行的解决思路是：依据常规能源与非常规能源的共

---

⑨　参见郭楠、秦鹏《能源体制改革下油气对外合作开采的规制失灵与规范路径——以〈对外合作开采海洋（陆上）石油资源条例〉为研究》，《国际经贸探索》2016 年第 3 期。

性特征制定一般性规则，再针对二者的个性特征分别制定具体实施方案。在国家能源局印发的《能源立法规划（2016—2020 年）》中，将《能源法》《电力法》（修订）、《煤炭法》（修订）、《石油天然气管道保护法》（修订）、《石油天然气法》《核电管理条例》《海洋石油天然气管道保护条例》《国家石油储备管理条例》《能源监管条例》（即"五法四条例"）作为能源立法重点推进项目，说明能源立法精细化的思路日臻完善。

四　非常规能源开发利用的立法需求

非常规能源开发利用的特殊性需要能源立法做出回应。第一，页岩气矿业权与土地所有权、地下空间使用权以及他种矿业权在行使过程中易产生权利冲突，应当由立法明确非常规能源矿业权与相邻权利的行使边界。第二，页岩气勘探技术和生产周期所带来的环境风险具有特殊性，应当通过专项立法予以规制。第三，页岩气矿区居民在不同程度上面临"能源贫困"，应当将页岩气立法与基层法治建设相联系，使矿区居民在就业机会、能源价格、环境治理等方面共享能源开采红利。

（一）界定矿业权与相邻权利的行使边界

1. 矿业权与土地所有权的权利限制

比较而言，国内理论界热衷与探讨矿业权的法律属性，[10] 国外法学界则对能源矿产开发利用的理论依据给予更多关注。虽然不同法系与世界各国的具体规定各异，但对于能源资源的开发利用可至少归结三点共通的原

---

⑩　理论界关于矿业权法律属性的争论由来已久，"矿业权债权说""矿业权（准）物权说""矿业权（准）用益物权说""矿业权行政属性说""矿业权公私属性兼备说"等观点既能够自圆其说又难掩质疑之见。也有学者认为，因探矿权（权利客体为勘探行为）具备鲜明的用益物权属性，而采矿权人处分矿产品的行为等同于所有权人行使物权的处分权能，故矿业权不宜作为探矿权与采矿权的上位概念。笔者认为："矿业权（准）用益物权说"应当为矿业权人出卖矿产品这一处分行为提供合理解释；矿业权的授予与转让都将行政许可作为生效要件，成为"矿业权行政属性说""矿业权公私属性兼备说"立论基础，也对传统物权理论如何解释自然资源（如矿藏、土地）使用权的属性提出更多期待。参见李显冬、刘志强《论矿业权的法律属性》，《当代法学》2009 年第 2 期。

理。第一，土地所有权的边界始于天际终于地壳。无论是普通法系中的"Heaven to Hell"理论，还是拉美法律体系中的"Cujus est solum（also referred as 'ad colum'）"原则，都主张"谁拥有土地，谁就拥有通往天空和地域的道路"[11]，但该理论在实践中受到矿产资源保留（mineral reservation）等原则的限制，始终伴有"地上权是否及于地下权"的争论。第二，土地所有权与能源矿产开采等地下空间使用权相互分离，后者的行使应当遵循一定的限制规则。美国能源矿产开采的理论支柱——捕获规则（Rule of Capture）[12]认为：土地所有权人对地下的矿产资源具有占有利益（possessory interest），而石油、天然气等流动矿产是否从邻地迁徙而至在所不论。[13]后来这一规则受到石油天然气资源保育法、印第安纳州和肯塔基州一系列判例的限制，使矿业权人在浪费能矿资源、超出许可范围开采等情况下无法通过主张捕获规则而免责。[14]第三，修改并完善现行能源矿产立法、规制新科技（如开采页岩气的水平钻井法、碳捕获与碳封存技术）对地下空间的各种利用行为，已成为各国进行能源法治变革的主流趋势。

2. 矿业权的重叠与毗邻

同一地表之下可能探明不同种类的能源矿产。中国的页岩气资源主要埋藏在距地表3500米以下的岩层中，有超过七成的页岩气在垂直方向上与埋藏深度较浅的常规油气资源构成重叠。为保证储层压力（reservoir pressure）和地质结构的稳定，往往需要利用天然气流辅助石油生产，故

⑪　Mostert，Hanri and van den Berg，Hugo Meyer，Roman-Dutch Law，Custodianship，and the African Subsurface：The South African and Namibian Experiences，2013（12）．The Law of Energy Underground：Understanding New Developments in Subsurface Production，Transmission，and Storage，Edited by Donald N. Zillman，Aileen McHarg，Adrian Bradbrook，and Lila Barrera-Hernandez，Oxford University Press，2014（4），https：//ssrn. com/abstract＝2362886.

⑫　早期的捕获规则作为油气资源财产权理论的一个分支，用于论证油气矿产品所有权的法律属性。参见 Owen L. Anderson，Jay Park，South of the Border，"Down Mexico Way：The Past，Present and Future of Petroleum Development in Mexico（Part 2）"，Rocky Mountain Mineral Law Institute，2015（1）：58-73。

⑬　Robert E. Hardwicke，"The Rule of Capture and Its Implications as Applied to Off and Gas"，*Tex. L. Rev.*，1935（13）：391-393.

⑭　Bruce M. Kramer，Owen L. Anderson，"The Rule Of Capture-An Oil And Gas Perspective"，*Environmental Law*，2005（35）：899-954.

实践中一般不会同时开采埋藏在不同深度岩层中的油气资源。于是，如何通过非常规能源立法解决重叠矿业权的优先行使问题被提上日程，与此相关的具体规则包括但不限于：优先权人的选任标准与补偿义务（应考虑资源保育等公共利益）、作业设备与场地的交接使用等。[15]

能源开采实践中，新设的页岩气矿业权与现有的传统矿业权在水平方向上形成毗邻状态，建设井场、搭建钻井平台、铺设管道线路以及地面施工等作业都会对相邻地域产生影响。因此，如何兼顾相邻矿业权人的权利行使成为非常规能源立法中需要回应的法律命题。有学者认为，矿业权的毗邻可以通过民法中的相邻关系与地役权予以解决，但这与国外矿业立法所奉行的"后退规则"（setback rules）具有显著区别。"后退规则"用于解决相邻地下空间的使用优先权，是矿业权理论发展的产物。因"后退距离"（setback distance）[16] 和缓冲区（buffer zone）的设定需要自然资源主管部门在充分考虑公共利益的前提下做出行政许可，因此"后退规则"受到公法和私法的共同调整；而地役权系为需役地之便利而存在的物权，双方民事主体基于意思自治达成合意后即可成立。

（二）防范生态环境风险

相较于其他能源矿产，开采页岩气的环境风险高于常规天然气、致密页岩气和煤层气两种非常规天然气。页岩气的开采包括选址、钻井、完井、固井、水力压裂、生产、反排水和废水处置等诸多环节，其中伴随地质勘探、地表水及地下水的使用、压裂液储存、甲烷燃烧、场地清理、管网铺设等多项施工措施，若处置不当，易造成水体污染、大气污染和地震活动，还可能影响资源地居民的正常生产生活。

在以丘陵地貌为主的威远—长宁页岩气矿区，因井漏和井壁垮塌频发，需要重复性地进行深井回注和开窗侧钻，一旦压裂液渗漏或涌出便会引发化学泄漏进而污染地下水和土壤。在长宁—威远片区有超过六成的当地农

---

[15]　参见刘超《矿业权行使中的权利冲突与应对——以页岩气探矿权实现为中心》，《中国地质大学学报》（社会科学版）2015 年第 3 期。

[16]　"后退距离"（setback distance）是指天然气地下存储场地边缘距离天然气井底地点的最短距离。依据最短距离形成的隔离带，称为缓冲区（buffer zone）。

民认为页岩气开采会引发噪声污染（79.73%）、地下水污染（74.25%）、大气污染（64.25%），且住宅越临近页岩气开发项目的农民越能够清楚地感知环境风险和风险类型。[17] 研究表明，当居民切身利益受到损害时，更倾向于反对页岩气项目建设。例如，在壳牌公司和中国石油曾经合作开采的富顺—永川页岩气片区，于2013年3月就曾出现过村民因不堪噪声和扬尘侵扰而围堵施工现场的邻避事件。

中国现行的环境法律缺乏针对页岩气开发利用环境影响的专项规制，相关行业规范和标准也尚在制定阶段。在环境立法缺位的情况下，页岩气的规模化开采为环境保护带来的隐患日益增加。较之煤炭，页岩气是环境友好型的清洁能源，成为中国大力发展页岩气的主要动因之一。因此，通过专项立法防控页岩气开采的环境风险就显得尤为必要。

放眼世界，通过立法规制页岩气开采带来的环境影响已成为国际潮流。在美国，有关页岩气的专项环境法律主要为州立法。例如在油气开采历史悠久的得克萨斯州，环境监管职权往往由强势的州政府机构行使；在油气产业的新兴地区，油气开采的环境管理则由环保部门负责。尤其是近4年，美国诸州出台了专门规制水力压裂环境风险的法律规范，包括对地表基础设施建设的限制，钻井、固井的具体要求，水力压裂的取水标准，压裂液中化学成分的披露规则，压裂液、反排水和废除的储存和处理标准等。在英国，多年的油气开采实践为页岩气发展提供的宝贵经验便是通过立法管理水力压裂带来的环境风险和健康危害。在欧盟国家，欧盟委员会为其成员国出台了规避页岩气开采环境风险的指导意见。

综观之，因开采页岩气而广泛应用的水力压裂技术为各国立法者提出新的命题：改革现行立法以适应页岩气的开采特征从而规避环境风险，抑或是将页岩气产业视为全新的能矿领域为其建立独立的法律体系？更多的国家选择了前者，即通过改良现行能源立法和环境立法应对水力压裂技术带来的环境问题。虽法律体系各异，但增设行政许可、实行环境影响评价和规避水力压裂的环境风险，成为各国的立法重点和修法趋势。

---

[17]　Chin-Hsien Yu, Shih-Kai Huang, Ping Qin, et al., "Local Residents' Risk Perceptions in Response to Shale Gas Exploitation: Evidence from China", *Energy Policy*, 2018 (13): 123-134.

（三）保障矿区居民福祉

中国近六成的页岩气资源富集在四川盆地，现已建成两个国家级页岩气示范区（长宁—威远矿区、重庆涪陵矿区），当地主要居住着长宁县、珙县、焦石镇楠木村、向阳村、龙井村等 8 个村的居民。矿区的页岩气开发项目，燃起了居民的家乡自豪感和共享能源红利的殷切期盼。然而，与美国、加拿大、波兰等出产页岩气的发达国家相比，中国尚未建立完善的页岩气开采环境监管机制，在环境意识、专项法规、基层治理等因素的叠加作用下，中国矿区居民更易于暴露在页岩气开采所带来的环境风险之下，[18] 且在就业机会、能源价格、能源结构、能源补贴等方面容易遭受"能源贫困"。[19]

美国学界运用风险感知[20]理论深入研究矿区居民对于页岩气开采项目的主观认识、行为选择及其影响因素，以"入户走访当面问"的形式了解矿区农民对于页岩气开发的真实看法和内心诉求，有助于全面掌握页岩气开采的影响，为美国的立法和行政管理提供了一手参考资料，并转化成以维护矿区居民利益为导向的制度供给，[21] 为中国健全以矿区为单位的基层管理和法律规制提供了理论支持与经验镜鉴。

---

[18] 参见孙佑海、朱炳成《美国环境健康风险评估法律制度研究》，《吉首大学学报》（社会科学版）2018 年第 1 期。

[19] 2016 年长宁—威远页岩气示范区居民的年均收入为 11486 元，超过 30000 元的居民比重只有 16.16%，低于同年国家统计局公布的 12277 元，说明当地居民的人均可支配收入低于全国平均值。参见尹行伦、尹文专、汪莹《重庆涪陵页岩气矿区域环境保护现状、问题及对策》，《环境保护前沿》2015 年第 5 期。

[20] 所谓风险感知（risk perception），是指不同个体对于社会和自然环境中各种风险产生主观判断，并基于主观认识所作出的行为。风险感知因危险种类、种族差异、地理方位等因素表现出不同的机制。在矿产资源开采领域，相关学者将风险感知的影响因素进一步细分为三类：对于科技影响的认识、制度信任（institutional trust）以及矿区人口和地理特征，其他因素还包括公众对于环境问题的态度、政治意识形态和媒体曝光率等。参见 Lindell, K., Perry, W., "The Protective Action Decision Model: Theoretical Modifications and Additional Evidence", *Risk Analysis*, 2012 (4): 612-632。

[21] Kromer, M., "Public Perceptions of Hydraulic Fracturing in Three Marcellus Shale States", *Issues in Energy and Environmental Policy*, 2015 (20): 1-20.

　　中国在扩大页岩气资源开发利用的过程中，既要致力于研发推动"页岩气革命"的先进技术，又要使页岩气开发利用的法律制度和有关政策上合国家大法、下合社情民意。第一，发展协商民主，畅通协商渠道。在页岩气矿区建立公众磋商机制，由地方政府、基层组织、能源企业、环保团体和居民代表等利益相关方参与页岩气开采项目的决策与实施过程，协调利益相关方之间产生的分歧，增强矿区居民对国家能源战略的认同感与执行力。第二，以人民为中心。将优先雇用当地居民、支持基层公共建设、矿区能源价格优惠等举措写入页岩气开采合同和总体开发方案，通过契约精神和缔约责任提高页岩气开采项目的"当地含量"（local content）[22]。第三，坚持把群众路线与依法治国结合起来。完善专项法规保障矿区居民的人身、财产利益和环境权益，提高矿区居民权利保障的规范化水平，通过法律制度切实解决影响矿区居民切身利益的突出问题。

结　语

　　在能源需求不断增长而常规能源产量开始下降的背景下，扩大非常规油气资源的开发利用被国际社会提上日程，非常规天然气中的页岩气有望在 2035 年晋升为全球第三大供应能源。中国作为世界名列三甲的页岩气资源大国，已将页岩气的开发利用上升为国家能源战略。能源政策为能源法治的进步提供了运行基础与完善进路，能源法律又能在相当程度上影响能源政策的实施效果。建立健全非常规能源开发利用法律制度，既可平衡能源利用与环境保护之间的冲突，又能平衡主管部门、能源企业、矿区居

---

　　[22]　当地含量（local content）是指矿区出产的人力、生产资料、资金和服务换算成货币价值后在石油天然气产业价值链中所占的比重。世界银行在 2013 年发布的一项研究报告中提出了当地含量的衡量指标：创造就业机会、提供职业培训、扶植当地产业。从保护矿区农民利益的角度出发，当地含量的关联术语是社区参与（local participation），本文语境下指称矿区农民在页岩气产业中的业主权益（equity ownership）。在现实中，页岩气项目利用了当地各种物资，但农民陷于能源贫困，说明中国页岩气开采的社区参与程度不高，业主权益缺乏保障机制，呈现出页岩气矿区资源富集但农民贫困的现象，被称为"资源诅咒"（resource curse），此现象盛行于石油、天然气、铁矿石等资源输出国。参见 World Bank, *Local Content Policies in the Oil and Gas sector*, 2013。

民等相关方之间的冲突，亦可回应非常规能源开采对传统能源法律提出的诸多挑战。在能源立法生态化与精细化的趋势下，应当明确非常规矿业权与土地所有权、他种矿业权等相邻权利的行使边界，出台专项规范预防非常规能源开采中的环境风险，并通过法律保障矿区居民的人身、财产权利和环境权益。

可再生能源配额相关制度
体系及其发展完善

岳小花*

摘　要：可再生能源配额制度需与相关配套制度密切配合、形成合力方能达到制度预期效果。基于监管端的总量目标制度、生产端的全额保障性收购与绿色证书制度以及消费端的绿色电价机制与净计量制度对可再生能源配额制度的顺利实施具有关键性影响。总量目标制度是发展可再生能源的目标指引，为配额制的推行提供了发展方向；全额保障性收购制度为配额制度实施提供电力消纳与技术支撑；绿色证书制度则是灵活履行配额制度的重要手段；绿色电价机制与净计量制度则是公众参与的重要体现。

关键词：可再生能源配额；总量目标；全额保障性收购制度；绿色证书；绿色电价

引　言

我国自 20 世纪 90 年代末开始大力发展可再生能源，2005 年出台《可再生能源法》（2009 年修订），将国家可再生能源发展战略与主要制度体系通过立法的形式予以相对固化。[①] 经过近 20 余年的开发与利用，我国可再生能源的产出总量不断攀升、种类日趋齐全，配额制在实践中的

＊中国社会科学院法学研究所助理研究员，法学博士、博士后，主要研究领域：环境与资源保护法、能源法。

① 参见李艳芳《我国〈可再生能源法〉的制度构建与选择》，《中国人民大学学报》2005年第 1 期。

推行日益紧迫。政府相关监管部门也在紧锣密鼓地出台相关的规范性文件。例如，2018 年 3 月和 9 月，作为可再生能源行业监管机构的国家能源局综合司、国家发展改革委办公厅先后对《可再生能源电力配额及考核办法》征集意见，后又于 11 月形成了《关于实行可再生能源电力配额制的通知（征求意见稿）》。

配额制能够调动市场的活力，以市场化配置资源的方式开发、利用可再生能源，从而有助于降低可再生能源开发利用的成本，节省了国家财政补贴支出，一定程度上也有助于缩减政府行政成本。但是这种倚重市场的制度设计也有其缺点。首先，基于经济人"自利性"的本质，负有可再生能源配额义务的企业从开发量上往往满足于完成其最低配额义务，对于超过配额义务的开发则将利益最大化作为出发点，因而一定意义上为可再生能源总量设置了一个上限；从开发种类上，往往选择技术较成熟、电网接入成本较低的可再生能源电力，如此便导致了小规模可再生能源电力（例如太阳能、生物质能、污水处理发电、垃圾填埋发电等）面临更多的入网问题、新兴可再生能源往往得不到及时开发，从而不利于可再生能源技术的多元化发展。其次，市场失灵的存在也是可再生能源产业运行中不可避免的风险。信息不对称、外部性、公共物品、垄断等因素往往造成可再生能源行业的无序开发与盲目扩张。最后，相比于以往指令性、计划性调控的固定电价制度，配额制度突出市场主体的参与性以及政府的服务职能和宏观监管职能，对我国政府行政的监管水平也是一个考验。②

任何制度都不是孤立的存在。配额制度的实施需要兴利除弊，与其他制度相互结合、形成合力，才能取得良好的制度效果，从而推动可再生能源的发展。其中，基于监管端的总量目标制度、生产端的全额保障性收购与绿色证书制度以及消费端的绿色电价机制与净计量制度对可再生能源配额制度的顺利实施具有关键性影响。本文重点对总量目标制度、全额保障性收购制度、绿色电价机制、净计量制度及其关系展开论述。

---

② 参见李艳芳《我国〈可再生能源法〉的制度构建与选择》，《中国人民大学学报》2005年第 1 期。

一　总量目标制度

（一）总量目标制度的国内外实践

可再生能源总量目标制度（Renewable Energy Target Policy）是我国《可再生能源法》所确定的基本制度之一，是一个国家或者地区的政府用法律的形式对未来一段时间内可再生能源的发展总量或在总的能源生产或消费中所占的比例做出强制性的规定。可再生能源的总量目标其实就是我国关于可再生能源的发展规划目标。总量目标是政府及其决策者用来对发展可再生能源进行部署的主要手段之一。通过制定总量目标，可以明确我国可再生能源的发展方向、规模以及量化指标，对义务主体所承担的开发利用可再生能源的责任和义务进行总体框定。具体来说，总量目标主要包括：发展的总量、完成目标的时限、可再生能源技术种类、成本估算和区域布局、实现总量目标的方式与途径等。总量目标在我国可再生能源发展中起着总览全局的作用。无论是固定电价制度还是配额制度都是完成总量目标的具体实现路径。配额制度的实施也需要有总量目标作为制度实施的前提和基础。总量目标制度对于可再生能源发展的其他具体制度，如固定电价制度和招投标制度、绿色电力制度、全额保障性收购制度等均起着目标引导的作用，在我国发展可再生能源的制度体系中处于基础地位，因而在可再生能源制度体系中处于"明确的战略性、阶段性、计划性和指导性"③ 的地位。

总量目标制度是我国长期以来通过制定规划或发展目标的形式来引导国民经济或者重要行业发展的惯用制度。自 20 世纪末就开始制定一系列关于可再生能源的发展目标和规划，如《1996—2010 年新能源和可再生能源发展纲要》（1995 年）明确了"九五"期间发展新能源和可再生能源的具体目标，以及到 2010 年的阶段性目标。《新能源和可再生能源产业发

---

③　参见任东明《关于引入可再生能源配额制若干问题的讨论》，《中国能源》2007 年第11 期。

展"十五"规划》（2001 年）提出了"十五"期间新能源与可再生能源产业的发展目标。2005 年通过的《可再生能源法》明确规定了可再生能源发展总量目标制度和相应的保障措施。据此我国政府又制定了《可再生能源中长期发展规划》（2007 年），在该规划中对可再生能源的发展目标做了具体规定，即"到 2010 年使可再生能源消费量达到能源消费总量的 10%，到 2020 年达到 15%"的总体发展目标。2009 年《可再生能源法》修订后，继续保留了关于可再生能源总量目标的规定。《可再生能源发展"十一五"规划》（2008 年）规定，"到 2010 年，可再生能源在能源消费中的比重达到 10%"。《可再生能源发展"十二五"规划》（2012 年）规定了"到 2015 年和 2020 年非化石能源分别占一次能源消费比重 11.4%和 15%的目标"。《可再生能源发展"十三五"规划》（2016 年）进一步规定了到 2020 年、2030 年非化石能源占一次能源消费比重分别达到 15%、20%的能源发展战略目标。通过这些发展规划可见，可再生能源在能源消费中的比重逐渐提升、总量在不断扩大。除了国家层级的目标外，许多省市地方也根据本地区实际制定了本地区可再生能源发展的目标或规划，如东莞市 2009 年 12 月印发的《新能源与可再生能源产业发展专项规划（2009—2020 年）》、甘肃省《"十二五"新能源和可再生能源发展规划》（2013 年）、《"十三五"能源发展规划》（2017 年）等。

世界范围内，越来越多的国家对可再生能源发展的总量目标作出规定，如 2005 年仅有 45 个国家规定了发展可再生能源的总量目标，而到 2009 年，包括 27 个欧盟成员国在内，全球已经有超过 85 个国家制定了本国的可再生能源政策目标。截至 2010 年，超过 100 个国家有可再生能源的政策目标或促进政策。④ 欧洲议会 2018 年 1 月投票通过了到 2030 年实现可再生能源占地区能源消费需求 35%的目标。很多国家设定了雄心勃勃的目标，承诺到 2017 年年底实现 100%的可再生能源或电力。比如日本一些城市承诺为城市和该地区提供 100%的可再生能源。2017 年，美国 8 个城市制定了新的 100%可再生能源或电力目标，使全国总数达到 48 个，其中 5 个在年底前已经实现了 100%的目标；截至 2017 年年底，超过

---

④ "Renewables 2010 Global Status Report", Renewable Energy Policy Network for The 21st Century.

150 个国家在国家层面实施了可再生能源相关目标；阿尔泰共和国（俄罗斯联邦）推出其第一个可再生能源目标，即到 2021 年实现 150 兆瓦（MW）的太阳能光伏发电目标。[⑤]

目标有多种形式，包括实现可再生能源（或能力）的特定贡献的目标，要求采购可再生能源的特定份额，以及特定可再生能源技术的能力目标。[⑥] 大多数目标主要是关于可再生能源发电的目标。总量目标的计算方式有两种：一种是绝对量目标，即直接规定可再生能源电力的产量，即电量目标，根据计算方式的不同分为发电装机容量和最终电力产量。例如，规定一定时期内可再生能源要达到多少标准煤或者多少千瓦的发电总量。这种指标计算方便、目标明确。另一种是相对量目标，即比例目标，即规定一定时期内可再生能源电力在总体电力生产领域中所要达到的比例，通常是从 5%到 30%不等，最少的达到 2%，最高的达到 90%；或是可再生能源在总体初级或最终能源供应（通常是 10%—20%）中所占的比例，通常是从 10%到 20%不等。[⑦] 无论是采用哪种目标计算方式，各国一般都规定该国发展可再生能源的总量目标逐年增加，并且最终都要量化为配额义务主体的年度产量（以发电厂为配额义务主体时）或年度购买量（以电力零售商为义务主体时）要求，并往往进而量化为对配额义务主体的绿色证书持有量要求。

国外大部分国家通过立法的形式确立了可再生能源总量目标，一些国家则通过政府与企业或行业协会协商的方式确定，还有一些国家或地区联合出台规范性文件。如美国通过立法确立了国家发展可再生能源的总体目标。第一种方式，如美国《2005 年国家能源政策法》中规定到 2013 年可再生能源电力应占到美国政府电力消费的 7.5%。[⑧] 美国得克萨斯州《公

---

⑤ "Renewables 2018 Global Status Report", Renewable Energy Policy Network for The 21st Century.

⑥ "Renewables 2018 Global Status Report", Renewable Energy Policy Network for The 21st Century.

⑦ "Renewables 2010 Global Status Report", Renewable Energy Policy Network for The 21st Century, at 11, 35.

⑧ 《各国可再生能源发展目标》，http：//www.ndrc.gov.cn/nyjt/gjdt/t20061221_ 101942.htm，最后访问日期：2006 年 12 月 21 日。

用事业法》还规定了2009年以后的可再生能源发展目标。⑨ 英国通过2002年正式实施的《可再生能源义务法令》和《可再生能源（苏格兰）法令》中规定在2003财年前，可再生能源电力占到总体电力消费的比例要达到3%，以后逐年增加。2004财年的比例是4.3%，到2010—2011财年，这一比例将达到10.4%。最终实现到2020年前可再生能源电力占到总体电力消费20%的目标。⑩ 意大利1999年颁发的《电力法》要求发电商所发的可再生能源发电量要占到上一年度所发总体电力的2%，并且逐年增加。2003年《发展国内可再生能源电力市场法令》（简称387/03法令）第4条规定，从2004年到2006年，输入到国家电网内的可再生能源电力的数量逐年增加0.35%。该国经济发展部又设定了2007—2009年及2010—2012年逐渐增加的强制性配额义务；⑪ 2008年颁发的《预算法》还规定，2007—2012年这个比例将逐年增加0.75%。⑫ 波兰《配额义务条例》（*Quota Obligation Ordinance*）规定，配电公司有义务从2001年到2010年每年购买一定数量的来自可再生能源的电力，并且可再生能源电力占配电公司每年所卖电力的比例应该不少于2002年的2.5%、2003年的2.65%、2004年的2.85%，一直到2010年的7.5%。⑬ 日本2003年4月开始实施的《日本电力事业者新能源利用特别措施法》（又称《可再生能源配额标准法》）对可再生能源发展目标进行了规定，即到2010年可再生能源发电总量要达到122亿千瓦时，占总电力供应的1.35%。其中新能源发电量为115千瓦时，中小水电及其他为7亿千

---

⑨ "Renewables 2010 Global Status Report", Renewable Energy Policy Network for The 21st Century, at 37, 40.

⑩ 参见时璟丽、李俊峰《英国可再生能源义务法令介绍及实施效果分析》，《中国能源》2004年第11期。

⑪ Daniele Pilla, "Italy: Renewable Energy-The Promotion of Electricity From Renewble Energy Sources", *I. E. L. T. R*, No. 10, 2007, at 211-215.

⑫ Gabriele Bernascone, "Promotion of Renewable Energy Sources in Italy", *Euro. Law*, Vol. 78, 2008, at 30.

⑬ Diana Urge-Vorsatz and Silvia Rezessy, *The Wrong Roads Taken? Promoting Renewable Power In Central Europe Green Power Markets: Support Schemes, Case Studies and Perspectives*, Multi-Science Publishing Co. Ltd., 2007, at 363-392.

瓦时。⑭

第二种方式，如荷兰政府于 1998 年 2 月与荷兰电力协会协商确立了荷兰可再生能源的生产目标，即到 2000 年可再生能源发电应占到荷兰国内总电量消费的 3%，大约有 17 亿千瓦时。⑮

第三种方式，如欧洲议会和欧盟理事会《关于促进在国内电力市场中可再生能源电力的 2001/77/EC 指令》对欧盟成员国提出到 2010 年可再生能源占到欧盟国家总能耗的 12%，特别是可再生能源电力份额占欧盟电力消耗的 22.1%；到 2050 年可再生能源在欧盟能源供应结构中将达到 50%。2007 年年初，欧盟又提出了新的可再生能源发展目标，即到 2020 年，欧盟成员国的可再生能源消费量要占到全部能源消费的 20%，可再生能源发电量占到全部发电量的 30%。⑯

（二）我国可再生能源总量目标制度的问题与完善

综观国外可再生能源总量目标的发展状况，可以看出我国在总量目标的设定及出台方面还存在一些不足之处：首先，总量目标的标准简单化，不能全面反映可再生能源行业的发展状况。无论是"十一五"、"十二五"还是"十三五"等国家级规划，除了规定可再生能源在国家总体能源消费中的比例外，主要通过装机容量的形式来计算可再生能源的总量，而没有关于实际发电量或发热量的规定。这种计量方式方便计算，但是装机容量不等于实际发电量，尤其是一些可再生能源受气候、水文等影响较大，装机容量更无法准确反映实际发电量。其次，总量目标的时限较长，缺乏具体性。我国很少有年度的发展目标，基本是五年或中长期发展目标，具有较长的时间跨越性，但可操作性较弱。行政主管部门还需制定年度的发展目标予以弥补。再次，总量目标制度在地区之间发展不平衡。我国虽然

---

⑭　参见何建坤主编《国外可再生能源法律译编》，人民法院出版社 2004 年版，第 203 页。转引自姜南《可再生能源配额制研究》，硕士学位论文，山东大学，2007 年。

⑮　参见徐刚《可再生能源强制性市场份额政策研究概况》，《四川水力发电》2005 年第 12 期。

⑯　"Renewables 2010 Global Status Report", Renewable Energy Policy Network for The 21ˢᵗ Century, at 11.

有不少地方已经制定了可再生能源发展的总量目标或发展规划，但是全国还有很多地方没有制定，或者至少没有公开该地区的可再生能源发展目标或规划。这直接导致一些外来投资者无法对该地区发展可再生能源的发展趋势做出明确判断，不利于广泛吸引社会力量投资可再生能源。最后，总量目标的规范效力不足。当前可再生能源总量目标主要通过国家或地方规划的形式予以规范，而在国家法律或法规中很少有直接规定，一定程度上降低了其实施效力。

针对我国可再生能源总量目标制度的薄弱环节，建议今后重点从以下方面进行完善：第一，增进总量目标标准的合理性与准确性。为了使总量目标更好地起到发展可再生能源的目的，应在总量目标中采用便于计算和更能真实反映发电情况的计量单位，最好以发电量作为计量单位，或者，即便是装机容量为计量单位，在目标的分配过程中，也应将各个配额义务主体的配额任务通过合适的系数转换成发电量。第二，总量目标的空间范围向立体化扩展。不仅要有国家级的总量目标，各地区也应制定本地区的可再生能源发展目标，并对社会公开。这样不仅增强了地方政府发展可再生能源的动力，同时也为可再生能源开发商和投资者提供一个明确的预期，为调动社会各界力量参与或投资可再生能源打下基础。第三，时间期限上更加精细化，尽量规定年度发展量化目标或比例目标。主要是为了增强总量目标的精细化及可操作性。第四，提高总量目标的执行实效。可以尝试在《可再生能源法》或相关法规规章中对可再生能源发展目标的执行及责任进行规定，提高其实施成效。

二　全额保障性收购与绿色证书制度

（一）全额保障性收购制度

我国可再生能源电力开发中长期面临"局部饱和、全局饥饿，东西部电力负荷差异巨大"的瓶颈问题，一些可再生能源种类比如风能、水能在发电中会因季节或天气情况而出现波动，从而导致发电入网难度和成本的增加。全额保障性收购制度即是对此问题的因应，并通过立法的形式予以固定下来。2009 年修订《可再生能源法》时在第 14 条规定明确规定了这一制度，即"国家实行可再生能源发电全额保障性收购制度……电网企业应当与按照可再生能源开发利用规划建设，依法取得行政许可或者报送备案的可再生能源发电企业签订并网协议，全额收购其电网覆盖范围内符合并网技术标准的可再生能源并网发电项目的上网电量……电网企业应当加强电网建设，扩大可再生能源电力配置范围，发展和应用智能电网、储能等技术，完善电网运行管理，提高吸纳可再生能源电力的能力，为可再生能源发电提供上网服务"。该条款清楚地规定了我国可再生能源发电全额保障性收购的定义和实现手段。

我国以往长期实行固定电价制，可再生能源发电企业虽然没有强制性的配额义务，但是电力无法入网直接影响其经济效益的实现，这也是以往各地频频出现"弃风限电"的直接原因。全额保障性收购涉及电网企业的技术升级、成本提高等问题，可以说是对电网企业施加的一项义务。而当前我国电网企业主要是几大国有电网公司，因而成本最终会转嫁到当地政府和电力消费者上。

在配额制度下，全额保障性收购制度与配额制度都是配合实现可再生能源发展规划和总量目标的重要制度手段。在多元化的配额义务主体下，电网企业、发电企业、配电企业和售电商等都有可能成为配额制的义务主体，通过规定电网企业的全额保障性收购义务，扫清了发电企业的入网障碍，为其完成配额义务提供了技术保障，有助于推动可再生能源的发展。

全额保障性收购制度的义务主体主要是电网企业，而配额制的义务主体是随着国家政策而有所变化的，电网企业、发电企业、配电企业和售电商等都有可能成为配额制的义务主体。另外，全额保障性收购制度涉及的主要是电网技术性问题，对政府管理未提出更高的要求，而配额制度则除了涉及技术问题外，对政府的管理及配额监管提出了更高的要求。

（二）绿色证书制度

绿色证书制度是为了便利于配额义务主体履行其应当承担的发展可再

生能源的指标或配额义务而设计的一种灵活履行制度，是发展可再生能源配额制度的有效工具和实施方式。采纳配额制度的国家几乎都或早或晚地采用了绿色证书制度。⑰ 绿色证书是在可再生能源生产端，为配额义务主体提供的完成配额义务的一种替代选择方案，一定程度上可以降低配额制度的实施成本。

但是在中国发展绿色证书制度面临以下几个问题：第一，证书的设计与效力问题。而解决这一问题首先需要厘活绿色证书的性质或权利归属，其仅仅具有登记宣示效力还是具有可交易财产权属性的载体？绿色证书的设计不仅要考虑配额义务主体的义务分配、地区可再生能源发展目标以及实际发展状况等，还要考虑其延期或周转、时间效力、空间效力等问题。第二，证书交易的监管与执行问题。不同于以往的固定电价制度下，政府的工作重点在于电价及补贴标准的确立，然后统一贯彻执行。在市场机制下，政府主要是交易制度的设计者与交易活动的监督者以及市场交易主体的服务者。证书交易的监管与执行不仅包括机构的框定、人员的到位与培训，还包括相应程序机制及其规章制度体系的确立等一系列问题。在可再生能源总量目标及配额制度确立的前提下，如何有效开展证书交易的监管及其具体执行都是对政府行政执法水平的一大考验。第三，绿色证书与国内现有证书比如与碳排放交易证书之间的衔接配合问题。在发展可再生能源以减少碳排放的背景下，二者在目标指向上具有一致性，但是如何在坚持效益与效力以及便利当事人的原则标准下，对二者展开制度设计，尽量实现制度间的融合贯通，需要在实践中不断探索。

三　绿色电价与净计量制度

（一）绿色电价制度

绿色电价，也被称为绿色电力机制（green power mechanism）或者自

---

⑰　关于绿色证书的内容、特征及典型域外国家的实施经验，参见岳小花《绿色证书制度的国外经验及启示》，《中国政法大学学报》2014 年第 3 期。

愿认购的绿色电力市场。⑱ 一般是指政府支持消费者自愿选择通过支付比普通电力更高的费用来购买绿色电力，并制定相应政策保证多支付的费用用于支持可再生能源的发展。绿色电力市场机制最初在荷兰被采用，自20世纪90年代中期开始在美国、德国、澳大利亚等国家逐步发展起来。它是基于消费者自愿选择的一种可再生能源促进政策，由消费者直接承担可再生能源发电高于常规能源发电的费用，利用其差价鼓励新能源的发展。

可再生能源配额制度与绿色电价制度都是推动可再生能源发展的制度。二者的不同在于：第一，二者实现的方式不同。前者除少部分国家外，一般是政府强制性地规定义务主体在其电力消费结构中必须包含一定比例或数量的可再生能源电力，而后者则强调自愿性，是电力消费者自愿从供电商处购买经过认证的可再生能源电力。第二，制度依托的主体不同。前者主要是对可再生能源生产端或配送端的制度设计，而后者则是基于消费端的自愿购买来完成。配额制度与绿色电力政策密切配合，既为可再生能源发电提供了市场需求保障，又调动了消费者的参与力量，因此二者相互配合，有助于共同完成一国或地区发展可再生能源的目标。

1993年美国公用电力公司设计了第一个绿色电力项目，之后美国各州的电力公司开展了许多针对绿色电力的项目。美国设计的绿色电力项目可分为三类：第一类可称为绿色电价项目，即供电公司为来自可再生能源的绿色电力单独制定一个绿色电价，这种电价要高于常规能源所发的电力，消费者根据各自的用电量自由选择购买一个合适的绿色电力比例，每千瓦时收取一定的额外价格，用以补偿绿色电力的高成本。第二类为固定费用项目，即参与绿色电力项目的用户每月向提供绿色电力的公司缴纳固定费用，缴纳费用的多少同用户的用电量无关，而是取决于电力公司所提供的绿色电力类型，各个项目缴纳的费用不相同。第三类是对绿色电力项目的捐赠，用户不消费绿色电力，而是自由决定是否对可再生能源发电项目进行捐赠，捐赠获得的资金可以用于建设新的绿色电力项目。从实施的效果来看，目前第一类项目运行效果较好。据统计，美国有半数零售用户

---

⑱　参见付蓉《国外绿色电价项目及对我国的启示》，《中国能源》2011年第10期。

能从供电商那里直接购买绿色电力产品，其中企业是购买绿色电力的大
户。[19] 绿色电力制度在美国发展比较迅速，美国的许多大公司，包括各种
行业的，如航空航天类公司或者食品原料类公司，都具有很强的消费绿色
电力愿望。这为绿色电力制度在美国的大发展提供了强有力的支持。2006
年时美国仅有 1 亿千瓦时的绿色电力，而 2007 年时已经达到 18 亿千瓦
时，到 2008 年已经有超过 100 万的绿色电力消费者购买了 24 亿千瓦时的
电力。2009 年，美国已有 850 个公用电力公司提供绿色价格项目。在欧
洲、美国、澳大利亚、日本和加拿大有超过 600 万的绿色电力消费者。[20]
但相比美国，在大多数的欧洲国家，绿色电力的市场份额仍然很小，一般
要小于 5%。荷兰是 2005—2008 年的绿色电力消费的领导者，其对来自化
石燃料的电力征税，并对绿色电力实行免税。荷兰规定，凡年用电量小于
10000 度的用户购买可再生能源可免交生态税。2001 年 7 月，荷兰政府宣
布提前放开绿色电力零售市场，比全面的市场放开整整提前三年，这意味
着绿色电力零售商可以先进入电力零售市场，而用户从 2001 年 7 月开始
就可以自由选择绿色电力供应商，这对绿色电力需求产生很大的推动作
用。到 2002 年年底，荷兰绿色电力用户已经超过 100 万，接近电力用户
总数的 14%。最多的时候在荷兰有 300 万绿色电力消费者（但到 2007 年，
税收和豁免被废止后绿色电力消费者的数量跌至 230 万）。德国目前已经
超越荷兰成为欧洲绿色电力的领导者。2008 年，该国估计有 220 万绿色
电力住宅用户（购买了 6.2 亿千瓦时）和 15 万企业客户（购买了 4.8 亿
千瓦时）。欧洲其他主要的绿色电力市场包括奥地利、芬兰、意大利、瑞
典、瑞士和英国。[21]

　　其他国家的绿色电价机制也不断发展。澳大利亚截至 2010 年有 90 万
个绿色电力居民消费者和 34000 个商业消费者，在 2008 年累计购买了 1.8

---

[19]　参见严慧敏、孙君《绿色电力市场模式探讨》，《湖北电力》2006 年第 4 期。

[20]　"Renewables 2010 Global Status Report", Renewable Energy Policy Network for The 21st Century, at 44.

[21]　"Renewables 2010 Global Status Report", Renewable Energy Policy Network for The 21st Century, at 44.

亿千瓦时的绿色电力。[22]

　　在应对气候变化、建设环境友好型社会的过程中，我国一直努力开展宣传对清洁能源、可再生能源电力即绿色电力的使用。国内个别地区已经着手开展绿色电价机制的推广，如上海在 2005 年出台了《上海市鼓励绿色电力认购营销试行办法》，从 2006 年开始在国内率先探索实施"绿色电力认购机制"，在实际操作过程中，每度绿色电力要比常规电力高出 0.53 元左右。经过两年的实施，由于价格、消费者认同以及技术等各方面原因，直至 2008 年年底，绿色电力认购量仅占可供量的 13.5%，[23] 绿电遇冷。

　　绿色电价机制的实施要受到诸多因素的影响。首先，绿色电力生产商或者供应商的信息公开与公示对绿色电价项目具有基础性作用。信息公开是公众参与的前提，只有公众充分享有知情权，才会进一步选择或者继续支持。其次，政府的宣传教育也起着重要的推动作用。绿色电价机制与公民的素质、社会文化有很大关系，需要大力开展对可再生能源的宣传教育，长期潜移默化的教育，以提高公众对可再生能源的认识水平，从而积极参与到可再生能源的利用上来。最后，相应激励措施起着关键性作用。长期来看，消费者本质上也是市场中的"经济人"，会选择对自己最有利的商品或产品。绿色电力项目要赢得消费者的长期支持，必须有相应的激励或补偿措施，使其与消费者的利益相挂钩而非依靠消费者一时的消费热情，才能得以长远发展。因此，要鼓励更多的消费者参与到绿色电力项目中来，必须有相应的激励性措施，比如消费信贷优惠、个人积分或者荣誉奖励等措施。总之，绿色电价机制在我国当前仍任重道远。

（二）净计量政策

　　净计量政策，英文表述为 net metering 或者 net billing，是一种电价

---

　　[22]　"Renewables 2010 Global Status Report", Renewable Energy Policy Network for The 21ˢᵗ Century, at 45.

　　[23]　《上海绿色电价应该更便宜》，http://finance.qq.com/a/20091210/001164.htm，最后访问日期：2009 年 12 月 10 日。

结算政策，支持电力在电力配电网和能自己发电的消费者之间的双向流动，要求电力公司以一定的价格从安装了可再生能源技术设备的用户手中买回多余的电力，或者从消费者总账单上扣除掉所用可再生能源发电的数量，这种政策最初主要用于屋顶太阳能光伏发电，一般用于家用的小型太阳能装置或风电装置，鼓励家用或者小型的可再生能源发电系统的开发和利用，从而逐步推动公众加强对可再生能源电力的开发利用。

"净计量"政策已在十几个国家和美国几十个州中推行，尤其在屋顶太阳能光伏系统中应用较多。[24] 大多数的净计量仅适用于小型的发电设备，但是目前越来越多的立法中允许大型的设备应用净计量政策。在美国有 20 多个州允许将净计量应用于规模为 1 兆瓦以下的可再生能源发电设施。意大利对适用"净计量"政策的可再生能源设备规模规定为小于 20 千瓦的光伏发电系统。净计量政策也在许多发展中国家中被采用，如坦桑尼亚和泰国。泰国 2002 年作为发展中国家第一个采用净计量政策，主要鼓励对小规模可再生能源发电的利用，最初将规模设定为小于 1 兆瓦，并强制规定国内的电力事业公司强制购买剩余电量，每三个月调整一次收购价格。该国的小规模可再生能源发电项目涵盖了多种能源，包括太阳能光伏和生物能源，随着实践的发展，泰国对可再生能源发电规模的规定由小于 1 兆瓦扩展到小于 10 兆瓦。

由于目前多种因素的影响，我国目前还没有开始实施"净计量"政策。原因可能存在以下三个方面。

第一，技术水平的限制。我国发展可再生能源本身相对较晚，而且主要集中于大规模风电、小水电等相对成熟的技术。而净计量政策一般适用于独立的分布式可再生能源，如太阳能发电、户用小风电等。尤其是户用小风电，其使用者一般分布在广阔的西部地区或者电网覆盖不到的地区，这些地区本身接入电网就不方便，更何况要设计出分散的电力用户与电网之间的互动网络。

第二，社会公众的认知水平限制。由于受经济水平的制约以及国家对

　　㉔ "Renewables 2010 Global Status Report", Renewable Energy Policy Network for the 21st Century Steering Committee, at 41.

可再生能源的宣传有限，居民或小企业对自己独立发展可再生能源仍然信心不足，这也制约了净计量政策在社会上的普及。

第三，法律、政策的衔接与协调不足。"净计量"政策的推行需要加强《可再生能源法》与其他领域立法如《民法典》物权编、《物业管理法》等衔接与协调。目前最突出的就是太阳能屋顶设备利用中所产生的法律协调问题。㉕

绿色电价机制和"净计量"政策是当前国际上对消费端，通过调动公众的力量推动可再生能源发展的主要制度或政策措施。在我国现行制度框架背景下，我们有必要通过完善相关法律和政策、加强可再生能源的宣传教育，同时提高利用可再生能源电力的技术水平、提供更多的激励性制度供给等各种途径，提高公众利用可再生能源电力的积极性，与配额制度一起推动我国可再生能源的开发和利用。

㉕　我国《可再生能源法》规定了许多发展可再生能源的制度措施，但是其他领域的立法，如民事立法等并没能充分体现出对可再生能源开发利用的重视。对《可再生能源法》与其他立法的冲突和协调的有关分析，参见李艳芳、刘向宁《我国〈可再生能源法〉与其他相关立法的协调》，《社会科学研究》2008 年第 6 期。

论融贯性理论视角下可再生能源
法律与政策的功能互动

邓婧晖[*]

摘　要： 能源法律与能源政策是我国能源开发利用最为重要的两种制度工具，二者相互交织、相互耦合、共生共济，也型构出我国可再生能源法治的实践图景。作为两种不同制度工具，可再生能源法律和可再生能源政策均在能源利用、能源安全、环境保护等议题中发挥着重要作用，二者具有不可替代的功能和价值，根据价值冲突的解决原则，法律与政策因都具有内在合理性而不存在仅取其一的情况，二者应是相互独立并相互联系地发挥作用。那么，在可再生能源法治实践中，法律与政策是如何互动的？其功能互动模式的运用给可再生能源法律关系主体带来何种影响？二者能否有效解决当前可再生能源领域的突出问题？二者的功能互动最终又要达到何种目标？

法律体系的融贯性是法治的目标之一，本文以融贯性作为切入视角，赋予可再生能源法律与政策关系新内涵，通过分析可再生能源法律与政策功能互动的融贯性要求，以法律与政策的各自功能和性质为基础，提炼出二者在具体实践中的功能互动模式，以此审视可再生能源法律与政策之间的互动关系，从学理上对可再生能源开发利用诸种制度工具进行反思，进而提出当下能源体制改革中可再生能源法治体系所应追求的终极目标。

关键词： 可再生能源法；可再生能源政策；融贯；功能互动

＊中南财经政法大学法学院环境与资源保护法学专业硕士。现任职于湖北省咸宁市国家高新技术产业开发区管理委员会。

一　可再生能源法律与政策的功能发挥现状

（一）规范与实证的考量

作为能源领域的"后起之秀"，可再生能源所具有的清洁性、循环性和可再生性是其与传统能源领域的最大区别，这也决定了它具有三重价值，即能源安全价值、国民生产价值和环境保护价值。然而，任何事物都是在矛盾中发展的，即便是属性优良的可再生能源也不例外，针对当前可再生能源自身存在的资金不足、技术障碍、效率较低等限制性因素，实现节能减排和可持续发展，需要法律和政策分别发挥其功能优势并合理互动，共同促进可再生能源的开发利用。完善可再生能源法律与政策功能互补机制，对于可再生能源政策体系的法治化具有特殊价值。其一，优化系统结构。又可分为两方面的目的，一为内部协调，二为外部优化。内部协调是第一层次的系统性价值，是可再生能源法律与政策体系的内部优化，发展可再生能源不仅需要法律进行规制，更需要政策进行激励和引导，内部协调价值的实现依赖于法律工具和政策工具的体系化互动，从而实现可再生能源法律与政策体系法治化；外部优化则是通过可再生能源法律与政策的功能互动实现我国能源结构的转变。其二，为产业发展提供双向保障。针对上述资金、技术、效率等问题，需要法律和政策相互配合，共同发力：在法律层面，进一步明确各类主体在可再生能源开发利用过程中的权利与义务，加强法律的强制性、确定性和可操作性；在政策层面，需要尽快制定具有权威性的可再生能源发展规划，并通过法规、规章等形式细化《可再生能源法》及关联法中的规定，通过可再生能源经济、社会、环境政策不断刺激、扩大可再生能源在能源市场的占比。其三，促进产业发展。为给可再生能源资源的进一步发展提供充分沃土，同时应对环境污染、气候变化和化石能源日益枯竭等多重挑战与危机，必须将法律和政策作为可再生能源开发利用的主要推动力，利用"看得见的手"为中国可再生能源产业撑起一片亮丽的蓝天，逐步形成以《可再生能源法》为主导的可再生能源法律体系，并围绕该法的实施出台一系列相应政策，发挥法律与政策的联动效应，以保证我国可再生能源产业实现稳步、快速、安全与高效发展。

　　本文通过"北大法宝"数据库对可再生能源政策进行收集和梳理，选取 1995 年 1 月 1 日至 2018 年 7 月 1 日所有的可再生能源政策文本。[①] 在经过甄别、归纳后，发现可再生能源政策数量繁多、种类丰富。就整个能源领域而言，根据价值取向的不同，可将能源政策划分为 571 个能源综合性政策、31 个能源基金政策、44 个能源供应政策及 801 个节能管理政策。其中，可再生能源政策数量占各类能源政策之比分别为 21.4%、3.2%、22.7%、0.09%，[②] 可以看出，现阶段我国更加注重对可再生能源的综合性规定及供应政策的制定，即偏重原则性、抽象性的政策制定模式，在节能管理领域，可再生能源相关政策规定较少，这也从侧面反映了我国可再生能源开发利用在节能减排、治理环境污染、应对气候变化等领域尚未发挥充足作用，存在较大的效用升级空间。就可再生能源领域而言，我国可再生能源政策总数达到 140 个，且根据政策的适用领域和范围不同，可将其分为综合性政策和专项性政策。

（二）可再生能源法律与政策的现实问题

　　第一，法律与政策比例失衡。可再生能源在面临成本、技术、环境污染等多重发展难题下，依赖政策支持成为其发展的必由之路，政策本身对于可再生能源发展的意义无可非议，但其大量涌现不断冲击着法律的权威，也冲击着我们对法治社会的理想与信仰。对此，有学者提出"法律空洞化"的概念，[③] 外在的法律与政策数量差异现状背后所隐含的是法律

---

① 1995 年 1 月，国家计委、国家科委、国家经贸委共同制定了我国《新能源和可再生能源发展纲要》，是指导我国可再生能源产业发展的纲领性文件，作为第一个可再生能源专门的政策性文件，是可再生能源法律政策体系的开端。

② 此四类政策均可在"北大法宝"数据库的"法律类别——能源"项下找到，本文在此基础上对其中的可再生能源政策进行筛选后，计算出其在能源综合性政策中的数量为 122、在能源基金政策中的数量为 1、在能源供应政策中的数量为 10、在节能管理中政策中的数量为 7，共计 140。

③ 法律空洞化是指立法风格简略、粗犷，法律缺乏完整性、周延性、精确性和普适性，没有实质内容，可操作性差所导致的法律控制力缺陷。参见邢会强《政策增长与法律空洞化——以经济法为例的观察》，《法制与社会发展》2012 年第 3 期。

空洞化问题。《可再生能源法》在整个可再生能源法律政策体系中"一枝独秀",④ 可再生能源政策令人目不暇接。构建国家能源安全体系是一个庞大的系统工程,在立法时需给予全局性考虑,这就使得能源立法有别于传统部门法,具有很强的政策性,多部门参与法律起草工作也使其本身有渗透部门利益之疑,因此造成法律的抽象化和框架化,出现大量的"委任规则"和"授权条款",随之带来的便是为实施法律而出台的部门政策文件不断涌现。另外,数量比例失衡也不断模糊着法律与政策的边界。在法律政策体系的整体框架下展开相关研究忽略了法律和政策二者本身作为不同的公共政策工具而具有的功能,以及二者在具体领域中的优势地位,最终将法律与政策各自所针对的对象、所要达到的目的和实现目的的手段混为一谈。

第二,法律与政策衔接不足。可再生能源法律与政策存在数量问题外,质量问题也令人担忧。在此,质量问题主要在法律与政策体系的所涉领域、效力级别、制度表述这三方面较为突出。在所涉领域方面,《可再生能源法》作为该领域的综合性立法,从规划、制度、技术政府职责等方面进行规制,内容全面且适用性强,而政策领域则出现极大偏重。具体而言,政策更加偏爱风能、太阳能、水能领域,并且经过不断发展已形成各自的规模体系,反观地热能、海洋能领域的政策,不仅在数量上微乎其微,内容上也多具有宏观性和指导性,这正在成为新型可再生能源产业发展道路的阻碍。在效力级别方面,《可再生能源法》是唯一法律层级的规范,此外可再生能源政策全属部门规章层级,包括大量的部门规范性文件、部门工作文件及少量的部门规章,⑤ 效力层级较低使整个可再生能源法律政策体系的权威性受到挑战。在制度构建方面,现有的法律政策大多以公共投资、财政激励为着力点,对技术研发、市场监管等方面仍缺乏关注。笔者认为,制度的确认与执行是法律与政策的主要内容,也是实现法律与政策衔接的重要因素,一方面,鉴于当前《可再生能源法》依赖大量的政策予以落实,继而重要的制度也应通过法律予以固化和确认;另一方面,针对《可再生能源法》中的制度性规定,还需制定相应政策增强

---

④ 特别是经过数据统计后,更是得出法律与政策比例为 1∶140 的结果。

⑤ 经过统计,现行有效的可再生能源部门规范性文件数量为 72,部门工作文件数量为 54,部门规章数量为 1。

制度的可操作性。

第三，法律与政策聚合不够。在已统计的可再生能源法律与政策中，都将开发利用可再生能源作为首要目标，将促进经济社会的可持续发展作为终极目标，即呈现单一性特征。总体而言，立法目的条款或政策目标表述是制定者开宗明义以"为了"或"为"为标识语，通过规范化语句表述该文本之目的的特定法条形式。⑥ 具体而言，二者各有侧重，可再生能源法律目的条款具有指导、控制、调节作用，是法律创制和法律实施的内在动因，可再生能源政策目的则根据政策类型的不同而有所差异。战略规划类政策的目的表述蕴含着一国当下能源目标整体框架和对国际能源交流合作所做出的回应，其他类型政策目的则是针对法律目的中的某一方面进行详细铺成。在此意义上，可再生能源政策目的包含但不仅限于可再生能源法律目的。由于相互交织、相互影响是二者的常态，在这一过程中如何寻求并且达到二者相加后的最优效果是关乎可再生能源法律与政策体系的全局性问题，实现这一目的也具有创制意义。

二　可再生能源法律与政策功能定位的融贯性审视

（一）融贯性理论的三维考察

有关融贯性理论的研究分为两派，分别侧重于融贯性的两个方面，一种是法律论证和法律推理的融贯性，以英国法学家麦考密克为主要代表人物；另一种是法律体系的融贯性，以美国法学家德沃金为主要代表人物，其在《法律帝国》一书中，提出并论证了"整全性"（integrity）概念（作为融贯性的理想追求）对于法律体系的重要意义。⑦ 法律体系的融贯性理论能为可再生能源法律体系结构和功能的优化提供充足的理论支持和崭新的构架范式，因而本文的研究和运用主要侧重于第二种——法律体系的融贯性。理论上认为，法律体系的融贯性具有三个层次的含义。首先，

---

⑥　参见刘风景《立法目的条款之法理基础及表述技术》，《法商研究》2013 年第 3 期。

⑦　参见［美］罗纳德·德沃金《法律帝国》，许阳勇译，上海三联书店 2013 年版，第 178—209 页。

它是规范的融贯，法律语言的模糊性和开放性使得法律是什么的多种陈述可以兼容，[⑧] 即法律体系的各子体系、子体系之间的逻辑一致；其次，它是领域的融贯，即各个体系之间在特定的时间、特定的领域中具有功能发挥的优位顺序，[⑨] 并立足于特定语言共同体的内部，采用内部参与者的视角在彼此冲突的法律规则中做出正确选择，从而帮助法官在法律内部寻求疑难案件的唯一正解；[⑩] 最后，它是目的的融贯，麦考密克教授认为基于法律原则的论述可以证明法律裁决与法律体系的法律价值相融贯。[⑪] 即整个法律体系中各组成要素具有明确和统一的价值追求，这一价值追求既符合该法律体系的构建初衷，也需满足本国法治建设发展要求。这三个层次作为一种纵向标准，相互联系并层层递进，分别对一法律体系的融贯程度提出不同要求。

（二）规范体系下可再生能源法律与政策关系的融贯化

有关"规范体系"，学界认为这一概念远大于法律体系的概念，[⑫] "规范体系"概念的出现是中国特色法治建设进程中法学界的一次理论创新和概念创新，它以一种更加包容、开放的态度对待社会中起实际作用的各种规范形式，正是基于这一概念的开放性、模糊性和非教条性，融贯性理论的内在逻辑能为各种规范之要求提供衡量标准，最大限度地保证抽象与具体的一致性，同时也为研究法律规范体系和政策治理体系的关系提供新

---

⑧　参见［美］布莱恩·比克斯《法律、语言与法律的确定性》，邱昭继译，法律出版社2006年版，第86页。

⑨　参见侯学勇、赵玉增《法律论证中的融贯论——转型时期和谐理念的司法体现》，《法学论坛》2007年第3期。

⑩　参见王彬《论法律解释的融贯性——评德沃金的法律真理观》，《法制与社会发展》2007年第5期。

⑪　参见［英］尼尔·麦考密克《法律推理与法律理论》，姜峰译，法律出版社2005年版，第126页。

⑫　刘作翔教授根据当前不同规范的运用现状，较为全面地概括出我国四大规范体系，分别为：法律规范体系、国家政策体系、党政规范体系、社会规范体系。参见支振峰《规范体系：法治中国的概念创新——"法治中国下的规范体系及结构"学术研讨会综述》，《环球法律评论》2016年第1期。

思路和新框架。在本文中，从融贯的角度认识"规范体系"的前提是对融贯性理论进行范围和内容的扩张，融贯性理论在范围上不能仅局限于法律体系和法律论证，而应满足中国特色社会主义法治体系的要求，将视角投放在更加多元化的治理体系中，此外，在内容上除了关注各规范之间的内在逻辑和价值整合外，还应寻求部分与部分、部分与整体、整体与整体的衔接方式。因此，可再生能源法律与政策体系融贯化的具体内涵包括以下几个方面。

1. 规范的功能逻辑

基于上述对融贯性理论本意的三维考察，再结合我国可再生能源法律政策体系的发展现状，本文认为规范体系内的逻辑性是实现可再生能源法律与政策体系融贯化的首要条件，是在规范体系内进行内部融贯性证成和外部融贯性证成的前提和基础。它要求可再生能源法律与政策具有各自存在的合理价值，且二者相互影响、相互支撑，对此，本文通过宏观层面——法律与政策的功能特性来窥探可再生能源领域中的法律与政策关系。首先，法律与政策具有功能的相对独立性，由于存在制定机构、表现形式、调整范围及实施方式等方面的差异，使得法律与政策各自具有独特的功能而不能相互替代，在大陆法系国家，人们通常认为法律侧重于对具体社会关系的"调整与规范"，具有创建、调整、保持、保障等功能，[13] 政策则更具灵活性、开放性和应急性，其在指导、细化、激励等功能发挥上更为出色；其次，法律与政策具有功能的连贯性，不同功能之间并非各自发生作用而完全独立，对于那些尚未成型、亟待解决的社会问题，政策能充分发挥先导作用，待到成熟之后再由法律予以规制，即"政策的法律化"，反之，一个具有框架性特征的立法需要通过政策不断予以细化来增强可操作性，即"法律的政策化"，如此，二者实现功能的联系与互构；最后，法律与政策具有功能的互补性，二者同属于规范体系范畴，在无须法律或法律缺位的情形下，政策一般具有"准法律"性质，此性质赋予了其独立价值和替代意义，一旦形成法律规范，在适用范围和时间上其较政策更为稳定。[14]

---

[13]　参见［德］伯恩·魏德士《法理学》，丁晓春、吴越译，法律出版社 2013 年版，第44 页。

[14]　参见李龙、李慧敏《政策与法律的互补谐变关系探析》，《理论与改革》2017 年第 1 期。

2. 规范的系统逻辑

在"规范体系"内，可再生能源法律与政策既然以体系化的方式相互联结，那么它们就需要彼此借鉴，以追求更高的内部融贯性。这也意味着，在系统逻辑层面，需要将法律与政策视为整体性规范，但二者由于在地位上具有独立性，使得我们在实践过程中难以避免效果冲突的产生，为此只要法律或政策的做法不具有现实性，就要求在面对冲突时分清法律与政策的主次关系。可再生能源法律与政策体系的系统化正是解决体系内部矛盾与冲突的过程，它包含领域化运用和冲突解决两个方面的要求。在领域化运用上，首先需要明确法律与政策各自的约束范围，法律相比政策具有更高的强制性和权威性，面对当前可再生能源产业的被动发展局势，法律应在能源法律关系主体的权利义务、责任承担等方面发挥更多作用，政策的灵活运用也能为可再生能源产业发展提供支持和信心，其次以可再生能源产业的市场运作和主体之间的权利义务运行作为具体情景模式探讨法律与政策的主次关系。在冲突解决上，需要选择及时有效的化解方式，构建系统的法律与政策的冲突解决机制，寻求政府部门、企业、消费者三类可再生能源法律关系主体的利益平衡，以此衡量可再生能源法律与政策的互动模式造成的影响和效果是否达到预期目标追求。

3. 规范的价值逻辑

可再生能源法律政策体系不仅追求一般能源法意义上的安全、效益、秩序、公平、正义等价值目标，还追求一些超法律层面的价值理念，它也是"规范体系"在价值整合后的多元表达，属于外部融贯性范畴。任何融贯的规范体系都需要一套成熟自洽的信念体系作为支撑，这种信念以"不成文"的形式通过法律与政策目标向人们传达，基于此，可再生能源政策与法律体系所追求的法律理念、政策理念、道德理念等在实践中并不会位居法律前台，而是在出现逻辑冲突无法化解的特定时刻"展露身手"，这些信念对整个规范体系具有方向指引和价值评判的作用。本文认为，要实现目的融贯性，首先需要"剔除"，权衡、衡量系统中不同理念的相互关系，进一步确认哪些理念应予剔除或保留，其次需要"补漏"，反思当前规范体系的价值追求是否符合法律和道德在应然层面的要求，并通过补充和完善来解决当前可再生能源法律政策领域价值目标的缺失这一前提性问题。最后需要"升华"，在前两个步骤的基础上，进一步确定提出价值整合后的目标追求，而这一具有多元性的理念自身符合偏好选择的融贯性要求，在得到可再生能源法律政策体系的支持后将使这一体系中的各个信念相互支持。

三　可再生能源法律与政策功能互动的融贯性逻辑

（一）"法律政策化"与"政策法律化"对弈

可再生能源"法律空洞化"体现在以下几个方面：其一，立法精确性不足，由于法律制定之时没有成熟的制度和政策作为参考，立法者只就可再生能源产业中的主要社会关系进行规定，其他具体事项由 11 处授权性立法规定授权其他部门制定细化规则，继而形成庞大、繁杂的政策系统；其二，立法内容缺失，可再生能源的核心问题在立法中体现不足，例如有关可再生能源电价问题，风力发电、太阳能光伏发电等在法律制定之时都未形成规模化生产，使得立法者无法就各类可再生能源上网电价做出具体规定；其三，立法中的"政策型"条款过多，正如广义的政策范围涵盖法律一样，法律与政策的边界有时难以区分，《可再生能源法》中存在大量宣示性规定。在一定程度上，"法律空洞化"现象可能导致出现"法律政策化"和"政策法律化"这两种结果，一方面，法律缺乏可操作性，需要大量政策细化规定；另一方面，由于政策的稳定性和权威性不足，无法对可再生能源产业发展提供强有力的支撑和保障，面对可再生能源法律的"空洞化"现象，将规范可再生能源开发利用的活动纳入法治化轨道，将政策上升为法律的呼声日益高涨。前一个方面代表"法律政策化"的要求，后一个方面代表"政策法律化"的要求，而这两种结果之间并不决然割裂，反而是实现可再生能源法律与政策之间的有效衔接和互动的重要途径，它们代表着法律与政策作为两种社会治理工具，因各自具备不同功能指引而相互独立、相互支持，共同存在于可再生能源规范体系内。

（二）法律与政策的系统化联合

可再生能源法律与政策相互关系动态模式一般表现为四个方向维度。

第一，法律对政策的确认和整合。针对一些在实践中功效显著但零散的可再生能源政策及相关制度，通过法律形式予以确认能赋予法律关系主体一定的理性预期。第二，法律对政策的推进和创新。如若有充分的理由与证据确认已经确认的制度对当前能源革命具有重要意义，那么通过法律自身所特有的权威性，就能有力推动这些制度的改革与创新。第三，政策对法律的导向和指引。可再生能源战略规划类政策明确了该阶段内可再生能源产业的指导思想、发展目标、主要任务等核心问题，因而可再生能源立法可根据国际国内形式要求适时做出调整。第四，政策对法律的补充和推动。这是当前最为普遍、重要的互动方式，在法律无法完全克服自身具有滞后性缺憾的同时，政策以"先行者"的身份出现，它以灵活性、可操作性的制度手段对法律留白进行填补，推动法律不断完善。[15] 总的来说，可再生能源法律少、政策多的现状形成"立法由政策推动"的良性互动局态。

从理论上探讨可再生能源法律与政策的互动表现不免有过于原则化和抽象化之疑，根据利益相关者理论的内涵及法律政策关系的主体属性差异，[16] 可从政府、企业、公众和社会组织视角探讨具体实践中可再生能源法律与政策互动模式给不同主体带来的影响。首先，政府可分为可再生能源主管部门和其他相关部门，目前，可再生能源立法中缺乏对政府责任的规制，《可再生能源法》第28条虽然是政府责任条款，但该法条只涉及行政管理者渎职后的行政、刑事处理，对于政府行政权力边界这一核心问题并未作出规定。另外，《可再生能源法》中一些重要制度的配套实施细则至今为止仍未颁布，地方性发展规划及实施条例也迟迟未出台，导致关键性措施根本无法运作，行政机关对可再生能源法律政策只知其名。其次，企业可分为发电企业、电网企业及其他相关企业，企业责任缺失成为目前亟待解决的问题，对于发电企业来说，由于可再生能源配套电网规划、建设同可再生能源发电规划、建设不相适应，发电企业无法及时改造

---

⑮　参见徐以祥《我国温室气体减排立法的制度构建重点》，《企业经济》2012年第8期。

⑯　利益相关者理论阐述了：不同利益相关者由于自身属性差异与利益差异会提出不同的利益诉求，并履行其相应的义务，任何一个产业的发展都无法离开利益相关者的智慧、人力及资本的投入，任何一个产业的稳定都无法脱离利益相关者对于利益及损益的诉求。参见陈宏辉、贾生华《企业利益相关者三维分类的实证分析》，《经济研究》2004年第4期。

可再生能源发电设施，全额保障性收购制度明显缺乏政策支持与政策保障也是可再生能源并网的一大难题。对于电网企业来说，虽然开发利用可再生能源有政策作为支撑和保障，但由于政策的权威性明显不足，企业逐利性的本质属性不断动摇着的投资理性，在不完全信息的环境下，受其他企业影响误判或忽视自身条件来追求最大差能效益，加之技术研发政策缺乏下的企业技术落后状况，使得我国可再生能源低端产能过剩。对于其他企业而言，由于可再生能源行业本身具有高风险、低收入的特征，可再生能源法律与政策的融贯性缺失也使得企业对于开发利用可再生能源望而却步。最后，公民可分为可再生能源消费者和一般公民。公民应成为可再生能源法律和政策的参与者，虽然《可再生能源法》第9条规定，编制可再生能源开发利用规划时应征求有关单位、专家及公众意见，但忽略了执法、监督等环节中的公众知情权，有限的公众参与渠道并不能建立起以政府管理为主导、多元社会治理的可再生能源法律政策体系。

（三）法律与政策的松散化态势

可再生能源与其他能源种类相一致，兼具自然、经济、安全、生态等多元属性，[17] 但其在内在属性、开发利用方式上的特性也进而形成了可再生能源法律政策的价值指引。当前正值全球气候变化后京都议定书讨论时期，绿色发展成为全球发展的必由之路，世界各大经济体都希望通过新一轮绿色能源革命拉动该国、该地区、该组织经济复苏，以走上绿色发展的低碳可持续轨道。[18] 可再生能源与帮助各国实现节能减排目标、遏制全球气候变暖紧密相连。为实现低碳能源法治，可再生能源不能局限于自然属性和经济属性，而应以更加开放、动态的方式予以回应。面对后京都时代，我国能源法变革已踏上征程，这一变革即是能源法的生态化过程，这需要可再生能源法治尽快迎合能源法的革新。在这种背景下，可再生能源在保障能源安全、保护生态环境、应对全球气候变化方面的突出作用就决

---

⑰　参见张忠民《能源监管生态目标的维度及其法律表达——以电力监管为中心》，《法商研究》2008 年第 6 期。

⑱　参见胡光宇《能源体制革命——中国能源政策发展概论》，清华大学出版社 2016 年版，第 31 页。

定了可再生能源法治所需要达到多元化的功能目标，主要包括生态化目标、市场化目标和人本化目标。生态化目标是要实现可再生能源在环境保护领域中的重要作用。市场化目标包括可再生能源的四个要素考量，包括投资、技术、效率、竞争，是法的工具性价值的体现，核心含义是促进可再生能源产业的自我成长，实现可再生能源发展市场化。人本化目标核心要义是：维护社会公平正义，实现能源供应安全、获取安全，最终实现人类社会可持续发展。

在外部融贯性的要求下，可再生能源法律与政策需要达到协调且多元的价值追求。但就目前而言，可再生能源法律与政策的价值追求还存在以下问题。

可再生能源法律与政策价值目标的多元化问题。当前可再生能源法治的目标不能满足现实需要。《可再生能源法》将"为了促进可再生能源的开发利用，增加能源供应，改善能源结构，保障能源安全，保护环境，实现经济社会的可持续发展"作为立法目的进行规定，包含了两方面内容，一是"为促进可再生能源开发利用"的直接目的，二是以保障能源供给安全和能源环境安全的间接目的。[19] 由此可见，追求可再生能源行业发展对我国经济建设的重要作用仍是我国立法的首要目标。将可再生能源的安全和生态价值置于次要追求目标，不仅与可再生能源的本质属性差距甚远，也不利于能源体制改革进一步向能源安全、能源生态方面的转变。此外，面对全球气候变化，立法目标的相关内容并未体现，这就使得在可再生能源专门性立法和政策规章中，"应对全球气候变化"成为难以弥补的空白，削弱了开发利用可再生能源在气候变化领域的积极作用。

可再生能源法律与政策目标的协调性问题。可再生能源法律与政策价值目标的"留白"必将对二者之间的协调性产生不良影响。一方面，作为非正式法律渊源的可再生能源政策在新时期已被赋予了新的符合国际发展潮流的价值，它不仅从文本中的字里行间表现出来，且已经上升到道德意识层面，成为全人类所共同认可和追求的价值目标，而通过上文可知，当前的立法目的已不能满足生态化、市场化、人本化的需求；另一方面，

---

⑲　参见柯坚《全球气候变化背景下我国可再生能源发展的法律推进——以〈可再生能源法〉为中心的立法检视》，《政法丛论》2015 年第 4 期。

《可再生能源法》与其配套性细化实施规则存在目标冲突，国家制定单行法的初衷是为调节和管理可再生能源活动，为其提供价值指引和法律保障，最终促进我国可再生能源产业发展壮大，这就需要建立可再生能源市场机制，并通过构建产权制度对可再生能源产业进行激励，而当前我国可再生能源政策以财政激励类政策居多，所贯彻的理念是"行政规制""政府主导"，虽然在短时期内能帮助可再生能源企业削减经济、竞争负担，但从长远来看，依赖行政支持无疑与立法中促进可再生能源产业发展壮大的初衷背道而驰。

四　可再生能源法律与政策功能互生的融贯性路径

（一）可再生能源法律与政策的理念原则

可再生能源立法具有典型的框架法特征，根据公共选择理论的假定，政府官员也是追求其福利最大化的个人，法律规定模糊就为"寻租"预留了空间。要实现可再生能源法律与政策的协调互动，一方面要将现有的实施良好的制度通过法律进行确认和固化，另一方面要完善现有的配套性政策措施，提升立法的可操作性。

引导可再生能源从政策主治到法律主治的转变，可帮助解决可再生能源立法的模糊性问题，本文认为以下制度需要通过未来可再生能源立法予以确认和固化。

1. 可再生能源电力配额制度

可再生能源配额制政策是通过立法手段为缺乏市场竞争力的可再生能源强制设定一定的市场空间需求，目的是顺利实现国家的可再生能源发展目标。[20] 在消纳困难和补贴缺口不断扩大的情况下，强制配额制在立法中的确认和固化，并贯彻实施于可再生能源发电行业，无疑是利好消息。配额制入法能从规范意义上提升配额制在可再生能源活动中的地位和作用。

---

[20]　参见任东明《可再生能源配额制政策研究——系统框架与运行机制》，中国经济出版社2013年版，第2页。

此外，在实际操作中，配额制支持可再生能源电力优先利用，有利于化解"弃风弃光弃水"问题。在立法中明确各省级人民政府承担本行政区域内的可再生能源配额落实责任，并通过奖惩制度进行考核和监督，也能促进本区域内的消纳，打破省间壁垒，促进跨省跨区域消纳。

2. "绿色"交易证书制度

目前，我国并未有真正意义上的可再生能源绿证制度，而我国的电力市场和电力管理体系并不能完全适应建立完整意义上的绿证制度的需要，特别是我国配额制政策的实施还面临与当前实施的电价补贴政策的协调性问题。[21] 因此，我国并不能简单套用国外配额交易制度，否则可能带来可再生能源发展的风险和阻碍。对此，可通过阶段性的引入方式完成绿证制度的"中国化"步骤：在起步阶段，配额制度政策制定过程中可为绿证制度预留"窗口"，在配额制度于全国初步建立和实施后，选择在可再生能源产业较为发达区开展绿证交易制度试点工作，为下一阶段全面引入绿证制度积累经验；在自由交易阶段，此时电网不再是资源的配置者，传统电力统购统销模式被彻底打破，以市场为基础的价格机制开始发挥完全作用，绿证制度将在可再生能源发电企业与传统能源发电企业、配电商、电力消费者之间进行自由交易；最后，在绿证制度扎根于中国市场后，通过立法形式给予确认和强制力保障。

3. 可再生能源发展目标考核制度

这是一项充分体现并发挥我国制度优势且具有中国特色的制度，它是与可再生能源规划制度紧密配合的一项具体细化考核制度。当前我国可再生能源发展动力尚且不足，通过制定实施可再生能源规划制度和目标考核制度并使两制度相互配合，能有效实现可再生能源发展预期目标，因而可再生能源发展目标考核制度应如规划制度一般，获得法律认可之地位。

此外，重要配套政策的缺失使开发可再生能源在一些领域缺乏明显的法律与政策支持，为解决《可再生能源法》的操作性难题，当务之急是对可再生能源政策进行优化和战略地位拔高，这就需要制定和完善《可再生能源法实施细则》（以下简称《细则》）。时至今日，《细则》并未

㉑   参见任东明《可再生能源配额制政策研究——系统框架与运行机制》，中国经济出版社2013年版，第265页。

出台。从国际经验来看，美国、欧盟、日本等国非常重视法律与政策的量化细则条款及其可操作性，并建立了强有力的实施机制和中长远行动计划。例如，欧盟通过指令形式提出清晰、明确的发展目标，设立支持、鼓励政策计划，并建立定期监管检查与评估考核制度。㉒《细则》的具体制定方式包括两种，一种是在《可再生能源法》的基础上，对各类制度措施进行细化和完善。另一种是在可再生能源种类差别的基础上，分别在风能、水能、太阳能、生物质能、地热能和海洋能领域中有所偏重地明确规划各自发展道路。无论采取哪种制定方式，都应规定可再生能源发展具体量化指标，并配合《可再生能源法》制订相应的行动计划。

（二）法律与政策整体联动的模式选择

"政府调控与市场运作相结合"是可再生能源产业发展的必由之路。中国可再生能源产业发展正处于初期阶段，更应坚持"市场机制是基础，政府调控是关键"。根据国外发展相关经验，若没有政府适当有度的干预、调节、扶持，可再生能源产业很难与传统能源行业相竞争；反之若没有充分发挥市场机制，中国可再生能源企业势必面临技术落后、产能低下、竞争力弱等艰难局面。㉓基于上述内容，政府应当充分发挥"掠夺之手"与"扶持之手"，基于不同主体，明确法律与政策在不同政府干预模式中的侧重点，最终促进可再生能源法律与政策的整体联动。

1. "掠夺之手"：加强政府管制能力

依据统一管理、分级负责、权责一致的原则，整合可再生能源管理部门及部门机构，并对其职能进行整合及区分，在法律法规中进行明确规定，以发挥可再生能源主管部门及相关协管部门的作用，同时应建立可再生能源管理制度法律条款，对政府可再生能源管理手段及方式予以规范，将国家可再生能源战略与规划提高至法律层面，法律明确规定可再生能源战略规划内容、程序、评估、修订等，设专章规定能源主管部

㉒　参见史丹《新能源产业发展与政策研究》，中国社会科学出版社2015年版，第474页。

㉓　参见胡宁生《国家治理现代化：政府、市场和社会新型协同互动》，《南京社会科学》2014年第1期。

门及有关部门。此外，应明确政府可再生能源检察责任及追究，县级以上政府应根据可再生能源法及关联法对相关部门及下级人民政府履行监督检查职责，在可再生能源立法时应依据法律责任与义务，对政府部门作为法律实施主体的责任不作为、义务不作为，枉法做出明确责任追究的规定，督促各级政府及相关部门依法履责、依法行政。应设定行政责任追究责任法律条款，使其依法承担国家赔偿责任。

2. "扶持之手"：激发市场活力

一方面，以技术为突破口为可再生能源产业发展提供持续动力。可再生能源科技政策的中心应从过去"动员个体研发投资"为主向提高"部门研发效率"转变，[24] 这就要求政府促进可再生能源研发主体之间的协调与互动，并加强对企业研发的服务形成系统性的产业内生创新发展动力。另一方面，加强财政激励与金融激励，在财政补贴上，减少企业投资补贴，增强产出补贴，增大税收优惠力度，在信贷支持上，鼓励多元主体参与可再生能源投资开发。[25] 我国可再生能源领域存在长期资源匮乏、技术落后的问题，造成对国外资金和技术的依赖，因此，合理利用国际资金也是确有必要的发展途径。

（三）多元价值目标的实现

1. 生态功能及其实现

作为一种环境要素，可再生能源本身具有经济价值与生态价值的双重属性，而今不断涌现的环境危机事件也正向人类警示：保护与改善环境、生态系统才能保障人类得以长期生存和发展。要想可再生能源法律政策充分发挥生态功能，实现生态化目标，一方面，应当以绿色发展理念丰富法律政策目标。绿色发展理念的核心思想是实现"生产发展、生活富裕、生态良好"并存状态。[26] 虽然开发利用可再生能源总体上有利于保护环境，但立法中也忽视了开发利用过程中所带来的环境问题，例如开发风能

---

[24]　参见王文举、陈真玲《改革开放 40 年能源产业发展的阶段性特征及其战略选择》，《改革》2008 年第 9 期。

[25]　参见肖国兴《〈能源法〉与中国能源法律制度结构》，《中州学刊》2010 年第 6 期。

[26]　刘卫先：《绿色发展理念的环境法意蕴》，《法学论坛》2018 年第 11 期。

对区域土地的破坏、水电对流域系统的影响、太阳能废弃电池的问题等，这就需要在当前可再生能源法律中增添更多环境保护条款，并制定有关可再生能源环境保护的政策措施或通过政策法规对环境保护条款予以细化。以风电为例，应建立严格审批制度，将风电站的建设控制在规定的区域内并履行严格的审批程序。

另一方面，应当着实提高当前可再生能源立法目的的层次高度与格局。立法目的在美国、欧盟等国家和地区的相关立法中，除了明确开发利用可再生能源对保障能源安全、保护环境的重要意义之外，还将积极应对全球气候变化挑战作为现实追求，提升可再生能源的战略层次与高度。当前，我国已经通过气候变化政策来鼓励大力发展可再生能源，例如，2007 年国家发改委颁布的《中国应对气候变化国家方案》及 2009 年全国人大常委会颁布的《关于积极应对气候变化决议》中均明确以风电、太阳能、水电、生物质能等可再生能源作为应对全球气候变化与环境危机的主要措施之一。因此，基于可再生能源对气候变化能带来的经济、生态效益等，在《可再生能源法》下一步修改时可考虑将应对气候变化作为开发利用可再生能源发展目标之一，这有助于提升我国可再生能源战略意识水平层次，并提升人们对发展可再生能源意义的认知，激发社会各类主体的积极性与支持程度。

2. 经济功能及其实现

能源产业一般具有天然垄断性，伴随而来的是可再生能源法所体现出的行政法特征。伴随着政府配置资源的硬伤，进行市场化转型是当前能源发展的必然路径，需要依靠制度优势向法律优势转型，以实现资源优势到竞争优势的转型。在可再生能源领域，实现法律推动向竞争优势转型，就是要实现《可再生能源法》向《可再生能源产业法》的转型。为逐步打破政府筑起的"篱笆墙"，在制度设计上，法律应明确各类可再生能源产权及投资、交易规则，改善产业发展结构并合理扩大产业组织规模，构建可再生能源技术创新体系，建立可再生能源市场，保护民营资本投资，在投资项目与规模、电站建设与并网服务、市场交易份额、土地利用等方面形成公正、公平、公开的合理市场竞争机制。[27] 在

㉗　肖国兴：《能源发展转型的法律路径：从资源优势走向竞争优势》，《中州学刊》2013年第 5 期。

能源管理方面，我国对可再生能源的管理应逐渐加强市场的调节作用，以德国为例，德国的《可再生能源优先法》一个突出特点就是将开发利用的外部性成本纳入可再生能源价格构成中，并通过国家层面的价格激励与财政支持措施缩小可再生能源与传统化石能源之间的价格差距。另外，应当为可再生能源技术发电项目提供与化石能源等额的市场，通过发挥经济手段的优势作用为当下可再生能源发展扫清阻碍，推动可再生能源市场化发展进程。

3. 社会功能及其实现

社会功能是能源法治维护社会公平正义的应有之义，能源的供给状况及利用水平直接决定着社会个体的生存意义与发展潜力。因此，充分实现可再生能源领域的社会功能可在一定程度上改善提升公众权益。从公民权利角度而言，增强与保障社会主体的经济自由是实现可再生能源领域公平正义的前提，这需要形成具有公正价值追求的且行之有效的法律政策体系。此外，在市场化目标所形成的具有活力的经济环境中，应当使人们获得更多的权利，通过在可再生能源生产、消费、交换环节中保障社会主体之权利来提高资源配置效率，进而推动形成有利于实现能源正义的社会环境。

以公众参与为例，公众参与是实现可再生能源持续发展的重要条件之一，是可再生能源开发利用的群众基础。可再生能源信息的公开化则是实现公众参与的重要前提，公众应充分享有信息的知情权。因而应通过可再生能源立法以明确公众的可再生能源信息获取权，强化可再生能源管理部门及企业信息公开责任，明确其应通过适当方式向公众披露可再生能源领域现状、科学技术等一些实用信息的责任内容。此外，应在可再生能源相关法律与政策中明确保障公众的诉讼权，这是实现公众参与的有效形式之一。结合可再生能源领域所公开化信息，鼓励并保障公众通过信访、行政诉讼或民事诉讼等法律途径揭露并纠正政府不作为行为及企业不正当行为，切实保障公众自身经济、环境等利益。最后应通过相关法律与政策保障公众切实参与到可再生能源开发、利用决策中，充分重视可再生能源决策的公众参与，确保公众建议的有效性。

论可再生能源激励法律制度的完善

张滢雪*

摘　要：我国可再生能源产业目前仍处于发展初期阶段，需依靠各类型激励措施的推动。现阶段的激励制度主要包括发展基金、税收优惠、财政补贴和价格调控。上述激励制度的设计虽各具特点但具有较强关联性，能够多形式、多角度地鼓励和推动可再生能源的发展，但这些激励制度并不是完美的。因此，应当审视并总结这些制度目前存在的问题，通过制定或完善相关法律法规、规范性文件及政策性文件，借助法律手段推动形成更为完善的可再生能源激励制度，推动我国能源结构逐步优化，促进经济可持续发展并助力生态文明建设。

关键词：可再生能源激励制度；发展基金；税收优惠；财政补贴；价格调控

在应对气候变化和发展低碳经济的宏观背景下，大力发展可再生能源是大势所趋。[①] 基于相关法律及政策的激励，我国可再生能源产业得以迅速崛起发展，促使能源消费结构逐步优化。但不可否认可再生能源现有激励制度仍存在诸多缺陷，制约了其进一步发展。目前，作用于可再生能源产业的各项措施制度纷繁复杂，其运行方式、作用甚至存在交叉重叠的可能性。对我国可再生能源激励法律制度进行系统化研究，应当以明确其基本概念为前提条件，以此为基础全面梳理和分析我国的可再生能源相关政策及法规体系。

＊中国政法大学环境与资源保护法专业 2019 级研究生。

① 参见于文轩《面向低碳经济的能源法制研究》，中国社会科学出版社 2018 年版，第125 页。

一　概述

推动可再生能源产业健康发展，需要完善的可再生能源法规体系和制度予以支撑。一方面，对相关开发利用行为发挥规范、制约作用；另一方面，发挥引导和激励作用。基于可再生能源具有明显的公益性，其不具备与传统化石能源竞争的能力。② 因此，在产业发展前期，更好地发挥相关法律制度的激励功能必然是重点。

（一）可再生能源激励制度的内涵界定

"激励"，即激发鼓励之义。③ 不同学科对"激励"一词内涵的理解角度各异，但概括而言，其外在表现为对某种行为的驱动作用。广义激励的内涵范围较大，包含正向和反向、直接激励和间接激励等。激励功能是法律制度的重要功能之一，我国立法中规定的法律激励大致可划分为权责分配类、成本收益类和资格待遇类等不同激励类型。④ 具有激励作用的法律制度众多，例如正向激励功能隐含于学界公认的法律所具有的指引与预测功能之中，⑤ 所以明确和稳定的法律都可在一定程度上起到激励作用。本文所论及的"激励"是狭义的，指以直接激励为目的而非间接起到激励效果的法律制度。

我国现已逐步形成了可再生能源法规体系和一些较为行之有效的法律制度。⑥ 基于对可再生能源本身特点和发展现状的考量，以及为实现该产业自律管理、持续发展和形成成熟市场的需求，成本收益类激励制度应当成为可再生能源领域的关注重点。经济类手段作为激励可再生能源发展的重要途径，发挥了主要作用。目前，我国主要的可再生能源经济类激励制

---

② 参见肖国兴《可再生能源发展的法律路径》，《中州学刊》2012 年第 5 期。

③ 参见《现代汉语词典》，商务印书馆 1996 年版，第 588 页。

④ 参见胡元聪《我国法律激励的类型化分析》，《法商研究》2013 年第 4 期。

⑤ 参见方纯《法律的激励机制及其实现条件》，《广西民族学院学报》（哲学社会科学版）2006 年第 4 期。

⑥ 参见于文轩《可再生能源政策与法律》，中国政法大学出版社 2019 年版，第 22 页。

度可以分为发展基金、税收优惠、财政补贴以及价格调控四大类别。

（二）可再生能源激励制度政策现状

对国家而言，可再生能源具有重要战略意义。可再生能源政策将影响能源产业发展走向、影响国计民生，因而发挥国家政策的引领作用十分重要。我国国家能源政策主要体现在党的纲领性文件、五年规划和能源发展规划中。⑦⑧ 为保障"十四五"可再生能源的发展工作，国家能源局于2020年4月发布了《关于做好可再生能源发展"十四五"规划编制工作有关事项的通知》⑨，文件中提出要推动可再生能源降低成本、扩大规模，并以可再生能源成为能源消费增量主体、实现2030年非化石能源消费占比达到20%为战略目标。

在实践中，国务院相关部门和其他机关根据国家可再生能源政策制定各自职责范围内的具体政策性文件。目前，我国可再生能源具体政策性文件多以"通知""规定""意见""决定"以各类目录等形式出现，名目、数量繁多。例如《促进非水可再生能源发电健康发展的若干意见》，规定电价定价机制的《关于2020年光伏发电上网电价政策有关事项的通知》《关于完善风电发电上网电价政策的通知》《关于完善太阳能光伏发电上网电价政策的通知》等，以及在持续更新中的《可再生能源产业发展指导目录》《可再生能源电价附加资金补助目录》等。在可再生能源领域缺乏法律法规层面规定的情况下，具体政策性文件往往体现出规范性，在实践中往往扮演重要角色。

（三）可再生能源激励制度立法现状

为了促进风能、太阳能、水能、生物质能、地热能、海洋能等非化石

---

⑦　参见于文轩《可再生能源政策与法律》，中国政法大学出版社2019年版，第3页。

⑧　例如国家发展改革委制定的《可再生能源中长期发展规划》（2007）和《可再生能源发展"十三五"规划》（2016）。

⑨　国能综通新能〔2020〕29号，2020年4月9日发布。

能源的开发利用，⑩于 2005 年通过的《可再生能源法》是我国可再生能源领域的基本法。为具体实施该法，我国制定了一系列有关可再生能源的法规专门规章和其他规范性文件，⑪逐步形成了以《可再生能源法》为统领的可再生能源法规体系。该体系中不同位阶的规范性文件对上述提到的主要激励制度类型均有规定，对推动可再生能源产业发展起到基础的规范作用。

1. 法律层面

《可再生能源法》中有关直接激励的内容较全面但比较原则，包含对研发者的技术支持、对消费者的推广和鼓励措施，又有针对有关生产者的产业指导等。且该法第六章专章规定了"经济激励与监督措施"，其中具体经济激励制度包括国家财政设立的可再生能源发展基金、有财政贴息的优惠贷款和目录中企业的税收优惠。⑫此外，我国《电力法》《海岛保护法》等法律中也有国家鼓励和支持可再生能源发展等相关表述。

2. 部门规章层面

为了具体落实《可再生能源法》规定的激励制度，实质性促进可再生能源产业的发展，国务院有关部门颁布了一些切实可行的部门规章和配套规范性文件。例如财政部、国家发改委和能源局颁布的《可再生能源电价附加资金管理办法》（2020 年），取代了原暂行办法；财政部颁布并修订的《可再生能源发展专项资金管理暂行办法》（2015 年），其补充通知规定该专项资金实施至 2023 年；国家海洋局颁布的《海洋可再生能源基金项目实施管理细则（暂行）》（2016 年）；财政部、国家发改委和能源局制定的《可再生能源发展基金征收使用管理暂行办法》（2011 年）；财政部、水利部发布的《农村水电增效扩容改造财政补助资金管理暂行办法》（2011 年）；以及更早的《可再生能源电价附加收入调配暂行办法》（2007 年）、《可再生能源建筑应用专项资金管理暂行办法》（2006 年）、《可再生能源发电价格和费用分摊管理试行办法》（2006 年）等。

3. 地方立法层面

现有地方立法中涉及可再生能源激励制度的规范性文件存在体系性

---

⑩　《可再生能源法》第 1、2 条。

⑪　参见蔡守秋《我国可再生能源立法的现状与发展》，《中州学刊》2012 年第 5 期。

⑫　《可再生能源法》第 24—26 条。

较差、各地数量不平衡的问题，其中的激励种类主要集中于专项资金和电价补贴方面。省级法规有《浙江省可再生能源开发利用促进条例》，以及湖北、黑龙江、湖南、山东省等针对农村可再生能源开发利用颁布的条例等。其他规范性文件较杂乱，其中级别较高的有：《上海市可再生能源和新能源发展专项资金扶持办法》《重庆市可再生能源建筑应用示范工程专项补助资金管理暂行办法》《云南省可再生能源发展专项资金管理暂行办法》《南昌市可再生能源建筑应用专项资金管理办法》等。⑬

二　可再生能源激励制度的分类

我国可再生能源立法中规定的激励制度主要包括发展专项资金、税收优惠、财政补贴以及价格调控四种类型，其发挥作用的方式、惠及范围等有所不同。这些激励制度和措施对推动我国可再生能源产业发展、促进建设低碳社会发挥了重大作用。

（一）发展专项基金

可再生能源发展基金包括国家财政公共预算安排的专项资金和依法向电力用户征收的可再生能源电价附加收入等。⑭发展专项资金，是指通过中央财政预算安排，用于支持可再生能源和新能源开发利用的专项资金。⑮除《可再生能源法》第24条外，《可再生能源发展基金征收使用管理暂行办法》（以下简称《基金暂行办法》）、《可再生能源发展专项资金管理暂行办法》及其补充通知（以下简称《专项资金暂行办法》），以及《可再生能源建筑应用专项资金管理暂行办法》等规章具体规定了该制度，建立了发展基金制度框架。

发展基金是缺乏市场竞争力的可再生能源产业发展的重要资金来源，能够为补贴等激励制度提供资金支持。目前，法律规定的发展基金

---

⑬　上述规范性文件来源于北大法宝检索。

⑭　《可再生能源发展基金征收使用管理暂行办法》第3条。

⑮　《可再生能源发展专项资金管理暂行办法》第2条。

主要用于科学技术研究、标准制定和示范工程，农村、牧区生活用能，偏远地区和海岛可再生能源独立电力系统建设，可再生能源勘查，促进可再生能源开发利用设备的本地化生产等活动。⑯ 因此，发展基金能够重点照顾可再生能源发展落后地区如农村、偏远地区、海岛，理论上还可以惠及研发端和生产可再生能源开发利用设备的企业。此外，可再生能源发展专项资金还能够支持煤层气、页岩气、致密气等非常规天然气开采利用活动。⑰

（二）税收优惠

作为宏观经济调控手段之一，税收也是公共财政最重要的收入来源，充分运用税收措施能够起到规范和激励市场主体经济行为的作用。可再生能源领域的税收优惠是指政府通过减少相关纳税人的纳税义务，以更好地促进可再生能源的开发利用以及推广。通过税收手段激励可再生能源发展主要通过以下两种途径：一方面是对可再生能源领域的正向税收优惠；另一方面是对传统能源进行强制性税收以达到对可再生能源的反向激励。税收优惠手段可以在生产的各个环节发挥作用，也能够作用于研发主体和相关服务型行业。⑱ 因此，税收优惠激励要充分考虑到可再生能源发展的各环节、各税种。⑲

《可再生能源法》中规定国家对列入可再生能源产业发展指导目录的项目给予税收优惠，⑳ 但除此之外缺乏配套法规规定税收优惠的具体标准和程序。为更好地发挥其激励作用，需要通过完善法律法规制定清晰明确、导向性强的税收激励制度。

---

⑯ 《可再生能源法》第 24 条。

⑰ 《财政部关于〈可再生能源发展专项资金管理暂行办法〉的补充通知》（财建〔2019〕298 号），2019 年 6 月发布。

⑱ 参见白洋《促进低碳经济发展的财税政策研究》，博士学位论文，中国社会科学院，2014 年。

⑲ 参见栗宝卿《促进可再生能源发展的财税政策研究》，博士学位论文，财政部财政科学研究所，2010 年。

⑳ 《可再生能源法》第 26 条。

（三）财政补贴

财政补贴是一种政府的无偿财政转移支付行为。为激励可再生能源发展，各国政府普遍对可再生能源进行补贴。广义的补贴既包含给付型的积极资助，也包含减免型补贴。税收优惠、政策支持等都是广义补贴中的有机组成部分，[21] 本文补贴主要指给付型补贴，即直接财政支付。直接财政支付通常具有直接性和针对性的特点。基于分类标准不同，补贴有多种分类方式：以直接受惠主体为分类依据可分为投资补贴、产品补贴和消费补贴；[22] 以补贴手段为分类依据可分为行业补贴、目录补贴和专项补贴。[23]

由于补贴具有很强的政策性和灵活性，[24] 目前补贴制度在法律和行政法规层面的规定较少：除了《可再生能源法》的有关规定外，《预算法》《电力法》亦有所涉及。由于电价附加收入是补贴的主要资金来源，补贴也适用于可再生能源上网电价调控，因而补贴制度在发展基金、价格调控制度的规范性文件中均有涉及。补贴制度暂无专门的法规规章，多采用清单及目录形式发布，而补贴范围及力度呈逐步缩小的趋势。

（四）价格调控

由于大多数可再生能源产品相较于传统能源产品成本要高，不具备与传统能源竞争的实力，需要采用特殊定价机制，因而价格调控对于激励可再生能源产业发展发挥着重要作用。目前，我国价格调控主要是针对电力价格。

我国有关电力价格调控的规范性文件较多，更新频率相对较快。除

㉑　参见李艳芳《新能源与可再生能源法律与政策研究》，经济科学出版社 2015 年版，第 420 页。

㉒　参见李艳芳《新能源与可再生能源法律与政策研究》，经济科学出版社 2015 年版，第 425 页。

㉓　参见于文轩《论可再生能源效率促进的工具选择》，《暨南学报》（社会科学版）2018 年第 12 期。

㉔　参见邓子基《财政学》，中国人民大学出版社 2010 年版，第 125 页。

《可再生能源法》外，还有《可再生能源电价附加资金管理办法》《可再生能源发电价格和费用分摊管理试行办法》，以及《关于完善风电发电上网电价政策的通知》《关于完善太阳能光伏发电上网电价政策的通知》《关于完善农林生物质发电价格政策的通知》等规定各类型可再生能源发电上网电价的规范性文件。我国可再生能源上网电价以固定电价制度为基本框架，但定价机制并不唯一且在逐步变化中，如陆上风电标杆上网电价、集中式光伏发电标杆上网电价在2019年均已改为指导价。未来，随着可再生能源产业的不断成熟，我国应学习发达国家做法，向溢价电价机制甚至市场电价机制方向发展。

三　可再生能源激励制度面临的挑战

基于对可再生能源政策性文件和法律法规的梳理，应当认为我国可再生能源产业已经具备了较为完善且具有前瞻性的规划和政策引领和较为完整的法规体系支撑，能够起到推动可再生能源产业发展的作用。但从整体性和细致性的角度分析现有激励制度的设计，则仍存在诸多问题亟待解决。

（一）具体政策性文件精细度较低

国家有关主管部门出台的可再生能源激励制度相关的政策性文件，在实际操作中起到了较为重要的作用，尤其是在相关法规体系规定较为原则的情况下，其对企业和消费者的影响更加直接。但这些与激励有关的具体政策性文件在各文件的相互关系、实质内容等层面仍存在一些问题。

一方面，规范性文件内容较杂乱、衔接性弱。目前与激励制度相关的政策性文件偏重于电价调控制度，涵盖了发电价格和费用分摊管理、电价附加收入以及风电、光伏发电和农林生物质发电等类别。由于可再生能源开发利用牵涉部门较多，包括发改委、能源局、财政部、电力监管委员会等部门。但在缺乏部门实际沟通协作的前提下，这些纷繁复杂的文件相对缺乏全局思路和规划，相互间的衔接也较弱。而对于多部门联合出台文件的情况，应当在文件中分别明确牵头部门、其他部门职责，否则将给具体操作带来困难和混乱。

另一方面，内容仍然不够细致具体、更新不及时。例如《国家发展改革委关于完善风电上网电价政策的通知》中定义"集中式陆上风电项目"的标准缺失，也缺乏对不真实记载、保存相关发电项目上网交易电量、上网电价和补贴金额等资料的风电企业和电网企业如何进行追责等的具体规定。相较于法律法规而言，此类文件需更灵活地应对实践中出现的各类问题，其规定的操作标准和程序应更具体，也应做到及时更新。例如2006 年出台的《可再生能源发电价格和费用分摊管理试行办法》有关上网电价的规定，被后续出台的风电、太阳能、生物质能的相关电价政策文件内容覆盖和更新，因此对这些出台时间较久的文件应及时清理、修订。

（二）相关法律法规体系性较弱

与可再生能源激励制度有关的法规体系主要包括法律层面、行政法规及部门规章层面、地方立法层面，目的在于保证可再生能源的激励制度能从理念、分类、内容设计、具体标准到因地制宜实施等各环节得到全面规定。目前我国相关法律法规中对于可再生能源激励制度的规定还较为欠缺，应尽快进行相应的补充。

首先，现有可再生能源法规体系的核心《可再生能源法》对于激励制度的规定过于原则和模糊。例如针对经济激励措施，该法第六章仅有寥寥三条原则性规定，明显缺乏可操作性。[25] 而针对研发者的技术支持、针对消费者的推广和鼓励等方面也基本为宣誓性条款，没有设计具体的激励制度和措施。法律规定过于原则是我国立法的通病，因此在推动《可再生能源法》细化的基础上也需要制定行政法规、部门规章及相应配套实施的规范性文件作为法规体系的主干。同时，现行《可再生能源法》规定的激励制度与其他相关法律没能建立有效联系，这对于制度的协调统一是不利的。此外，该法的最新修正时间是 2009 年，距今已十余年之久，对于发展日新月异的可再生能源领域而言显然过于落后。

㉕　参见岳小花《可再生能源经济激励政策立法研究》，《江苏大学学报》（社会科学版）2016 年第 2 期。

其次，规定激励制度的相关行政法规和部门规章欠缺且内容不均衡。目前主要集中于专项资金制度，已出台的即上文论及的《基金暂行办法》《专项资金暂行办法》《可再生能源建筑应用专项资金管理暂行办法》等。价格调控制度有较多数量的政策性文件作为制度支撑，而针对税收优惠、补贴等激励制度的专门规范性文件则较缺乏，目前多散见于各类规范性文件中。例如《基金暂行办法》《可再生能源发电价格和费用分摊管理试行办法》《可再生能源电价附加补助资金管理暂行办法》等涉及补贴制度，税收优惠规定更加分散零星。基于上文的梳理部分可知，现有激励制度多是规章层面甚至是政策性文件层面的，缺少专门行政法规，层级不高、权威性不足。而已出台的规定可再生能源激励制度的法规和规章也大多更新速度缓慢，这些老旧的法规规章与一直处于快速发展中的可再生能源产业现状的契合度可想而知。

最后，地方立法不完善。从现阶段我国可再生能源地方立法的整体情况看，并未将可再生能源开发利用及其法律规制置于应有的地位，许多可再生能源利用大省没有制定相应的地方立法，㉖因而具体的激励制度就无法依据各地方可再生能源产业发展的不同特征和各自地域的问题做出相应调整。广大农村是可再生能源推广的重要区域，各地方应当重点加强在农村和农民中推行可再生能源的激励制度，㉗应当增加相关的规范性文件细化和调整激励制度。

（三）主要激励制度的缺憾

不可否认我国主要的可再生能源激励制度已在实践中发挥了很大促进作用，推动产业的逐步成长。但目前主要存在几方面问题也确实限制了可再生能源产业的更好发展，需引起立法机关及管理部门的注意。

1. 发展基金

首先，资金来源模糊、数量不足。2009 年《可再生能源法》修改后，电价附加与专项资金合并拓宽了可再生能源发展基金的来源。《基金暂行

㉖　参见于文轩《气候变化背景下可再生能源法制的挑战与对策》，《江苏大学学报》（社会科学版）2013 年第 6 期。

㉗　参见蔡守秋《我国可再生能源立法的现状与发展》，《中州学刊》2012 年第 5 期。

办法》中仅模糊规定：专项资金是由中央财政从年度公共预算中予以安排，[28] 但并未具体说明其来源途径，难以指导具体操作。电价附加收入的具体标准也并未得到规范性文件的明确规定。[29] 同时，在电价附加来源增长动力可预见地持续走低的情况下，必须在明确专项资金和电价附加具体标准的基础上考虑拓宽来源渠道。既可以从反向角度出发，解决现有传统能源税种的征收力度不足问题，并增加传统能源税费种类并纳入基金来源中，也可以从正向角度考虑增加新的来源，例如吸收社会捐赠等思路解决问题。[30]

其次，对基金用途的规定不明确、不统一。《可再生能源法》及《基金暂行办法》、《专项资金暂行办法》中关于基金和专项资金用途的条文表述存在重复和不协调之处。[31] 针对专项资金而言，《专项资金暂行办法》规定的"重点支持范围"与《基金暂行办法》规定的"主要用于支持"，从两者表述来理解其含义应具有一致性，即均指资金的主要用途，但两规章实际规定的具体内容却不同；[32] 此外，两规章具体的用途也相差较大，这势必带来各地方在实际操作时的模糊和随意性，降低配置效率甚至导致资金浪费，削弱激励作用。

最后，监管力度弱。由于现有法律法规缺乏监督发展基金使用和管理的相关规定，导致基金使用的主观性强、随意性大，权力寻租等现象普遍存在，脱离了建立政府性基金的定位和初衷。[33] 针对此类纯获益性质的基

---

[28] 《可再生能源发展基金征收使用管理暂行办法》第 4 条。

[29] 参见孙波《可再生能源发展基金的国外经验及我国的制度完善》，《浙江金融》2016 年第 6 期。

[30] 参见闫海、陈祎《我国可再生能源发展基金法制的发展与建设》，《华北电力大学学报》（社会科学版）2015 年第 4 期。

[31] 《可再生能源法》第 24 条；《可再生能源发展专项资金管理暂行办法》第 8 条；《可再生能源发展基金征收使用管理暂行办法》第 14 条。

[32] 《可再生能源发展专项资金管理暂行办法》第 8 条规定的"重点支持范围"：（一）可再生能源和新能源重点关键技术示范推广和产业化示范；（二）可再生能源和新能源规模化开发利用及能力建设；（三）可再生能源和新能源公共平台建设；（四）可再生能源、新能源等综合应用示范；（五）其他经国务院批准的有关事项。《可再生能源发展基金征收使用管理暂行办法》的"主要用于支持"中的主要规定与前文引用的《可再生能源法》第 24 条的 5 点内容相同。

[33] 参见孙波《可再生能源发展基金的国外经验及我国的制度完善》，《浙江金融》2016 年第 6 期。

金，应当加大对其资助项目的申请、审批、验收等各环节的监督，可以考虑规定具体程序进行制约并引入独立的监督机构以及增加公众参与度。事实上，我国现有基金管理法律法规的条文过少，仅有的 20 多条中还包含着许多笼统规定，必定难以将基金制度做全面细致的设计。因此，如何增制、细化相关规范性文件是基础问题。

2. 税收优惠

首先，申请门槛高、[34] 实际获益企业少。例如我国对符合条件的环境保护、节能节水项目实行的"三免三减半"政策，即企业从项目取得第一笔生产经营收入所属纳税年度开始享受优惠，前三年免征企业所得税。税法本身对受益企业范围规定严格，而且利用可再生资源的企业前期投入大，回报周期长，优惠若不能及时产生效果，使真正受益的企业有限。[35]

其次，一些税种的优惠规定不完善，对部分环节的优惠力度较小。税收优惠措施不应局限于部分税种，而应当在企业所得税、增值税、消费税、进口关税、车辆购置税和车船税等各环节、各税种中体现。现已颁布的税收优惠目录主要有：《环境保护专用设备企业所得税优惠目录》《资源综合利用企业所得税优惠目录》《资源综合利用产品和劳务增值税优惠目录》《免征车辆购置税的新能源汽车车型目录》《享受车船税减免优惠的节约能源使用新能源汽车车型目录》等。相对而言，有关进口关税、企业所得税的优惠措施规定较多优惠力度大，其中企业所得税中包含了税额抵免、减计收入、创投企业优惠等设计，已较为完备。相比之下，针对研发及消费端的相关税收优惠规定较为不足。

最后，应当审视对传统能源征税规定不完善的问题，更充分地发挥税收政策的反向激励作用。对税种而言，我国目前消费税中与传统能源有关的仅有成品油、小汽车两个税目，十分不完整；对征税力度而言，对传统能源征税力度不足导致了可再生能源的资金来源不足，发展基金及税收优惠制度都需要从传统能源税收获得保障。

3. 财政补贴

首先，补贴惠及范围小、效率不高。如上文所述，我国可再生能源补

---

　　[34]　参见于文轩《论可再生能源效率促进的工具选择》，《暨南学报》（社会科学版）2018年第 12 期。

　　[35]　参见王一帆《促进我国可再生能源发展的税收政策》，《节能》2019 年第 4 期。

贴可分为不同类型，目前的补贴主要只集中于投资环节。就补贴范围而言，现有补贴对一些可再生能源类型照顾不足，例如太阳能热水器行业以及部分生物质能行业，㊱ 导致行业内部发展不平衡，间接遏制了这些项目的发展。现有可再生能源补贴政策类型多且杂，标准模糊。现阶段也未形成全面完整的补贴程序，缺乏事后核查程序等规定。

其次，存在反补贴调查风险。由于国际经济环境恶化，以美国为首的众多国家将矛头对准中国，在严峻的形势下我国可再生能源补贴政策必须考虑国际风险，如中国有关风能设备措施案（DS419）及美国发起的一系列反补贴调查都为我国敲响了警钟。

最后，直接财政补贴存在自身缺陷。补贴并不符合市场自身规律，政府补贴从长久来看是有害于可再生能源产业发展的。截至 2018 年，我国可再生能源补贴缺口已超过 1100 亿元，给国家财政带来了较大负担。"531 新政"㊲ 后，降低补贴强度已成为必然的发展趋势。因此逐步激发市场自身动力是必要的，应当积极给以脱离萌芽时期的可再生能源产业"断奶"。

4. 价格调控

首先，固定电价制度规定不完善。当前我国可再生能源固定电价制度只侧重于解决上网电价及其费用分摊，㊳ 对制度的其他方面规定并不全面。固定电价的定价需要综合考虑成本、利润、税金等因素，但目前我国固定电价的计算方法仍未得以明确，难以保证定价的科学性。同时，现有固定电价调控制度的规定缺少能够适应发展变化的灵活性，也不能很好地适应可再生能源发电日新月异的变化。

其次，存在定价机制不明确的可再生能源种类，且定价的地域差异性不足。潮汐能、地热能都暂缺规定价格机制的规范性文件，而这些可再生能源本身的发展水平不及风能、太阳能，更需要给予重视。同时，因为不

㊱　参见李艳芳《新能源与可再生能源法律与政策研究》，经济科学出版社 2015 年版，第 454 页。

㊲　2018 年 5 月 31 日，国家发展改革委、财政部、国家能源局发布了《关于 2018 年光伏发电有关事项的通知》，直接加速了光伏行业的补贴退坡。

㊳　参见李艳芳《新能源与可再生能源法律与政策研究》，经济科学出版社 2015 年版，第 303 页。

同种类的可再生能源自然分布和特性迥异，应当考虑各地区的特殊性，依据地方不同情况灵活调节价格政策。

最后，利益平衡不足。由于电价定价高低对企业及消费者的影响更具有直接性、双向性，因此，注重利益平衡应成为价格调控的重要考量。以企业利益为中心而忽视消费者激励的方式将使定价过高，会导致消费者对可再生能源电力的消费意愿降低。仅凭借社会责任感和环保意识是不能够激励产业长期发展的，上海试行的绿色电价运行效果不佳即为证明。而定价过低则毋庸置疑将导致因过分补贴造成的财政重担，或直接挫伤可再生能源发展的积极性。

四　可再生能源激励制度的完善途径

基于上文对主要问题的总结，笔者重点提出以下建议，以期我国可再生能源激励制度能得以全面完善，推动可再生能源产业进一步发展。

（一）具体政策性文件完善建议

基于具体政策性文件性质与法律法规的性质差别，完善具体政策性文件的主要目标是保证其内容具体、区别、协调，以保证其能够将法律设计的激励制度真正落到实处，并以此提高政策性文件的权威性。基于现阶段相关文件规定较为杂乱，应当逐步开展相关文件的整理工作。应当注意减少文件中的空话、套话，尽量增加实质性规定。保证政策性文件在论证科学的前提下及时更新，以及时发现激励制度设计的问题和发展方向，为相关立法提供基础材料。在政策层面可以尝试探索灵活多样的经济激励形式，待制度成熟后在相关立法中加以规定。[39]

针对相关部门而言，应当在明确各相关部门分工的基础上，增加部门间的沟通与合作。由于各激励制度间不是割裂的，需要进行宏观设计来保障具体政策性文件内容的有序性和协调性，因此应当确定主要负责部门，

㉟　参见岳小花《可再生能源经济激励政策立法研究》，《江苏大学学报》（社会科学版）2016年第3期。

并由其牵头开展相关工作。针对各地方政府而言，应当强调因地制宜地进行可再生能源产业激励。我国幅员辽阔，各地存在较大差异，因此重点在于考量不同地域的可再生能源赋存情况、需求差异和发展差距等因素，并以此为基础制定适宜地方可再生能源发展的相应政策性文件。

（二）法规体系完善建议

可再生能源激励制度的完善必须以构建全面且细致的法规体系为基础，以实现有法可依。

首先，为及时回应现实需求，应尽快开展《可再生能源法》的修订工作，细化其中激励制度的规定，应当从激励主体、相关程序、获益主体、事后核查等各方面完善。同时应该加强与其他相关法律间的联系，如《电力法》《预算法》等。虽然基于我国立法较为原则的习惯，法律规定的细致程度不能达到具体操作的要求，[40] 但作为在全国适用的法律，《可再生能源法》也需兼顾各地不同情况，为地方立法提供基础。

其次，针对法规规章缺位问题，重点应制定以各主要激励制度为内容的法规规章以及配套的实施细则，补足立法空白，同时应注意增加法规规章间的协调性和连续性，树立全局观。[41] 由主要负责部门牵头，开展全面的法规清理，并及时更新相关立法。而针对地方立法不完善的情况，应尽快敦促可再生能源开发利用大省出台相关规范性文件，但同时也要注重对地方立法质量的检验，要真正体现不同地区需求的特殊性，而非盲目跟风。

最后，有学者提出可制定一部专门的《可再生能源促进法》，[42] 笔者认为具有较大可行性。能够满足从全局角度全面细致地规定激励制度的需要，以实现规范化、体系化，也能够更好地协调各激励制度关系，以更好地发挥各自优势。囿于篇幅，现有的《可再生能源法》第六章、《循环经

---

[40]　参见叶荣泗、吴钟瑚主编《中国能源法律体系研究》，中国电力出版社 2006 年版，第247 页。

[41]　参见张国梁《浅析我国可再生能源开发利用的法律激励措施》，《商业文化》2011 年第6 期。

[42]　参见肖江平《我国〈可再生能源促进法〉的制度设计》，《中国法学》2004 年第 2 期。

济促进法》第五章对可再生能源领域的激励制度规定都较为笼统概括、内容欠缺，很难发挥实际作用。

（三）主要激励制度完善建议

激励制度的完善必须依托于法规体系及相关政策性文件的完善，作为制度完善的形式支撑，需要将规范全面细致、更新及时作为法律法规修改的目标。具体到各激励制度自身，应当分别注重采纳以下建议来完善制度内容。

1. 发展基金

首先，针对资金来源不足问题，应考虑在合理范围内进一步增加电价附加收入。近年来，我国电价附加征收的数额确呈上涨趋势，已从每千瓦时 0.8 分提至如今每千瓦时 1.9 分。因此，为避免盲目提高数额，现阶段的关注重点应当是组织专家合理论证来制定科学的征收标准并入法，因地、因时确定具体的征收标准。此外，应当积极拓宽资金来源渠道，实施灵活融资政策。应鼓励从资本市场融资和外商直接投资的政策，也可将征收的环境税费按照一定比例纳入发展基金，学习欧美经验尽快开展碳税征收亦是可行的。[43] 同时，鼓励社会捐赠并积极争取相关国际组织支持作为确保资金来源多样化的辅助手段。

其次，针对资金用途的问题，基于《基金暂行办法》出台时间较《资金暂行办法》更近，应基于《基金暂行办法》对专项资金规定的用途进一步细化，明确惠及范围，并及时更新其他法规以减少冲突。采用公开的竞争性招标作为资金分配方式，不但能够选择有较好实施效果的项目，而且能够通过鼓励竞争降低成本，但需注意避免恶性竞标情形的发生。[44]

最后，针对监管不足的问题，应依据《政府信息公开条例》制定针对发展基金具体操作程序，进一步推进信息公开。增加资金管理透明度是保证资金配置公正的重要前提。由于发展基金是政府性基金性质且由公民作为出资方，必然需提高公众参与度以保障公民的监督权。同时，针对绩

效考核应当修改现有不定期检查的规定，对检查频率予以明确。⑮ 现阶段的发展基金管理权归属财政部，而为了保证基金管理专业性并更好地平衡各方利益，应设立独立的监督管理机构，如学者们提出的专项基金管理委员会、基金理事会等建议都遵循了此思路。

2. 税收优惠

首先，适当降低优惠申请门槛，简化申请程序。这要求有关部门在实践中制定具体明确的申请程序，保证申请的公开公正。在降低前期申请难度的同时，为防止浪费和低效，税收优惠包括补贴制度都应当更多按照实际的发电量而不是投资额为条件，并尽量增加事后核查等制度规定，这能够尽量减少骗取优惠和补贴的现象，真正将激励落到实处。此外，还应将企业享受税收优惠的时间提前，例如"三免三减半"政策中应将"自项目取得第一笔生产经营收入所属纳税年度起"变更为"自开始获利年度起"，⑯ 更多为中小企业着想。

其次，完善各环节税收优惠的规定，合理增加已规定税种的优惠力度。应当将现有税收优惠范围进一步扩大，惠及其他与可再生能源相关的项目，例如针对设备制造企业的优惠，以此能够逐步提高设备本地化制造比率，在引进、消化、吸收的基础上，逐步建立健全新能源与可再生能源产业。⑰ 同样也需强调对研发企业和消费者的税收优惠激励。

最后，应当高强度、高标准地征收环境税，对可再生能源免征或减征以达到反向激励，并且完善相关税种，尽快开征碳税。完善传统能源税费制度既能体现"原因者负担"原则，能够鼓励相关企业开发利用新能源，促进其技术革新，减少其产生的外部不经济性。也为发展基金等其他激励制度提供了更加充足的资金支撑。

3. 财政补贴

首先，调整受惠主体、提高补贴效率。补贴具有直接性，这对于我国核心技术空心化的可再生能源领域而言十分紧要。我国风能与太阳能应用

---

⑮ 参见徐孟洲、胡林林《新能源与可再生能源发展基金的性质与制度设计》，《哈尔滨工业大学学报》（社会科学版）2011 年第 6 期。

⑯ 参见王一帆《促进我国可再生能源发展的税收政策》，《节能》2019 年第 4 期。

⑰ 参见李春华、张德会《国外可再生能源政策的比较研究》，《中国科技论坛》2007 年第 12 期。

技术已较成熟，资金补贴应更多侧重于如消纳技术、储能技术、太阳能多元化利用技术等重要技术领域。[48] 技术是可再生能源开发利用的根本、需求是可再生能源发展的原动力，除补贴外还应当调动税收优惠等其他激励制度促进研发和消费端。同时，应对亟须扶持的可再生能源项目进行补贴，防止产业内部发展的失衡。同时应增加对享受补贴的项目进行事后核查等具体规定，以过滤掉意图骗补的企业。

其次，规定补贴制度的规范性文件应当符合 SCM 协定的要求。尽量避免专项性补贴并严格避免禁止性补贴，积极采取符合条件的对象均可申请的竞争性补贴制度，[49] 也要对授予补贴的标准进行明确规定。同时，应提高地方有关部门的意识，尽量避免在制度执行中产生给予不正当利益的情况。

最后，应当以逐步降低补贴力度为发展目标。如上所述，过度补贴会破坏市场规律并带来国际争端。例如《关于 2018 年光伏发电有关事项的通知》的重点是限规模、限指标、降补贴，以抑制光伏产业的过快和盲目发展，并减轻财政负担。同时，WTO 争端解决机构并不认为"创建市场"行为构成补贴中的"利益"。[50] 因此，在市场较成熟后逐步减少资金补贴，能减少国际争端风险。因此，逐步降低补贴力度并提升其自我发展能力，应成为未来我国可再生能源产业发展的重要目标。[51]

4. 价格调控

首先，完善固定电价制度本身。需要在立法中增加适用项目范围、资金筹措机制、具体行政程序等其他内容的规定，以保证制度内容的完整和可操作。为保证制度科学性和实施标准统一，还需要明确合理的固定电价计算方式。同时，我国现有电力定价机制较粗糙，可借鉴德国依照先按装

---

[48]　参见张立锋、冯红霞《德国〈可再生能源法〉的演进及对中国的启示》，《河北法学》2017 年第 10 期。

[49]　参见杜玉琼《"一带一路"背景下我国发展可再生能源补贴的合规性解析》，《四川师范大学学报》（社会科学版）2017 年第 11 期。

[50]　参见杜玉琼《"一带一路"背景下我国发展可再生能源补贴的合规性解析》，《四川师范大学学报》（社会科学版）2017 年第 11 期。

[51]　参见郭海涛、张明阳《2019 年中国能源政策调整方向及重点研判》，《政策研究》2019 年第 2 期。

机容量分野、再按装机时间分野、最后按发电量分野的定价模式。[52] 为了保障制度的动态灵活、有效降低财政负担，也应当相应填补对电价补贴时效限制规定的缺失，增加固定电价递减率的有关规定等。[53]

其次，弥补定价范围的空白。对于暂无定价具体规定的潮汐能、地热能等可再生能源，应尽快出台相应的规范性文件规定合适的定价机制。对于实行固定电价制度的可再生能源种类，应当按照自身的特性、各地区按照各自的能源分布和存量特点区别化规定。可依据不同的可再生能源发电设施类型来制定具体上网电价，在定价上充分体现出各自特性。这能够因地制宜、减少一刀切现象，更好地发挥激励作用，满足多样化需求。

最后，积极促进各方利益平衡。政府需要合理地适用补贴等激励手段而尽量减少对市场价格秩序的破坏，仍需要依靠科学的电价计算方式。摒弃以企业利益为中心，要重视消费者的利益、照顾中小企业需求，从多角度完善价格调控机制。

五　结论

推动我国可再生能源产业发展，需要发展基金、税收优惠、财政补贴、价格调控这些激励制度加强彼此间配合，共同发挥作用。上述制度本身即存在关联性，因此完善各制度时不能割裂彼此间的联系，应当以整体视角出发，建立健全主管部门统一规划、各部门协同合作的可再生能源管理体制，建立健全可再生能源法规体系，以推动上述激励制度构建成为有机整体。

我国仍处于可再生能源产业发展初期阶段，暂时没有建立起可再生能源发展的自主市场机制。随着产业不断成熟，为了产业的长效健康发展，推动自主市场机制建立、逐步减少不符合市场规律的行政手段调节必然是未来的发展目标。既应当尊重市场规律，更多地利用间接激励措施，减少

---

[52]　参见张立锋、冯红霞《德国〈可再生能源法〉的演进及对中国的启示》，《河北法学》2017年第10期。

[53]　参见俞萍萍《低碳视角下的可再生能源政策——激励机制与模式选择》，《学术月刊》2012年第3期。

补贴，也需更加强调税收优惠、价格调控制度的科学性。通过推进可再生能源自主市场的法律制度建设，逐步使对市场运行有较强干扰性的行政手段淡出，逐步回归市场自主调节、市场驱动的发展模式，推动我国可再生能源产业健康蓬勃发展，持续优化能源结构。

论第三方油气企业的保供义务

——以国家油气管网公司成立为背景

李维康 *

摘　要： 国家油气管网公司的成立，加速了油气管线互联互通进程，基本解决了原各大型油气公司独立运营管线所造成的管网分割和油气供应区域受限问题。但由于国家油气管网公司没有资源采购权和调度权，不具备实质上的保供能力，所以第三方油气企业获得公平接入权利的同时必须履行相应的保供义务。从法律性质上而言，第三方企业保供义务是基于油气生产企业和油气管网设施运营企业所签订购销或输送服务合同而产生的合同义务。其内容包括储备调峰义务、应急安全保障义务、信息共享义务等。通过明确第三方油气企业的保供义务有利于实现油气市场放开竞争后的能源供给安全。最终实现能源供应多元化和供应安全之间的协调。

关键词： 第三方油气企业；能源供应安全；国家油气管网公司

一　新增第三方企业保供义务的背景和意义

2019 年 12 月国家油气管网公司正式成立，油气市场化改革进入新阶段。当前上游勘探开采环节市场化和下游更大的用能需求，对能源供应安全提出了更高要求。明确新加入上游竞争市场的民营企业等第三方油气企业的保供义务有利于保障能源供应安全。

---

* 中国政法大学环境与资源保护法学 2018 级硕士研究生。

（一）油气上游竞争市场的形成

油气市场化改革后，油气企业无法通过管网设施实现自然垄断，将会有第三方企业进入上游勘探开采领域，最终形成"上游油气资源多主体多渠道供应"的竞争市场。[①] 在此，油气供应的稳定性会受到短期影响。

一是企业社会责任难以约束第三方企业。在大型国有能源企业时代，保障能源供应安全与国有企业形象直接相关，同时企业的体量也能够接受市场的波动。当上游市场放开竞争后，新进入市场的民间资本在经营理念和企业价值取向不尽相同。二是极端天气频发和复杂的国际政治经济形势给我国能源供应安全带来更大挑战。[②] 新冠肺炎疫情造成的劳动力短缺形成了短期的能源供给缺口。所以，应对严峻的外部环境需要更完备的能源战略储备和应急保障能力，第三方油气企业应当承担责任。三是保证国家油气管网公司能够实现营利目的。国家油气管网公司采取市场化的经营模式，未来计划向社会资本开放并谋求上市，在公平公开对第三方开放的同时其管输服务的价格将由市场主导。面对管输服务的价格压力，上游供应商可能既缺少保供意愿，也缺少对承担多少份额的保供义务的认识，因此整个油气市场体系需要以竞争市场为核心重新调整保供义务的分配。

（二）油气保供和保效的新平衡

油气"保效"是保证油气企业的经济效益。"主业更强，效益更优"是能源市场化改革的目标之一。国家油气管网公司成立后，油气行业逐步

[①]　参见韩正《油气市场体系多主体多渠道供应统一管网集输销售市场充分竞争》，中国社会科学网，http://www.cssn.cn/jjx_ lljjx_ 1/lljjx_ zyjjx/201912/t20191210_ 5056403.html，最后访问日期：2021 年 1 月 25 日。

[②]　2020 年 9 月 5 日美国加利福尼亚州受高温影响州内各地采取轮流断电措施保证电力供应。参见《高温来袭 美国加州或将限电》，中国应急信息网，http://www.emerinfo.cn/2020-09/07/c_ 1210788785.htm，最后访问日期：2021 年 1 月 25 日。2021 年初受新冠肺炎疫情和极寒影响，国际和国内能源运输受限，我国南方多地限制用电。参见《南方多地重现限电 发改委：已采取措施保供》，人民网，http://energy.people.com.cn/big5/n1/2020/1218/c71661-31970731.html，最后访问日期：2021 年 1 月 25 日。

实现"运销分离",加之社会资本和竞争者进入,油气资源的市场供求关系得以形成。③ 因此,新环境下的保供义务除保证能源供应稳定以外还需要保证市场竞争有序和不影响企业市场竞争力。在此应该考虑到的变化有以下几点。

一是上游勘探开发活动需要大量资金的投入、投资回报周期长,新加入市场的第三方油气企业缺少先发优势,刚性的保供义务会增加企业前期的财务压力。二是依赖油气商业库存实现油气储备的难度更大。目前我国实行最低商业原油库存制度,原油加工企业保留对原油产品的物权,国家只有在石油供应出现紧张状况时才可依法调度商业原油库存。④ 在垄断国企主导上游市场时代,商业库存达标和监管的程序成本较低,而随着经营者的增多,逐一测定和监管变得更为困难。此外,在最低商业库存制度中,国家为了鼓励油气企业提高库存量,在企业融资、项目审批、进口额核定和成本核算方面提供了诸多便利,⑤ 在当时起到了保障能源储备的积极作用,但如今可能会阻碍竞争市场的形成。三是未来上游市场天然气企业占比会进一步提高⑥,上游市场更需提高经济效益。因为天然气使用存在周期性波动,加之存在特定历史背景下签署的进口天然气长期合同,我国天然气企业长期面临巨大的经营压力。因此,竞争市场应当更侧重于企业经济效益的实现,也只有第三方企业摆脱亏损,能源供应才能有相应保障。

(三)适应市场化的能源管理体制改革

能源管理体制在政府取向和市场取向之间动态变化,变化遵循的标准

---

③ 参见白俊、张雄君《对于组建国家油气管网公司的思考及建议》,《天然气工业》2019年第7期。

④ 国家发改委:《关于加强原油加工企业商业原油库存运行管理的指导意见》(发改运行〔2015〕147号)"二、建立最低商业原油库存制度"。

⑤ 国家发改委:《关于加强原油加工企业商业原油库存运行管理的指导意见》(发改运行〔2015〕147号)"四、积极支持企业提高商业原油库存"。

⑥ 2030年天然气在一次能源消费占比将提高到15%,地下储气库形成有效工作量350亿立方米以上。参见国家发展改革委、科技部等印发《加快推进天然气利用的意见》"(三)总体目标"。

是制度成本最低。⑦ 油气市场化改革后，能源管理模式偏向市场取向。因此，能源管理机关对第三方企业保供义务的监管会在市场取向指导下采取新的方式。

一是价格机制成为油气市场化改革后行政管理的中心。能源价格反映资源稀缺程度、市场供求关系和污染治理成本。第三方企业并非无偿承担保供义务，只是在保供义务份额内需要强制提供油气产品，并且价格范围也受到法律约束。这就意味着行政机关需要运用价格、财税、金融、投资等经济杠杆，实现宏观上的能源供应稳定，至于单个企业的具体生产活动，行政机关将不再进行经济性管制。

二是能源管理机关需要为油气市场提供公共服务。第三方企业进入油气市场后，保供义务的主体更加多元化，完全依赖市场机制容易出现"市场失灵"。因此能源管理机关需要进行必要的管理，这种管理是指能源管理机关应第三方企业要求或根据市场情况主动提供帮助或者办理有关事务。具体表现为，一方面加强信息发布和引导，降低交易成本让第三方企业更容易与油气管输服务企业达成保供合意，另一方面制定保供义务需要的技术标准、政策规划等。

二　第三方企业保供义务的性质和构成

油气市场化改革后，保供义务不再是基于企业社会责任的道德义务或行政机关强制分摊的政治任务。新时期的保供义务是包括第三方企业在内的油气开发企业的合同义务，带有明确的私法属性，只是在宏观调控方面由能源管理机关进行监管

（一）第三方企业保供义务的法律性质

第三方企业保供义务有别于以往行政"摊派"性质的保供义务，其以油气购销合同为基础，是一种能源合同义务，行政机关不提供具体指导

---

⑦　参见石冬明《美国能源管理体制改革及其启示——基于 1973 年石油危机后的视角》，《改革与战略》2017 年第 1 期。

只进行宏观调控。

首先，第三方企业保供义务是合同义务，义务相对方是油气管输服务企业。第三方企业在销售过程中配合中游管输服务企业实现能源供应稳定，完成能源战略储备任务。其原因在于，油气管输服务企业具有平台性质是完成能源储备和调峰保供的最佳主体，统一管网运输也便于实现行政监管。但是油气管输企业不是政府机关，不具有资源调度和采购的权力。所以，油气供应保障虽然由油气管输服务企业牵头，但第三方企业应当予以配合。此外，油气管输服务合同的性质也利于保供义务的实现，油气管输服务合同不同于纯粹的民事合同，而是兼具私法和公法双重性质的能源合同。⑧ 所以，第三方企业在与油气管输服务企业不仅要就价格、时间等合同基本要素达成合意，还需明确能源供应者的储存、应急等普遍义务的负担方式。

其次，相关行政机关（国家能源局及其派出机构）仍然需要承担宏观调控的责任。其原因在于，就算是垄断性行业已经放开竞争的业务，也不同于一般行业，企业基于资金或技术优势也容易形成垄断优势，成为市场价格的制定者，从而赚取高额利润。⑨ 所以，行政机关仍需进行宏观调控。具体有：一是制定合同格式，在油气管输服务合同中设置保供义务条款。二是建立和运行统一的油气库存统计与监测系统，对油气供给量进行统计和审核，保证整个供应总量达标。三是实地检查油气储存设施建设情况，对于虚报等违规行为要责令整改，或依法追究责任。

（二）第三方企业保供义务的具体内容

第三方保供义务以储备调峰义务为核心，包括应急保障义务、信息共享义务等一系列涉及能源供应安全的内容。第三方油气企业与其他上游供应企业或中游管输服务企业签订的合同约定义务的主体内容，行政机关对相关合同条款履行进行指导和监管。

---

⑧ 参见张忠民《能源危机的私法应对——以能源合同为中心》，《法商研究》2013 年第2 期。

⑨ 参见雷高魁《我国自然垄断产业的改革研究——基于新制度经济学视角》，《上海商业》2021 年第 1 期。

　　储备调峰义务是指能源供应企业应当建立能源储备，拥有符合合同销售量比例的能源储备能力，满足所供应市场的季节（月）调峰以及发生能源供应中断等应急情况时的用能要求。⑩ 明确第三方油气企业的储备调峰义务核心就是明确责任划分，包括第三方油气企业与其他供应企业之间的责任和第三方油气企业与管道企业的责任。第三方油气企业之间是按照国家规定的强制储备义务进行责任划分和协调。2016 年国家能源局起草的《国家石油储备条例（征求意见稿）》规定"从事原油加工、成品油批发和原油进出口的企业，应当承担企业义务储备"⑪。由于当时对企业义务储备的规模和计算方法主要按照大型国有油气企业设置，所以此类规范并不适用于竞争市场环境下的第三方油气企业。有鉴于此，应当对商业储备的方式进行变革。一方面降低第三方企业常规储存设备的建设要求，由油气管输服务企业统一储存。另一方面第三方企业有义务在统计季度前报告预计生产油气产品产量，政府有权指导油气管输服务企业预定相应比例的油气产品，第三方企业必须与油气管输服务企业就保供义务部分产量进行缔约。第三方企业应当配合管输服务企业完成合同约定的储备调峰义务。基于油气管输服务合同的义务。第三方油气企业作为油气管网基础设施的使用方应当与管网企业签订服务合同，合理预定不同时段、不同类型的管输服务，第三方企业有义务对用气曲线进行科学预测并在当地能源管理机构备案。第三方企业作为供应方应当在购销合同上明确年度供应量、分月度供应量或月度不均衡系数、最大及最小日供应量等参数，并约定违约惩罚机制。

　　应急保障义务是指第三方企业应当在能力范围内支持管输企业的应急保供任务，但可以获得合理收益。应急安全保障义务是季节性的调峰义务的有机补充。一是应急保障义务应对供需周期以外不可预测的突发事件造成的油气供应短缺。二是应急保障义务体现的是公法属性的法律义务，第三方企业作为油气开发企业经营具有公共利益和战略价值的商品，因此需要在公共利益需要时无条件接受国家的命令。三是应急保障义务只是第三

---

　　⑩ 《关于加快储气设施建设和完善储气调峰辅助服务市场机制的意见》（发改能源规〔2018〕637 号）"四、主要目标"。

　　⑪ 《国家石油储备条例（征求意见稿）》第 25 条。

方企业保供义务的有机补充，配合油气管输服务企业完成行政命令下达的任务。⑫ 此外，应急保障义务在油气市场化改革后也具有一些新特点。一方面，国家油气管网公司成立后，央地、省际、政企之间更加协调，对油气供需形势的定期分析更加准确，所以一部分结构性的应急调节会被制度调节取代。另一方面，因为国家油气管网公司是市场主体，不能强制要求第三方企业提供油气产品，因此改革后政府购买公共服务的方式实现应急保障，即义务实现将逐步社会化。

信息共享义务是指第三方企业应当按照要求将油气生产数据、库存数据、生产设施建设情况等相关信息向能源管理机关报告或者建立统计台账配合行政机关的日常监督。信息共享是实现调峰储气和应急保障的前提，也是能源管理的前提基础。从法律性质而言，信息共享义务更多体现为公法义务，原因在于油气信息的特殊性。其一，第三方企业的油气库存数据属于商业秘密，有关单位和个人应按照《石油石化行业国家秘密范围的规定》等规定做好数据保密工作，未经授权不得扩大知悉范围或对外公布。⑬ 所以，只有代表公共利益的政府才能收集和运用油气信息。其二，油气库存统计与监测系统由行政机关建立和运行，也只有行政机关有能力开展客观的现场检查。所以，其他想要获取油气信息的主体也缺少相应能力。其三，单独的油气产量信息、库存信息不具有市场或战略意义上的价值，油气产品的价格由供需关系决定，只有对产量、库存、运输、消费等全产业链信息进行综合分析才能做出判断。因此，政府更具有收集和使用能源信息的正当性。

（三）第三方企业违反保供义务的法律后果

相比于过去大型国有油气企业承担保供义务，第三方企业不再依靠企业社会责任的约束。第三方企业的保供义务兼具公法和私法属性，当第三

---

⑫　实践中油气管输服务企业更利于实现应急保供。例如 2020 年国家管网集团提前储备管网管存、平衡管网进出总气量，有效应对了天然气局部供应紧张的问题。参见《"全国一张网"优势突出 天然气供应保障能力有效提升》，央视网，https://news.cctv.com/2021/01/17/AR-TIqwkKYgPqbqzuhBMrGre8210117.shtml，最后访问日期：2021 年 1 月 30 日。

⑬　《国家发展改革委关于加强原油加工企业商业原油库存运行管理的指导意见》（发改运行〔2015〕147 号）"三、切实加强商业原油库存运行监督管理"。

方企业不履行保供义务时不仅要承担合同违约的责任，还要就能源供应短缺造成的公共利益损失承担责任。

首先，第三方企业违反保供义务对油气管输服务企业的经营造成了损失，应当承担合同违约的不利后果。如果第三方企业没有按照油气管输服务合同或油气购销合同的保供条款按时提供油气产品，油气管输服务企业只能调动自有库存或向其他生产商临时购买油气以实现供应稳定。在此，第三方企业应当赔偿油气管输服务企业产生的额外费用并且根据合同约定支付违约金。

其次，第三方企业违反保供义务也对公共利益造成了损害，应当承担公法上的不利后果。一是参与保供的第三方企业没有履行保供成本合理分摊机制，需要承担相应的应急支出。⑭ 二是第三方企业没有完成保供义务涉及企业信用，能源管理机关应当将企业的失信行为纳入国家统一信用平台，并依法向社会公开。

最后，第三方企业如果恶意瞒报或虚构保供能力和保供储备情况可能涉及行政违法，应当由能源管理机关予以行政处罚。所谓"恶意"是指在合同列明的油气供应方式、价格和时间以外，出售应当进行储存的油气产品，并且第三方企业能够预料油气供应稳定将会受到破坏。在恶意违约的情况下，行政机关应当代表公共利益介入行使公权力，处罚违规企业，并且要求其赔偿供应短缺造成的损失。

三　重塑监管：以油气服务合同为中心

第三方企业保供义务来源于第三方企业和油气管输服务企业之间的合同约定，能源管理机关（国家能源局或其派出机构）作为代表公共利益的第三方对合同内容进行审查和指导。基于此，监管应当调整为以油气管输服务合同的成立、履约和纠纷解决为中心。

（一）指导合同订立：调和能源私权和公权

在油气市场中，生产者和生产者、生产者和消费者之间的地位并不平

---

⑭ 《国务院关于促进天然气协调稳定发展的若干意见》（国发〔2018〕31号）"三、深化天然气领域改革，建立健全协调稳定发展体制机制"。

等，处于垄断地位的生产者在经济实力、信息获取能力等方面拥有优势。既然保供义务以合同约定为基础，则合同需要尽可能在双方地位相对平等、意思表示真实自由的情况下订立。但是意思表示真实，所达成合意又符合国家战略目的比较困难。原因在于能源领域私权和公权目的上的冲突，私权代表"能源效率"，公权则代表"能源安全"。一是第三方企业区别于国有资本控股的传统能源企业，一般行使能源产品所有权、使用权更倾向于自由市场规律，尽可能地获取利益，对于国家战略和政策的奉行程度则有所欠缺。二是油气市场化改革也不能够放任破坏式开发、生态破坏和高度危险作业等违规行为的出现，行政管理机关仍然需要尽职履责。

调和私权目的和公权目的需要行政机关从能源管理转为能源治理，通过提供必要的公共服务，促使双方订立合同，并且保证保供条款真实并符合国家宏观目标。具体而言，一方面可以对保供义务的格式条款，对油气储备价格浮动范围、储备方式等事项预先规定，减少磋商成本同时避免明显不合理价格出现。另一方面行政机关有责任搭建信息沟通平台，帮助双方开展充分交流对话。⑮ 例如举办听证会、互联网信息公示平台等。在此需要明确的是，行政机关在订立合同阶段的工作属于公共服务，不属于行政审批。行政机关要实现的是社会性监管，即对环境和自然资源保护、安全、质量等外部性问题进行监管。⑯

（二）监督合同履行：宏观调控的实现

与一般的民商事合同不同，油气管输服务合同的履行不仅涉及交易双方的利益而且影响到公共利益。因此，行政机关需要对合同履行情况进行实质审查，对违约行为进行甄别，属于恶意违规的将企业列入失信人名单并进行公示。未来在具体执行过程中还需针对油气市场化完善相应的监管体制。包括：

1. 明确属地管理责任

根据国家管网公司组建的流程，仍有部分没有中石油、中石化和中海

---

⑮　参见王利明《合同法研究》第 1 卷，中国人民大学出版社 2002 年版，第 87 页。

⑯　参见史丹、冯永晟、李雪慧《深化中国能源管理体制改革——问题、目标、思路与改革重点》，《中国能源》2013 年第 1 期。

油参股的省级管网公司存在，这些管网公司还没有加入国家管网公司。此外，因为油气基础设施的特殊性，地域分布不均，国家监管和地方监管之间、不同地方监管之间的难度不同。因此，在监管改革中，一方面需要赋能地方的能源管理机关，如国家能源局的派出机构。通过建立线上平台收集企业上报的履约情况，并对区域内保供义务完成情况进行实时统计。另一方面对于需要跨区域协调等复杂的保供任务应该由国家层级进行指导协调，缓解基层压力。

2. 指导合同条款情势变更

因为能源市场存在能需求波动、国际能源价格波动等内外部因素，合同约定的保供义务可能因为外部情势的变动导致履约困难。为此，行政机关有义务主动作为，协调双方就客观条件的变化进行磋商，保证预期的保供任务能够完成。具体还可以联系必要的贷款资金、联系仓储企业或政府购买服务等方式支持第三方企业履约。

3. 分区分级开展实地检查

相比于油气企业，政府拥有更多的公共信息对油气供需变化做出预判。同时，因为公权力资源是有限的，行政机关不能对每一家第三方企业开展同等的实地检查。所以，行政机关有必要根据第三方企业技术条件、油气质量、输送情况和下游市场需求量等供应稳定性因素的不同对第三方企业进行分区分级，对于供需紧张区域、供需稳定性级别较差的第三方企业重点检查。

（三）处理合同纠纷：区别纠纷性质

第三方企业与油气管输服务企业就油气服务合同中保供义务条款发生的纠纷，应当根据纠纷发生原因不同采取不同的处理方式。

如果纠纷因为正常的市场情况变化或者企业的正常商业行为发生，则能源管理机关应当尊重双方合同约定，可以依情况进行协调和调解。"正常商业行为"是指合同保供条款所涵盖的内容，包括供应时间、储存方式、价格等，只要合同双方没有损害公共利益的故意即可。在调解活动中能源管理机关应当保证双方自由沟通和充分磋商，根据调解进行提供必要的市场信息。

如果纠纷因为企业商业活动以外的违法行为发生，则能源管理机关应当审慎介入核查，及时处理。所谓"商业活动以外的违法行为"是指违反油气储备强制性规范的行为，包括拒绝向能源管理机关提供油气储备情况的信息、泄露相关设施运营情况等可能损害能源供应安全的行为。对第三方企业的违法行为，国家能源局及其派出机构可以责令整改并视情况予以通报批评，造成重大损失或者严重社会影响的，国家能源局及其派出机构可对第三方企业主管人员和其他直接责任人员提出处理意见和建议。⑰

四　结论

国家油气管网公司成立加速了油气管线互联互通进程，基本解决了原各大型油气公司独立运营管线所造成的管网分割和油气供应区域受限问题，油气供应效率得到提升。但由于国家油气管网公司没有资源采购权和调度权，不具备实质上的保供能力，所以第三方油气企业获得公平接入权利的同时必须履行相应的保供义务。第三方企业保供义务是基于油气生产企业和油气管网设施运营企业所签订的油气购销或输送服务合同而产生的合同义务。第三方企业保供义务的内容由双方在合同中约定，包括储备调峰义务、应急安全保障义务、信息共享义务等，兼具能源私法和公法的双重属性。第三方企业违反保供义务，应当根据油气服务合同承担违约责任，若涉及公共利益的损害，第三方企业还应当予以赔偿。能源管理机关为第三方企业承担保供义务提供宏观管理，以油气服务合同为中心主动提供公共服务，促成合同订立、履行和纠纷解决，确保能源供应安全。

总言之，能源市场化改革后能源效率和能源安全将形成新的平衡，市场竞争带来更多的市场主体和更高的能源效率，但也意味着更复杂、更高协调难度的能源安全保障需求。因此，第三方企业承担保供义务是开放竞争市场下对能源供应安全的探索，能够为今后页岩气、可燃冰等更多元能源供应市场环境下实现能源供应安全提供借鉴。

---

⑰《油气管网设施公平开放监管办法（试行）》第25条。